# 노랑 신호등
## 포스트모던 비평의 지점

# 노랑 신호등

## 포스트모던 비평의 지점

최용호 | 신정아 지음

인간사랑

# YELLOW TRAFFIC LIGHT

# C·O·N·T·E·N·T·S

# YELLOW TRAFFIC LIGHT

THE LOCUS OF POSTMODERN CRITICISM

# 서문

이 책이 담고 있는 이야기들은 지난 몇 년 동안 한국외국어대학교 〈스토리텔링 연구회〉에서 같이 읽고 토론한 내용을 바탕으로 한 것이다. 무위의 소통을 즐기고 그 자리를 풍성하게 지켜준 유기환, 김수환 선생님을 비롯한 여러 선생님들과 한국외국어대학교 불어불문학과 대학원생들에게 우정과 사랑, 존경을 보낸다. 이 책의 원고가 완성되기를 오래 참고 기다려 주신 인간사랑 여국동 사장님과 이 책을 예쁘게 만들어 주신 편집부에도 감사의 말을 전하고 싶다.

재스민 차 향기 가득한 까페에서

## 프롤로그

이 책을 구상하게 된 동기는 서로 다른 연구지평에서 작업을 시작한 문학 전공자와 기호학 전공자가 우연하게도, 아니 어쩌면 운명적으로 관심을 공유하게 된 하나의 공간, 즉 토포스에 대한 이야기를 하기 위해서이다. 두 저자의 공통된 관심 대상이자 결과적으로 이 책의 집필을 가능하게 한 특별한 지점, 무엇보다 '이것도 아니고 저것도 아닌'이라는 이중의 부정에 의해 규정될 수 있는 바로 그 공간을 우리는 교차모순의 공간이라 지칭할 것이다.

이 책에 실린 이야기들을 관통하는 개념인 교차모순에 대해 본격적으로 논의하기 전에 문학과 기호학이라는 가까우면서도 먼 학문을 전공하는 두 사람이 어떤 경로로 동일한 관심을 공유하게 되었는지, 그리고 그 이후로 어떻게 공동작업을 진행해 왔는지 간략하게 언급할 필요가 있을 듯하다. 교차모순의 공간에 대한 문학 전공자의 관심은 어쩌면 우리의 논의에서 다소 동떨어져 보일 수 있는 캐나다 프랑스어권 지역인 퀘벡의 문학, 특히 1980년대 이후 꽃을 피운 '이주문학' littérature migrante에서 나타나는 특수한 현상에서 비롯되었다. 지난 2008년 처음으로 퀘벡을 다녀온 이후 문학 전공자의 관심은 점차 프랑스 본토의 문학을 넘어 프랑스어권 퀘벡의 문학으로 확대되기 시작했다. 새로운 것에 대한 순수한 호기심 때문이었을까? 아니면 2000년대 중반부터 한국에 불기 시작한 프랑스어권 문학에 대한 열풍에 동참한다는 일종의 자부심 때문이었을까? 첫 번째 퀘벡 방문 이후로 퀘벡 문학은 그에게 낯설지만 매혹적인 어떤 것이 되었다. 그 중에서도 특히 자신의 출신국을 떠나 퀘벡에 이주한 작가들이 자신의 이주경험을 다양한 방식으로 녹여낸 이주문학의 발견은 프랑스 정통 문학에서는 마주치기 어려운 새로운 세계를 발견하는 하나의 사건이었다고 할 수 있다. 아이티 출신의 소설가 에밀 올리비에Emile Ollivier와 다니 라페리에르,Dany Laferrière 폴란드계 소설가이자 이론가인 레진 로뱅,Régine Robin 레바논계 극작가 와이디 무아와드,Wajdi Mouawad 일본계 작가 아키 시마자키,Aki Shimazaki 중국계 작가 잉 첸Ying Chen을 비롯해 한국계 욱 정Ook Chung에 이르기까지 서로 다른 지평에서 출발한 퀘벡 이주작가들의 작품은 저마다 마치 천일야화의 세헤라자데가 들려주는 이야기처럼 사람의 마음을 사로잡는 매력이 있었다. 이들 이야기들은 어떤 식으로든 주인공의 정체성 문제를 다루고 있지만 주인공이 처한 상황이나 정체성을 되찾아 가는 과정은 작가와 작품마다 큰 차이를 보이는 것이 사실이다. 같은 이야기의 다양한 변주랄까. 자신을 찾아가는 수많은 주인공들의 특별하고 개인적인 이야기들은 이국의 독자에게 독서의 기쁨을 제공하기에 충분했다.

하지만 새롭게 발견한 문학의 세계 앞에서 독자로서 누렸던 최초의 순수한 기쁨은 그리 오래 가지 못했음을 고백해야겠다. 독자의 기쁨은 금세 연구자의 지적 호기심에 자리를 내주게 되었으니 말이다. 제일 처음 떠오른 생각은 자연스럽게도 이주문학이 대표적 이주국가인 캐나다에서 논의되는 다문화 담론을 이해하는 데 유용한 실마리가 될 수 있겠다는 것이었다. 특히 캐나다 정부가 공식적으로 채택한 '다문화주의' multiculturalisme에 대항하여 퀘벡 사회에서 제기되는 이른바 '상호문화주의' interculturalisme 나 '횡단문화주의' transculturalisme 개념을 살펴보려면 이주문학에 대한 연구를 피해갈 수 없다는 사실은 확실해 보였다. 그런데 그 중에서 '횡단문화주의'란 어떤 의미에서 서로 다른 두 개의 문화, 즉 출발문화와 도착문화 사이의 단순한 대립과 충돌을 넘어 그 둘을 모두 아우르는 혹은 그 둘 모두를 넘어서는 제3의 혼종문화의 탄생을 전제하는 개념이 아닌가? 퀘벡의 이주문학 혹은 이주의 글쓰기가 주류 퀘벡인들의 정체성과 비주류 신퀘벡인/이주작가들의 정체성이 서로 만나고 부딪치면서 끊임없이 경계를 만들고 허물어 가는 과정에 다름 아니라면 그 과정에서 두 개의 정체성 중 어느 하나로만 환원될 수 없는, 그러니까 이것도 저것도 아닌 새로운 제3의 정체성이 탄생하는 것은 충분히 가능한 일인 것이다. 그렇다면 이러한 제3의 정체성이 탄생하는 지대를 하나의 토포스로 표상할 수는 없을까? 문학 전공자가 동료인 기호학 전공자로부터 도움을 얻을 수 있는 지점이 바로 거기에 있었다.

기호학 전공자는 당시 '탈경계' 혹은 '횡단'을 의미하는 '트랜스' trans 현상에 관심을 갖고, 이를 러시아 문화기호학자 유리 로트만Yuri Lotman의 핵심 개념인 '기호계' sémiosphère를 중심으로 모델링하는 방법을 구상 중이었다. 여기서 사용되는 개념이 다소 생경하게 느껴질 수도 있는 독자들을 위해 몇 가지 주요 개념을 설명해 보자. 로트만에 따르면

"모든 문화 모델은 공간적 용어로 기술될" 수 있다. 즉 "모든 문화 모델은 내적인 분할들을 갖고", "그 중 어느 하나가 중심적인 것이 될" 수 있는데 이것이 "공간을 내부와 외부로 갈라놓는다." 기호계란 바로 중심과 주변으로 위계화된 하나의 계열로서 문화기호학적 공간을 지칭하는 용어이다. 기호학적 공간인 기호계는 내부와 외부로 나뉘고, 내부는 다시 중심과 주변으로 세분화된다. 그런데 이 기호계의 중심에는 기호계의 작동원리가 존재하는데, 이를 기호학적 용어로 '세미오시스'semiosis 라고 한다. "로마에 가면 로마의 법을 따르라"는 격언을 기억하는가? 이는 로마라는 기호계 안에 로마의 법이라는 세미오시스의 작동원리가 엄연히 존재함을 의미한다. 기호계의 중심은 객관적 제도이면서 동시에 내면화된 주관적 인지체계로 구현되어 있다고 할 수 있다. 따라서 기호계 안에 거주하는 사람들, 즉 해석가들은 이러한 중심의 원리, 다시 말해 자신이 속한 사회의 사고범주에 따라 사고하고 행동하게 되는 것이다. 물론 하나의 기호계 밖에는 비기호계가 아닌 또 다른 기호계가 존재한다. 따라서 당연히 한 기호계에 머무르던 사람/해석가가 자신이 속했던 기호계를 떠나 다른 기호계로 이동/횡단하는 것이 가능해진다. 예컨대 앞서 언급한 퀘벡의 이주문학가들이야말로 그 대표적인 경우라고 할 수 있을 것이다.

그렇다면 한 해석가가 문화기호학적으로 친숙한 공간을 떠나 낯선 공간 속으로 들어감으로써 이주해석가가 될 때 과연 어떤 일이 일어나게 될까? 이것이 바로 기호학 전공자가 트랜스 현상에 관심을 가지면서 던지게 된 근본적인 물음이었다. 사실 한 기호계에서 다른 기호계로 이동한다는 것은 단순한 자리 이동의 문제만은 아닐 것이다. 출발 기호계와 도착 기호계의 중심이 서로 다르고 차이가 날 수 있다는 점에서 둘 사이에 갈등과 대립이 야기될 가능성이 얼마든지 존재하기 때문이다. 문제는 기호계를 이동/횡단하는 이주해석가라면 누구든지 두 기호계 사이의 경계지점, 즉 출발 기호계의 중심과 도착 기호계의 중심이 서로 충돌하고 갈등하는 이 지점을 어쩔 수 없이 반드시 거쳐 지나가야 한다는 데 있다. 둘 사이의 경계를 이루지만 실제로는 둘 중 이것도 저것도 아닌, 하지만 어떤 변화가 일어나기 위해서는 혹은 어떤 결정이 내려지기 위해서는 반드시 통과할 수밖에 없는 지점이라니 참으로 흥미로운 공간이 아닌가?

이처럼 계기는 달랐지만 결과적으로 동일한 연구대상에 대해 관심을 갖게 된 두 사람은 이후 공동작업을 통해 서로 다른 기호계 사이에서 의미작용의 역동적인 변화가 일어나는, 다시 말해 '트랜스 세미오시스,'trans-semiosis 즉 기호 횡단작용이 발생하는 이 특별한 지점을 규정할 수 있는 특징들을 찾고자 노력했다. 그 과정에서 첫 번째로 나온 결과물이 바로 번역가가 번역하는 과정에서 열리게 되는 이른바 '번역공간' espace traductif에 관한 것이었다. 번역가의 번역행위는 단순히 언어적인 문제를 넘어서 번역과 관련된 두 개의 언어로 표상되는 서로 다른 기호계 사이의 왕복운동을 전제한다. 그런데 번역가가 한 언어에서 다른 언어로의 번역을 시도할 때 그는 하나의 기호계를 떠나 다른 기호계 속으로 이동하는 이주해석가가 되며, 그가 두 기호계 사이를 끊임없이 횡단하며 구체적인 번역행위에 착수할 때 그의 앞에 일종의 번역공간이 열리게 된다. 말하자면 이곳은 번역가가 구체적인 번역문제를 앞에 놓고 궁극적으로 가장 적절한 번역을 실행하기 위해 자신이 속한 두 기호계를 끊임없이 마주치게 하면서 물음을 되풀이하는 그런 공간이다. 우리는 이 번역공간의 속성을 크게 경계의 공간, 비결정성의 공간, 역량의 공간으로 정리해 볼 수 있었다. 즉 번역공간은 두 기호계 중 어느 쪽에도 속하지 않는 경계의 지대이자 아직 어떤 결정이 내려지지 않은 비결정성의 지대인 동시에 모든 가능성에 열려 있는 역량의 공간이 되는 것이다. 이를 앞서의 이주문학에 그대로 대입해 보면 어떻게 될까? 앞서의 번역공간은 이제  트랜스 작용을 통해 제3의 무엇으로 결정 혹은 확정되기 위해 반드시 통과해야 하는 어떤 지점, 즉 궁극적으로는 새로운 제3의 정체성을 탄생시키게 되겠지만 아직까지는 출발지의 그것도 도착지의 그것도 아닌, 둘 사이를 넘나드는 경계 지대이면서 어떤 특정한 제3의 정체성으로 확정되지 않은 비결정의 지대이자, 이론적으로 볼 때 결정이 이루어지기 전 잠재적으로 가능한 모든 가능성이 가능한 상태, 이른바 잠재적 역량의 지대가 된다.

자, 이쯤해서 우리가 '교차모순'의 공간이라는 공통의 연결고리를 통해 이 책에서 다루고자 하는 이야기들로 돌아가 보자. 지금까지 두 저자의 공동작업에 대한 그간의 여정을 간략히 소개하는 과정에서 독자들은 무엇보다 이중의 부정으로 규정되는 '교차모순'의 공간이 좀 더 구체적으로는 경계의 공간, 비결정성의 공간, 역량의 공간이라는 속성을 갖게 될 것임을 간파했을 것이다. 하지만 미리 말해두건대 우리가 이제부터 하고자 하는 이야기들은 교차모순이라 명명된 이 특별하고도 독특한 위상학적 공간에 대한 체계적이고 정치한, 그러나 일반 독자들이 보기에는 재미없고 지루할 것이 틀림없는 전문적이고 이론적인 개념 구축과는 관계없는 것이다. 우리의 논의는 오히려 오늘날 국내에서 흔히 포스트모더니즘이라는 이름으로 묶여 유통되고 소비되는 몇몇 이론가들의 담론들, 그리고 우리의 논의와 관련하여 문제적인 것으로 보이는 몇 편의 영화와 문학 텍스트에 대한 구체적인 분석을 바탕으로 소위 포스트모던 비평의 지점에서 우리가 상정한 교차모순의 공간이 공통적으로 드러나고 있음을 밝히고, 교차모순의 공간으로 규정된 이 특별한 토포스가 어떤 의미에서 상당히 난해하고 이해하기 어려운 지적 유희로 치부되기도 하는 포스트모던 담론의 본질을 꿰뚫는 데 유용한 도구가 될 수 있음을 보여주는 것을 목적으로 한다. 아울러 궁극적으로는 우리가 제시하는 교차모순이라는 개념이 우리와 함께 이 책을 읽는 독자들에게 '포스트모던 사회', '후기산업사회', '글로벌 소비사회', '다문화 사회', '정보화 사회', '스마트 사회' 등 여러 가지 이름으로 불리는 오늘날 현대 사회 곳곳에서 관찰되는 이해하기 어려운 특이한 현상들, 즉 기존의 개념적 범주 또는 체계의 구분으로는 설명하기 곤란한 일련의 현상들을 이해하고 일괄할 수 있는 총체적인 시야를 확보하게 하는 데 작은 도움이 되기를 바랄 뿐이다.

오늘날 우리는 인터넷과 통신기술의 발달로 더 이상 문자언어와 구술언어가, 사적 영역과 공적 영역이, 현실 세계와 사이버 세계가 뚜렷이 구분되지 않는 세계에서 살아가고 있다. 우리 식으로 이를 달리 말하자면 현대 사회는 '문자적이지도 구술적이지도', '사적이지도 공적이지도', '현실적이지도 비현실적이지도', '능동적이지도 수동적이지도' 않은 사회라고 할 수 있겠다. 정치영역에서도 사정은 크게 다르지 않은 듯 보인다. 오늘날 정책만을 놓고 본다면 하나의 정책이 지향하는 이념이 과연 진보인지 보수인지, 좌파인지 우파인지 분별하기 어려운 경우가

많은 것이 사실이다. 최근 들어 자본과 복지가 양립 불가능한 것이 아니라 상보적이라는, 더 나아가 상호 전제적이라는 인식이 점차 확산되면서 진보 대 보수 혹은 좌파 대 우파라는 전통적인 이데올로기적 범주만으로는 설명하기 곤란한 정책들이 양쪽 진영에서 동시에 발의되는 일이 심심찮게 일어나고 있지 않은가. 실제로 2008년 1월 24일 스위스 다보스 세계 경제포럼 기조연설에서 빌 게이츠가 창조적 자본주의론을 주창하면서 역설적이게도 자본주의에 대해 근본적이고도 극단적인 사회적 책임을 지운 것을 보면 신자유주의에 기초한 미국식 자본주의가 복지에 기반한 유럽식 자본주의에 다가갈 날이 멀지 않았는지도 모른다. 이처럼 정치 시스템을 지탱해 주던 전통적인 이념적 범주가 자신의 무력감을 드러내는 일이 작금 한국의 선거전에서도 관찰되고 있다. 2011년 서울시장 보궐선거를 치르면서 뜨거운 쟁점이 된 이른바 "안철수 현상"을 가리켜 혹자는 "탈정치의 정치"(《한겨레신문》, 2011년 9월 5일)라고 일컫기도 했는데, 어쨌거나 이를 시발점으로 최근 국내 정치권에서는 '새누리당 대 민주당'(통합민주당), '보수 대 진보', '우파 대 좌파'의 대결이라기보다 '정치 대 탈정치'의 대결로 이념적 지형도가 새롭게 분할되려는 조짐이 조심스레 점쳐지고 있다. 한마디로 '우파적이지도 좌파적이지도' 않은 정치의 양상이 모습을 드러내고 있는 것이다.

지금 이 자리에서 오늘날 사회 곳곳에서 관찰할 수 있는 이러한 사례들을 계속해서 열거하는 것은 별 의미가 없을 것이다. 중요한 것은 전통적인 개념적 범주나 체계로는 설명하기 어려운 이 같은 다양한 사례들이 서로 무관한 개별 현상들에 불과한 것인지, 아니면 우리 사회에 어떤 본질적인 변화를 예고하는 하나의 동일한 현상의 다면적 양상들인지에 대해 진지하게 자문해 보는 것이리라. 이러한 현상 각각의 개별 사례에 대해서는 물론 해당 분야에서 기존의 개념체계를 대체할 새로운 모델을 제시하고자 하는 다양한 시도와 노력이 전개되고 있다. 매체학 분야에서 하이퍼미디어라는 개념은 음성, 글자, 그래픽 등 복수의 미디어로 이루어진 하나의 망을 가리키는 것으로, 여기서는 문자성이나 구술성 등 미디어 간의 엄격한 구분 자체가 그다지 의미가 없다. 사회학 분야에서 보드리야르가 고안해낸 시뮬라시옹이라는 개념은 오늘날 이미지와 실체 사이의 구분이 사라져 버린 매트릭스의 세계를 날카로운 분석으로 파헤친다. 정치철학 분야의 경우 『호모 사케르』*Homo sacer*의 저자 아감벤을 위시한 여러 정치철학자들이 다루고 있는 수용소 개념은 법의 내부에도 외부에도 속하지 않는 독특한 위상학적 구조를 지닌 정치적 공간을 놀라우리만치 잘 형상화하고 있다. 하지만 각각의 개별 사례에 대한 분석이 보여주는 놀라운 통찰력과 전망에도 불구하고 그것만으로는 작금 우리가 맞닥뜨리고 있는 새로운 현상을 이해하고 파악하는 데 충분치 않다는 것이 우리의 생각이다. 오늘날 현대 사회가 직면하고 있는 새로운 현상들은 보다 총체적인 설명을 요구하고 있으며, 이 현상이 은연중에 예고하고 있는 향후 도래할 새로운 사회를 맞이하기 위해서는 이러한 현상 전체를 아우르고 파악할 수 있는 보다 넓은 시야가 필요하기 때문이다.

우리는 앞에서 '~도 아니고 ~도 아닌'이라는 이중부정의 정식으로 제시된 교차모순의 개념이 바로 이러한 현상들, 반복컨대 '문자적이지도 구술적이지도', '사적이지도 공적이지도', '능동적이지도 수동적이지도', '현실적이지도 비현실적이지도', '내적이지도 외적이지도', '우파적이지도 좌파적이지도' 않은 현대 사회의 여러 지점들, 이른바 결정 불가능성(데리다)의 지점이자 비식별역(아감벤)이라고 할 수 있는 하나의 토포스를 드러내는 데 매우 유용한 도구가 될 수 있을 것이라 믿는다. 왜냐하면 우리가 보건대 현대 사회에서 발견되는 낯선 현상들, 다시 말해 전통적 범주나 체계만으로는 설명하기 어려우며 불투명하고 모호한 여러 현상들이 대부분 이러한 이중부정의 형식으로 포착될 수 있기 때문이다.

논의를 진행시키기 전에 오해를 피하기 위해 여기서 한 가지 전제를 달아둘 필요가 있을 것 같다. 그것은 바로 우리가 '~도 아니고 ~도 아닌'이라는 이중부정의 형식으로 정식화하고자 하는 교차모순의 입장이 결코 단순한 양비론으로 폄훼되어서는 안 된다는 것이다. 이중부정의 형식을 그저 양비론으로 치부하는 것은 교차모순의 이중부정의 형식이 지닌 변증법적 함의를 올바르게 이해하지 못하는 일일 뿐만 아니라, 이 형식의 작동으로 열리게 될 하나의 공간이 지닌 잠재적인 가능성의 역량 또한 제대로 평가하지 못하는 일이 될 것이기 때문이다. 이해를 돕기 위해 이를 좀 더 설명해 보자. 사실 '~도 아니고 ~도 아닌'이라는 이중부정 형식이 어떤 개별적인 사안에 적용된다면 이를 양비론적이라고 비난하는 일이 충분히 가능하고 타당할 수 있다. 하지만 이 형식이 하나의 개별적인 사안이 아니라 체계 자체에 적용될 경우에는 사정이 완전히 달라진다. 이중부정이 어떤 체계에 적용된다면 그것은 개별적으로 표명된 각각의 입장을 단순히 부정하는 데 그치는 것이 아니라, 그 체계를 떠받치고 있는 대립적인 두 축—개념적 범주들—을 동시에 무너뜨림으로써 체계의 작동 자체를 멈추게 하는 의외의 효과를 발생시킬 수 있다. 여기서 모순의 칼날은 하나의 명제thesis에 적용되어 반명제antithesis를 산출하거나 하나의 반명제에 적용되어 종합명제synthesis에 도달하는 것이 아니라, 하나의 종합명제에 곧바로 적용되어 변증법적 운동의 맥락 자체를 뒤집어엎는다. 이처럼 이념적 체계를 완성하는 종합명제에 곧바로 적용됨으로써 체계의 작동 자체를 중지시키는 변증법적 운동, 이것이 바로 우리가 이 책에서 '~도 아니고 ~도 아닌'으로 정식화하려는 교차모순인 것이다. 이중부정의 형식을 띠고 전개되는 교차모순은 독특하게도 체계를 구성하는 하나의 항이 아니라 체계 자체에 적용되는 것으로, 이른바 메타적인 변증법적 논리라고 할 수 있다. 여기서 문제는 명제도 반명제도 종합명제도 아닌, 소위 메타명제metathesis이다.

이 책의 제목이기도 한 포스트모던 비평의 지점이란 다름 아니라 바로 이러한 교차모순의 중지효과가 발휘되는 하나의 토포스를 가리킨다. 포스트모더니즘이 산출한 수많은 철학적 · 문학적 · 정치적 · 미학적 · 윤리적 담론들은 이를테면 바로 이 토포스에 관한 것이라고 할 수 있다. 우리가 보기에 이 토포스는 지난 시대를 풍미한 회의주의자들이 자신만의 언어로 지적 유희를 즐기기 위해 마련한 단순한 허구의 장소가 아니다. 그것은 오히려 대단히 현실적이고 라캉적 의미에서 실재적인 지점으로, 다분히 해체적이면서도 역설적으로 상당히 구축적인 장소라고 할 수 있다. 그것이 해체적인 이유는 교차모순에 의해 체계의 체계성이 단번에 무너져내리기 때문이고, 그럼에도 불구하고 구축적인 이유는 체계가 해체된 바로 그 실재의 자리에 그동안 잠재되어 있던 새로운 역량이 꿈틀거리고 있기 때문이다. 소위 말해 해체가 실행되는 변증법적 논리와 해체가 이루어지는 지점을 새삼 진지하게 다시 숙고해야 하는 이유가 바로 거기에 있다.

과학 및 정보통신 기술의 급격한 발달로 하루하루가 다른 급변의 시대를 살아가는 오늘날 알렌 커비Allen Kirby와 같은 이론가들은 포스트모더니즘의 종말을 주장하면서 포스트모더니즘의 이후, 즉 포스트-포스트모더니즘을 언급하기도 한다. 실제로 1990년대 후반 또는 2000년대 초반부터 시작된 여러 가지 변화들은 우리가 살아가는 현 시대가 흔히 포스트모던이라고 불렸던 1960년대 이후의 시대와 확연히 구분된다는 사실을 뚜렷하게 보여준다. 그렇다고 해서 포스트-포스트모더니즘이 모더니즘으로의 회귀를 의미한다고 생각하는 사람은 결코 없을 것이다. 우리가 보기에 이른바 '포스트-포스트'라는 화두는 이전으로의 회귀라기보다는 앞으로 다가올 새로운 시작을 알리는 구호에 가깝다. 포스트모던 사상가들이 자신만의 언어로 표현하고자 한 것은 이제는 한물 간 유행으로 치부되는 포스트모던 시대에 대한 어떤 특정한 사유가 아니라, 포스트-포스트모던 사상가들이 바로 거기에서부터 새로운 사유를 시작해야 할 어떤 지점, 즉 우리가 이 책에서 교차모순이라는 이름으로 명명한 바로 그 지점인 것이다. 부연하자면, 포스트-포스트모더니즘은 포스트모더니즘이 해체를 통해 의식적으로, 아니 어쩌면 무의식적으로 열어놓은 교차모순의 공간을 정치화하는 작업이라고 말할 수 있겠다. 교차모순에 의해 열린 공간의 정치화, 즉 이중부정의 교차모순을 통해 열린 해체적 공간을 정치화함으로써 새로운 것들의 도래를 가속화하는 것, 이것이 바로 오늘날 낭시, 랑시에르, 아감벤 등으로 대표되는 포스트-포스트모던 담론에서 우리가 읽어낸 메시지이다.

본문을 시작하기 전에 다양한 철학담론들과 문학 및 영화 텍스트들을 함께 다루고 논의하고 있는 이 책의 구성에 대해 잠깐 언급하기로 하자. 이 책은 모두 8장으로 되어 있고, 8장은 내용에 따라 다시 3부로 나뉜다. 1부는 어떤 의미에서 이 책의 주제어라고 할 수 있는 교차모순 개념에 대해 이론적인 근거를 제시하고 전체적인 조망을 가능케 하기 위해 마련된 부분으로, 다소 긴 서론 역할을 한다고 볼 수 있다. 2부에서는 시대로 보나 주제로 보나 선뜻 하나의 범주로 묶기 어려운 여러 사상가들의 담론을 한 자리에 모아 분석함으로써 교차모순의 변증법이 적용되는 방식과 그로 인해 열리게 될 공간의 속성을 상세히 기술하고자 한다. 마지막으로 3부에서는 비교적 최근 발표된 영화와 소설 가운데 우리가 보기에 문제적이라고 생각되는 작품들을 선정해 이를 구체적으로 읽어가는 과정에서 이른바 포스트모던 비평의 지점이 다양한 텍스트 속에서 어떻게 구체적으로 드러나는지를 살펴보게 될 것이다.

교차모순에 대한 이론적인 소개라 할 수 있는 1부를 제외하고 2부와 3부에 속한 나머지 6개의 장은 모두 개별 작품들을 분석한 것들이어서 특별한 순서를 따르지 않고도 얼마든지 장별 독서가 가능하다. 앞서 언급했듯이 모두 네 편의 영화/문학 텍스트에 대한 개별 분석을 담고 있는 3부는 물론이거니와, 2부를 구성하는 여섯 개의 절 역시도 각 절마다 한 명의 사상가를 선정하여 그의 저작 가운데 교차모순의 테마를 가장 적절하게 예시할 수 있는 하나의 텍스트를 중심으로 논의를 전개하고 있으므로 따로 떼어 읽기에 무리가 없다. 각 장 각 절의 개별 독서는 각각의 이론에 대한 새로운 독해의 시도로 읽힐 수 있다. 그렇기는 하나 이 책에서 각 장과 절의 자리가 전적으로 임의로 정해진 것은 물론 아니다. 각 장과 절의 순서는 당연히 이 책을 통해 언뜻 보기에 서로 관련이적은 듯 보이는 담론들에 기호학이라는 방법론적 통일성을 가함으로써 감추어져 있던 하나의 접점을, 즉 하나의 토포스를 드러내고자 하는 저자들의 바람을 가장 잘 실현시켜 줄 수 있도록 숙고 끝에 정해진 것이기 때문이다. 오늘날 곳곳에서 관찰되는 수많은 새로운 현상들이 이 책에서 구체적으로 그려질 토포스를 통해 좀 더 뚜렷한 모습으로 조명될 수 있기를 기대한다.

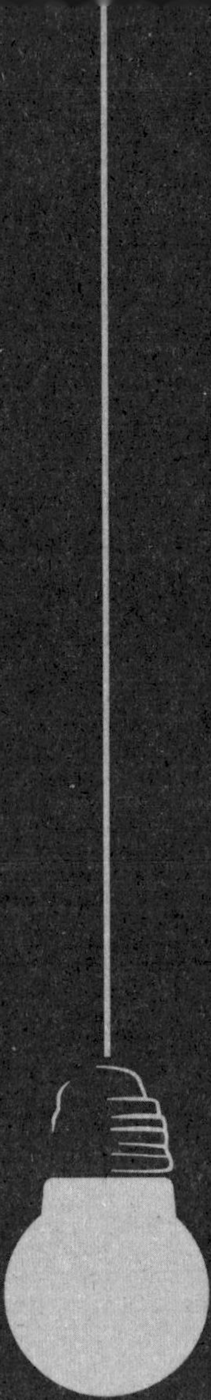

노랑 신호등은 '~도 아니고 ~도 아닌'이라는 이중의 부정으로 정식화될 수 있는 이른바 비식별역을 표지한다. 그런데 바로 이 지점, 이 비식별역에서 모든 체계의 체계성이 물음에 던져지고 체계의 한계가 그대로 노출되는 것이다. 노랑 신호등은 어떤 의미에서 '가다'와 '서다'의 대립으로 설계된 신호등 체계의 비체계성이 기입된 한계의 장소라고 할 수 있다.

PART **01**

# 포스트모던 비평의 지점

1939년 출간 당시 미국 사회에서 큰 반향을 불러일으킨 존 스타인벡John Steinbeck의 소설 『분노의 포도』*The Grapes of Wrath*는 부와 풍요의 상징인 미국에서 고통받고 좌절하며 살아가는 가난한 자들의 절망과 분노를 생생하게 날것으로 드러낸다. 대대로 미국 중부 오클라호마에서 정직하게 땅을 일구면서 살아가던 조드 일가. 하지만 이들은 1933년부터 3년 여에 걸쳐 이곳에 지속적으로 밀어닥친 한발과 모래폭풍으로 농사를 망치고 생계를 위협받는다. 살기 위해 어쩔 수 없이 은행에서 고금리로 돈을 빌린 그들. 하지만 계속되는 흉년으로 농사를 짓지 못해, 빌린 돈을 제때에 갚지 못하고 만다. 은행에 담보로 맡긴 그들의 토지 소유권은 즉시 은행으로 넘어가고, 숫자가 적힌 서류를 든 지주은행의 대리인들이 몇 번 방문하더니 얼마 지나지 않아 괴물 같은 트랙터가 나타나 눈 깜짝할 사이에 이들의 토지와 가족의 오랜 생활터전을 무참히 짓밟아 버린다.

트랙터가 도로를 넘어 밭으로 들어왔다. 벌레처럼 움직이지만, 벌레치고는 믿을 수 없을 만큼 힘이 센 거대한 생물이었다. 트랙터는 땅

> 위를 기어다니며 이랑을 만들고 흙을 뒤집었다. 디젤 트랙터는 가만히 있을 때는 그냥 빈둥거리는 것 같았지만, 움직일 때는 천둥 같은 소리를 내다가 차츰 단조롭게 우르릉거리는 소리로 잦아들었다. 들창코의 괴물들이 흙먼지를 일으킨 다음 그 속에 주둥이를 들이밀었다. 그들은 울타리와 앞마당을 지나고 도랑을 지나 마을을 곧장 가로질렀다. 땅 위를 그냥 달리는 것이 아니라, 스스로 길을 만들어 가며 달렸다. 그들은 산도, 협곡도, 수로도, 울타리도, 집도 모두 무시했다 (『분노의 포도』, 73–74쪽).

할아버지부터 어느 새 장성한 손자까지 한 가족이 나고 자라고 죽었던 땅, 그 위를 걸으면서 정성껏 관리하고 흉작이 들면 슬퍼하고 비가 내리면 기뻐하면서 자기 몸의 일부가 되어버린 땅. 이 땅과 그곳에 자리 잡은 삶의 터전이 단지 흉년이 들어서 돈을 조금 빌렸고, 그것을 제때에 갚지 못했다는 이유로 하루아침에 남의 소유가 되어버린 믿기 어려운 현실 앞에서 분노에 찬 소작농은 트랙터 운전사를 앞에 두고 절망에 찬 목소리로 절규한다. 대체 그에게 명령을 내린 놈이 누구냐고, 그놈을 잡아 죽여버리겠다고 말이다. 하지만 더 큰 불행은 어쩌면 폴란드계 영국인 사회학자 바우만Zygmunt Bauman이 날카롭게 지적하는 것처럼 가난했지만 평온했던 한 가족의 일상을, 대단하지는 않지만 뿌리가 있는 한 가문의 역사를 송두리째 흔들어 버린 이 엄청난 사건에 대해 명령을 내리는 자도, 책임을 지는 자도 없다는 사실에 있다. 소작농에게 깊은 절망과 고통과 고뇌를 안겨준 것은 선의 또는 악의를 지닐 수 있는 살과 뼈로 이루어진 한 개인이 아니라 "이윤을 먹고 사는 괴물", 즉 다름 아니라 같은 크기로 머무르지 못하고 끊임없이 더 많은 이윤창출을 통해 자기 몸집을 불려야 하는 숙명을 지닌 은행, 아니 경제발전 시스템 자체이기 때문이다. 이에 대해 바우만은 다음과 같이 말한다.

> 질서구축 과정의 합법적 표적들의 경우와는 달리 아무도 경제발전의 부수적 희생자가 될 계획을 세우지 않을 뿐더러, 저주받은 자와 구원받을 자를 구분하는 선을 미리 그어놓지도 않는다는 것은 두말 할 필요도 없을 것이다. 스타인벡의 『분노의 포도』에 나오는 좌절하고 절망한 주인공이 당혹스럽게 깨닫는 것처럼 명령을 내리는 자도 책임지는 자도 없다. 그는 더러 '경제적으로 가망이 없는' 농장을 지키기 위해 총을 들고 싸우고 싶어 하지만 자신에게 고통과 고뇌를 안겨준 단 한명의 악의에 찬 가해자도 발견할 수 없었다. 단지 경제발전의 부산물일 뿐인 인간 쓰레기의 생산은 비인격적이고 순전히 기술적인 문제가 가진 모든 특징을 보여준다. 경제발전이라는 드라마의 주역은 '교역조건', '시장수요', '경쟁압력', '생산성' 또는 '효율성' 등의 필수요건들인데, 이것들은 모두 이름과 주소가 있는 현실적 인간의 의도, 의지, 결정, 행동과의 어떠한 연관도 철저히 감추거나 명시적으로 부인한다(『쓰레기가 되는 삶들』, 80-81쪽).

경제발전이라는 드라마에서 주역은 경제의 숨은 역군들이 아니라 겉으로 드러난 지표들, 이를테면 교역조건, 시장수요, 경쟁압력, 생산성 또는 효율성 등 이름과 주소가 없는 "비인격적이고 순전히 기술적인" 체계를 구성하는 것들이다. 바로 이들 때문에 "경제발전의 부산물"로서 쓰레기가 되는 삶들이 끊임없이 양산되는 것이다. 그런데 도대체 이들은 '누구'인가? 놀랍게도 오늘날 책임을 물어야 할 대상은 "악의에 찬 가해자", 달리 말해 "현실적인 인간의 의도, 의지, 결정, 행동"이 아니라, 이러한 것들을 "철저히 감추거나 명시적으로 부인하는" 비인격적인 체계 자체라는 것이 폴란드 출신 영국 사회학자의 예리한 분석이다. 문제는 이 체계가, 이 체계에 편입되면서 내버려진, 포함되면서 배제된 "드라마"의 주인공들에게 "고통과 고뇌"를 안겨줄지언정 "질서구축" 과정에서 발생한 "부산물"들에 대해서는 전혀 책임을 지지 않는다는 그야말로 비극적인 사실이다.

한데 이런 비극적인 일이 어디 문학작품 안에서만 일어나는 것이던가? 주위를 조금만 둘러보면, 우리가 사는 세상에 조금만 더 관심을 기울여 보면 도처에 이런 비극의 주인공들이 산재해 있음을 쉽사리 볼 수 있지 않은가. 신도시 건설, 도시개발, 도시 생활환경 정비 및 개선이라는 이름으로 이루어지는 국가 주도 개발사업 진행과정에서 원치 않게 철거민이 되어 정든 고향과 집을 떠나 강제 이주당한 수많은 사람들의 눈물을 생각해 보라. 어디 그뿐인가. 생산성 제고와 효율성 향상이라는 명목으로 기업이 단행하는 구조조정 여파로 하루아침에 일자리를 잃고 실업자가 된 사람들, 기업 경쟁력 강화라는 기치 아래 날로 심화되는 노동시장의 유연성 때문에 미래에 대한 보장은커녕 당장 내일 일조차 생각하지 못한 채 이곳저곳 일자리를 전전하고 평생 비정년 계약의 설움을 안고 살아가는 사람들은 또 어떤가?

언제부터인가 신문 사회 면에는 살기 위해 너무도 절실하게 일을 하고 싶지만 일자리가 주어지지 않아서, 또는 매일매일 뼈 빠지게 일해도 당장의 생계를 걱정해야 하고, 빚에 쪼들리다가 극단적인 선택에까지 이른 사람들의 기사가 심심찮게 등장하고 있다. 누가 이들을 궁지로 몰아넣었는가? 분명 사회구조적으로 발생한 것이 틀림없는 이러한 비극적 상황에 누가 책임을 질 것인가? 불행히도 고통에 찬 이들의 절규 앞에서 책임을 지겠다고 나서는, 아니 나설 수 있는 사람은 아무도 없다. 우리 모두는 각자 이 사회 안에서 자유롭게 의사결정을 내리고 행동하는 자율적인 개체라고 믿고 있지만, 이 사회가 하나의 체계로서 작동하기 시작할 때 개인으로서의 우리 각자는 어쩌면 우리의 의사와 상관없이 돌아가는 거대한 기계조직의 단순한 부품에 불과한 것인지도 모른다.

이렇게 볼 때 "의도, 의지, 결정, 행동" 등이 결여된 "비인격적인" 체계에게 오늘날 엄정한 책임을 묻고 지우는 유일한 방식은 극단적으로 말해 체계의 작동을 멈추고 드라마의 상연을 중지시키는 것이 되리라. 그런데 체계의 작동 자체를 멈추게 한다는 것은 대체 무슨 의미인가? 이해를 돕기 위해 가장 단순한 체계라고 할 수 있는 신호등 체계를 떠올려 보자. 예컨대 신호등 체계의 작동을 중지시킨다는 것은 빨강 신호등도 녹색 신호등도 아닌 노랑 신호등만이 깜빡이는 상태가 되게 하는 것을 말한다. 말하자면 노랑 신호등만이 깜빡거리는 상황을 통해 '가다'인지 '서다'인지 결정할 수 없는 비식별역을 열어보이는 것이다. 흥미롭게도 이 중지의 전략은 단순히 모순의 논리를 따르지 않는다. 모순은 변증법적 지양운동을 가속화하고, 이를 통해 궁극적으로는 체계의 체계성을 강화시키는 역할을 수행한다. 중지의 전략은 오히려 체계의 체계성 자체를 꺾는 몸짓에 기초한다. 우리가 교차모순이라고 부르고자 하는 것이 바로 이것이다. 교차모순은 체계를 떠받치고 있는 대립항들을 동시에 부정하는 이중의 지양운동으로, 이를 통해 체계의 체계성 자체가 물음에 던져지는 중지의 효과가 발생한다. 이를 달리 표현해 보자. 모순에 기초한 변증법적 운동이 체계를 구성하는 항들을 맞세움으로써 체계의 체계성을 끊임없이 재구성하고 체계의 이념을 향해 부단히 전진한다면, 반대로 교차모순에 기초한 정지의 역동은 이른바 절대정신을 향한 체계의 변증법적 작동에 과감히 제동을 겖으로써 단번에 이 체계의 한계에 이르고자 하는 것이다. 여기서 문제는 목적론이 아니라 종말론이다. 이 책에서 앞으로 풀어갈 이야기는 이처럼 체계의 한계, 변증법적 운동의 중지, 요컨대 모든 이야기의 끝에 관한 것이다. 그것은 또한 이 한계가 지닌 물음의 역량에 관한 것이기도 하다. 이 체계의 한계, 체계성의 극단을 드러내 보임으로써 물음의 공간을 새롭게 여는 것, 이것이야말로 앞서 언급했다시피 비인격적인 체계에 책임을 지우는 가장 효과적인 방식이 아닐까?

이 책의 1부는 두 개의 장으로 구성되어 있다. 1장에서는 이 책이 다루고 있는 모든 담론들을 하나로 아우르는 토포스로서 노랑 신호등에 대해 다루게 될 것이다. 2장에서는 노랑 신호등의 작동방식을 파리학파의 기호학에서 사용하는 기호 사각형 모델로 풀이하면서 이른바 교차모순의 변증법을 정식화하고자 한다. 그럼 끝에 관한 이야기를 시작해 보자.

CHAPTER _ 01

# 노랑 신호등

노랑 신호등은 이 책의 테마라기보다 토포스이다. 녹색 신호등에서 빨강 신호등으로 바뀔 때 잠깐 노랑 신호등이 켜지고 정지 신호를 보낸다. 이때 운전자는 순간적으로 결정을 내려야 한다. 갈까? 말까?

장유정 감독의 로맨스 영화 〈김종욱 찾기〉에는 노랑 신호등 장면이 두 번 등장한다. 한 번은 이 영화의 두 남녀 주인공인 한기준(공유 분)과 서지우(임수정 분)가 처음으로 함께 차를 타고 가는 초반부에 등장하고, 나머지 한 번은 한기준이 매형(류승수 분)과 함께 차를 타고 서지우를 찾아 공항으로 가는 후반부에 등장한다. 그런데 흥미롭게도 영화에서 두 번 등장하는 노랑 신호등 장면에 남자 주인공의 태도는 각각 다르게 나타난다. 영화 초반부에서 노랑 신호등에 차가 가만히 서자 성격이 급한 서지우는 한기준에게 따진다. 이들의 대화는 이렇다.

"어? 서면 어떻게 해요? 밟아야지."

"신호가 그렇지 않아요."

"그러니까 밟았어야죠."

규칙에 얽매이기 싫어하는 여자 주인공과 답답할 정도로 고지식한 남자 주인공의 성격이 극명하게 대비되는 곳이 첫 번째 노랑 신호등 장면이다. 그런데 후반부에선 한기준의 태도에 변화가 일어난다. 서지우에 대한 숨겨둔 사랑의 마음을 전하기 위해 용기를 내기로 작정한 것이다. 공항으로 서지우를 찾아가는 길에 노랑 신호등이 켜지자 한기준은 다급하게 소리친다.

"매형 밟아요."

남자 주인공은 영화 초반부에서는 노랑 신호등에 '서고' 후반부에서는 노랑 신호등에 '간다.' 흥미롭게도 그리고 당혹스럽게도 운전자는 이처럼 노랑 신호등에 갈 수도 설 수도, 가지 않을 수도 서지 않을 수도 있다. 신호등 체계에는 '가다'와 '서다'의 결정이 프로그램화된 신호체계만이 아니라 전적으로 운전자에게 맡겨지는 긴급하고 시급한 순간이 존재한다. 어떤 결정 시스템 속에 기입된 결정 불가능성의 지점이랄까. 이처럼 신호등 체계 안에는 이 체계의 작동 중지를 대리하는 신호등이 존재한다. 노랑 신호등만이 깜빡이는 구간을 잠시 떠올려 보자. 가란 말인가? 서란 말인가? 물론 가도 되고 서도 된다. 바꿔 말해 '가다'도 '서다'도 아닌 경계의 지대인 것이다. 다소 어리둥절해할 독자를 위해 이제 우리가 선보일 신호등 체계에 대한 인문학적인 독법을 먼저 간략하게 요약해 보자. 노랑 신호등은 '~도 아니고 ~도 아닌'이라는 이중의 부정으로 정식화될 수 있는 이른바 비식별역을 표지한다. 그런데 바로 이 지점, 이 비식별역에서 모든 체계의 체계성이 물음에 던져지고 체계의 한계가 그대로 노출되는 것이다. 노랑 신호등은 어떤 의미에서 '가다'와 '서다'의 대립으로 설계된 신호등 체계의 비체계성이 기입된 한계의 장소라고 할 수 있다. 우리가 보기에 '가다'도 '서다'도 아닌 결정 불가능한 바로 이 유예의 순간이야말로, '가다'인지 '서다'인지 알 수 없는 이 비식별역이야말로 오늘날 포스트모던, 아니 포스트-포스트모던 비평이 주목해야 할 지점인 것이다. 이제 본격적으로 이야기를 시작해 보자.

지난 2011년 서울시 경찰청에서는 기존 신호등 체계를 변경하려다가 여론의 반대에 부딪치자 계획을 철회하는 해프닝이 있었다. 당해 4월 21일자 《한겨레신문》에 당시 논란이 된 신호등 체계 변경에 관한 기사가 실렸다. "가야 하나, 멈춰 있어야 하나? 좌회전해야 하나, 직진해야 하나? 멈칫거리다간 사고로 이어질 수도 있다"라는 문구로 시작되는 이 신문기사의 제목은 "갈까 말까 '움찔' 사고 날라 '아찔' 홍보 소홀 … '택시기사도 헷갈려' 10년간 3색 · 4색 공존계획 혼란"이다. 당시 논란이 되었던 신호등 체계 변경 계획은 기존의 4색 신호등에서 좌회전 화살표 신호를 제거하고 3색 신호등으로 단순화하는 대신 3색 화살표 신호등을 도로에 별도로 설치하려는 것이었다. 여기서 잠시 신호등 체계의 작동방식으로 생각을 돌려보자. 주지하다시피 신호등 체계는 '허용'과 '금지'라는 이분법적 체계로 구성되어 있고, 이 두 메시지를 구분하기 위해서 조형적 요소인 색깔이 사용된다. 즉 녹색은 '허용'을, 빨강은 '금지'를 뜻한다. 이 단순한 이분법적 체계는 다시 하위 체계로 세분화되면서 다소간 복잡한 양상을 띠게 된다. 하위 체계에서는 색깔이 아닌 형태가 사용되는데, 둥근 원은 '직진'을, 화살표는 '좌회전'을 각각 뜻하게 된다. 그 결과 둥근 원에 녹색 신호등이 켜지면 '가다' 라는 의미가, 빨강 신호등이 켜지면 '서다' 라는 의미가 주어진다. 반면 화살표에는 오직 녹색 신호등만이 적용된다. 좌회전하라는 메시지만 주어지고 좌회전하지 말라는 메시지는 둥근 원의 빨간 신호등이 대신할 뿐 따로 표지되지 않는 것이다. 그런데 새로 도입될 3색 화살표 신호등에는 화살표에 녹색 신호등뿐만 아니라 빨강 신호등까지 들어오게 된다. 한마디로 좌회전하라는 메시지에 좌회전하지 말라는 메시지가 새롭게 추가된 것이다. 《한겨레신문》은 광화문부터 남대문에 이르는 지역에 시범적으로 설치된 3색 화살표 신호등으로 인해 당시 운전자들이 겪은 "적지 않은 당혹감"을 다음과 같이 서술한다.

> 21일 광화문~남대문 일대를 지나는 운전자들은 적지 않은 당혹감을 느껴야 했다. 신호등 체계가 갑자기 바뀐 탓이다. 그 전까진 직진 신호와 좌회전 신호가 하나의 신호등에서 번갈아 켜졌지만 이젠 두 대의 신호등에서 동시에 신호가 들어왔다. 새 신호체계의 시범지역으로 지정된 세종로~남대문 앞 일대에선 '좌회전 금지'를 뜻하는 빨간색 화살표시를 좌회전으로 오인하는 아슬아슬한 상황들이 이어졌다 (《한겨레신문》 2011. 4. 21일자).

왜 이런 상황이 벌어진 것일까? 그것은 좌회전 신호를 별도로 분리해냄으로써 신호등 체계는 논리적으로 단순화되었지만 직진 신호체계와 좌회전 신호체계로 이원화됨에 따라 도로교통 체계는 인지적으로 더욱 복잡해졌다는 사실에서 기인한다. 신호등 체계는 논리적일 뿐만 아니라 인지적이다. 신호등 체계가 전적으로 논리적이어서 예컨대 0과 1로 이루어진 이진법을 따른다면 빨강 신호등은 필요 없을 것이다. 녹색 신호등이 켜지면 '가고' 꺼지면 '서면' 되는 것이다. 이런 점에서 현행 4색 신호등 체계의 경우 좌회전 신호만이 엄밀하게 논리적이라고 할 수 있다. 하지만 문제는 인지적 체계가 논리적 관계로 환원되지 않는다는 데 있다.

신호등 체계가 인지적이라는 것은 무슨 말일까? 그것은 지극히 단순한 형태이기는 하지만 일종의 의사결정 과정이 이 체계의 작동방식 속에 함축되어 있다는 말이다. 달리 말해 신호등 체계에는 앞서 인용한 신문기사에서처럼 "가야 하나, 멈춰 있어야 하나? 좌회전해야 하나, 직진해야 하나?"라는 식의 질문이 필연적으로 제기되는 시점이 존재하며, 모든 운전자는 이런 질문 앞에서 어떤 식으로든 결정을 내려야만 한다는 것이다. 역설적으로 들릴지 몰라도 모든 결정은 결정 시스템 안에 기입된 결정 불가능한 지점을 반드시 통과해야 한다. 신호등 체계에서는 노랑 신호등이 바로 이러한 시점을 나타낸다. 노랑 신호등은 녹색 신호등에서 빨강 신호등으로 전환할 때 반드시 거쳐야 하는 이른바 경계지대를 형성한다. 가령 사거리에서 녹색 신호등이 빨강 신호등으로 갑자기 바뀐다면 교차로를 막 통과하는 차들 간에 충돌의 위험이 발생할 수 있기 때문에 이 두 신호등 사이에 시차를 둘 필요가 생기는 것이다.

물론 빨강 신호등에서 녹색 신호등으로 바뀔 때에는 이러한 시차가 주어지지 않는다. 출발을 준비시키는 과정은 생략되어 있는데, 이는 신호등 체계가 논리적이고 인지적일 뿐만 아니라 경제적이기 때문이다. 정지 신호에서 출발 신호로 바뀌더라도 도로체계에 아무런 위험요소가 발생하지 않기 때문에 시차를 둘 필요가 없는 것이다.

다시 우리의 논의로 돌아가 보자. 녹색 신호등이 빨강 신호등으로 바뀌기 전 잠깐 노랑 신호등이 켜진다. 이때 운전자는 순간 결정을 내려야 한다. 갈까? 말까? 일반적인 의미에서 노랑 신호등은 정지 신호이다. 녹색 신호등이 켜지면 이동이 허용되고 노랑 신호등으로 바뀌면 이동 중인 차는 정지해야 한다. 그러나 이 명령은 빨강 신호등처럼 의미론적으로 투명하지 않다. 노랑 신호등이 정지 신호만을 보낸다면 앞서 영화의 두 장면에서 모두 서야 했을 것이다. 그런데 그렇지가 않았다. 노랑 신호등은 '서다'를 명(命)하면서도 여전히 '가다'를 허(許)한다는 점에서 엄밀하게 정지만을 의미하지는 않는다. 노랑 신호등을 어긴다는 표현이 다소 모호하게 느껴지는 이유가 바로 거기에 있다. 실제로 정지의 의도가 온전히 포착되는 곳은 빨강 신호등이 점등될 때뿐이다. 한편 노랑 신호등은 정지를 충분히 의미하지 못할 뿐만 아니라 정지만을 의미하지도 않는 것처럼 보인다.

앞서 언급했던 것처럼 노랑 신호등만이 깜빡이는 구간을 상기해 보자. 가란 말인가? 서란 말인가? 이 구간에서 노랑 신호등이 의미하는 바는 사실 다의적이라기보다 비결정적이라고 할 수 있다. '가다'나 '서다'가 아니라는 점에서 의미론적으로 모자람이 있는 동시에 '가도' 되고 '서도' 된다는 점에서 의미론적으로 넘쳐남이 있다. 달리 표현해 보

자. 노랑 신호등은 일반적으로 '가다' 를 멈추게 하는 제동의 신호를 보낸다. 하지만 이 제동의 메시지는 빨강 신호등의 '서다' 처럼 의미론적으로 투명하지 않으며, 단지 '가다'와 '서다' 사이에 기입된 시차만을 기입하고 '가다' 나 '서다'의 결정을 잠시 유예시키는, 한마디로 '가다' 인지 '서다'인지를 구별할 수 없는 일종의 비식별역을 표지한다고 보아야 한다. 이 지점은 의미론적으로는 불투명하고 화용론적으로는 강제적이다. 제동의 신호를 보내면서도 이동을 여전히 허용하는 이 불투명한 중립지대에는 '가다'인지 '서다'인지의 결정을 잠시 유예시키는 억제력만이 존재한다. 신호등 체계에서 이루어지는 '가다' 나 '서다'의 결정은 앞서 "갈까 말까" 라고 신문기자가 잘 요약한 망설임의 순간, 의미론적으로 지시관계가 불투명한 상태에서 효력만이 발휘되는 한 지점을 반드시 통과해야만 하는 것이다. 일종의 역설이랄까. '가다' 나 '서다' 를 결정할 수 없는 비결정성의 지대가 마련되어야 비로소 결정 시스템으로서 신호등 체계는 안전하게 작동할 수 있다. 노랑 신호등은 이른바 논리적 체계의 잉여이고, 이 잉여가 체계를 체계적으로 작동시키는 근원적인 기입proto-écriture으로 존재한다. 신호등 체계가 고장 났을 때 다른 신호등이 아닌 노랑 신호등이 깜빡거리는 이유는 노랑 신호등이 신호 체계의 비체계성을, 모든 판단의 중지를 표지하기 때문일 것이다. 실제로 허용과 금지의 시스템을 논리적으로 만들려면 녹색 신호등 하나만으로도 충분하다. 녹색 신호등이 켜지면 가고 꺼지면 멈추면 되는 것이다. 하지만 사실 이때조차도 어떤 의미에서 녹색 신호등이 켜지고 꺼지는 순간을 잠시 유예시키는, 그래서 신호등 체계를 진정한 결정 시스템으로 만드는 노랑 신호등은 필요한 것이라고 하겠다.

『법의 힘』*Force de loi*에서 데리다*Jacques Derrida*는 판사의 판결이 정당하기 위해서는 마치 '가라' 하면 가고 '서라' 하면 서듯이 단순히 법을 적용하는 것이 아니라, '갈까'와 '말까' 사이에서 망설이는 "판단 중지"가 이루어지는 결정 불가능성의 순간을, 이른바 비식별역을 반드시 통과해야 한다고 주장한다.

예컨대 어떤 판사의 결정이 정당하기 위해서는 단지 법이나 일반적인 법의 규칙을 따라서는 안 되고, 마치 극단적으로는 지금까지 법이 존재하지 않았던 것처럼, 마치 판사 자신이 매 경우마다 이를 발명한 것처럼 재창설적인 해석의 행위에 의해 이를 책임지고 인정하고 그 가치를 확증해야 한다. 법으로서의 정의에 대한 각각의 실행은 만약 이것이 '새로운 신선한 판단'이라면—『자연스럽게 진행되는 일을 한다는 것』에 수록된 스탠리 피시의 「힘」이라는 논문에서 빌려온 이 영어 표현 'fresh judgment'를 이처럼 자유롭게 번역해서 말할 수 있다면—정당할 수 있다. 이 창설적 판단의 새로운 신선함, 창의성은 기존의 법을 반복할 수도 있다. 또는 좀 더 정확히 말하면 기존의 법에 일치해야 한다. 하지만 책임감 있는 판사의 재-창설적이고, 재-발명적이며, 자유롭게 결정하는 해석은 그의 '정의'가 단순히 순응에, 보존적이고 재생산적인 판단활동에 머물러서는 안 된다고 요구한다. 요컨대 어떤 결정이 정당하고 책임감 있기 위해서는 이러한 판단은 자신의 고유한 순간에—만약 이런 것이 존재한다면—규칙적이면서도 규칙이 없어야 하며, 법을 보존하면서도 매 경우마다 법을 재발명하고 재-정당화하기 위해, 적어도 그 법의 원칙에 대한 새롭고 자유

> 로운 재긍정과 확증 속에서 이를 재발명할 수 있기 위해 법에 대해 충분히 파괴적이거나 판단 중지적이어야 한다(『법의 힘』, 63–64쪽).

앞서 노랑 신호등으로 형상화된 비식별역은 위에서 데리다가 "만약 이런 것이 존재한다면"이라는 가정법으로 표현한 "새로운 신선한 판단"이 내려지는 "고유한 순간"이 열리는 지점이다. "규칙적이면서도 규칙이 없는", "법을 보존하면서도 매 경우마다 법을 재발명하고 재-정당화"하는, "파괴적이거나 판단 중지적인" 순간. 이 순간은 법을 단순히 따르거나 적용하는 것이 아니라 법의 적용을 과감히 중지시킴으로써 자신의 고유한 "창의성"을, 자신의 주체성을 자유롭게 드러내고 이로부터 "새로운 신선한 판단"을 이끌어낼 수 있는 공간, 즉 비결정성의 지대를 여는 긴급하고 엄숙한 순간이다. 바로 이 순간에 주체는 주체화에서 자유롭게 벗어나 탈주체화된다. 〈김종욱 찾기〉에서 남자 주인공 한기준은 사랑을 고백하기로 결심한 순간 평소처럼 노랑 신호등에 서지 않고 간다. 그 순간 그는 자신의 오랜 습관과 편견을 과감히 벗어던지고 새로운 모습을 선보인다. 바로 이 정념적 순간이 장치에 포획된 주체가 탈주체화되는 순간이다.

조르조 아감벤Giorgio Agamben은 『장치란 무엇인가?』*Qu'est-ce qu'un dispositif*에서 푸코Michel Foucault의 장치 개념을 "주체화를 생산하는 하나의 기계"로, "그래서 그런 기계이기에 통치기계"로 정의한다(『장치란 무엇인가?』, 41쪽).

> 푸코가 말하는 장치는 이미 아주 넓은 부류인데 이것을 더 일반화해

> 나는 생명체들의 몸짓, 행동, 의견, 담론을 포획, 지도, 규정, 차단, 주조, 제어, 보장하는 능력을 지닌 모든 것을 문자 그대로 장치라고 부를 것이다. 따라서 감옥, 정신병원, 판옵티콘, 학교, 고해, 공장, 규율, 법적 조치 등과 같이 권력과 명백히 접속되어 있는 것들뿐만 아니라 펜, 글쓰기, 문학, 철학, 농업, 담배, 항해[인터넷 서핑], 컴퓨터, 휴대전화 등도, 그리고 (왜 아니겠는가마는) 언어 자체도 권력과 접속되어 있다. 언어는 가장 오래된 장치인지도 모른다. 수천 년도 전에 영장류는 (어떤 결과가 될 것인지는 아마 알지 못한 채로) 무심코 언어라는 장치에 포획됐다(『장치란 무엇인가?』, 33쪽).

장치는 권력이 "생명체들"을 "포획"하기 위해 고안해낸 수단들이다. "권력과 명백히 접속되어 있는 것"들뿐만 아니라 아감벤은 "펜, 글쓰기, 문학, 철학, 농업, 담배, 항해(인터넷 서핑), 컴퓨터, 휴대전화"와 "언어" 등 우리가 일반적으로 권력과의 관계를 크게 의심하지 않는, 다소 모호하며 비정치적으로 보이는 것들까지도 장치로 소개한다. 이 다양한 목록에 "생명체들"의 "행동"을 "포획, 지도, 규정, 차단, 주조, 제어, 보장"하는 장치로서 신호등을 추가해도 큰 무리는 없을 것이다.

도로 교통체계를 안전하게 유지하기 위해서는 '가라' 하면 가고 '서라' 하면 서는 주체화의 장치로서, "통치기계"로서 신호등이 필수적이다. 그런데 우리의 흥미를 끄는 것은 신호등 체계에는 이러한 주체화의 장치뿐만 아니라, 아감벤이 말한 "탈주체화"의 장소도 동시에 마련되어 있다는 점이다. 노랑 신호등이 바로 그러한 장소이다. 운전자는 노랑 신호등에 그냥 갈 수도 있고 반대로 설 수도 있다. 이는 전적으로 비체계적인 요인, 즉 운전자의 기질이나 그가 처한 우연한 상황—예컨대 노랑 신호등이 점등될 때 자동차의 위치 혹은 운전자가 아주 급하다든지 좀 여유가 있다든지 하는—에 의해 결정되는 것이다. 앞서 언급한 대로 녹색 신호등이나 빨강 신호등을 어기면 처벌 받지만 노랑 신호등을 어긴다고 처벌 받지는 않는다. 그 이유는 노랑 신호등이 사실은 이분법적인 결정 시스템의 외부에 존재하기 때문일 것이다. 노랑 신호등으로 형상화되는 이 비결정성의 지대에서, 달리 말해 체계가 스스로 체계적이기를 그치고 잠시 유예하는 이 비식별역에서 운전자는 도로 교통체계의 단순한 구성요소이기를 멈춘다. 즉 그는 이제 단순히 '가라' 하면 가고 '서라' 하면 서는 기계의 부품으로서가 아니라, 요컨대 장치에 "포획"된 단순한 "생명체"로서가 아니라 비로소 자기 자신이 누구인지를, 자신이 어떤 성격의 소유자인지를, 자신의 얼굴을, 몸짓을, 자신의 주체성을 그대로 드러내 보일 기회를 얻는다. 신호등 체계뿐만 아니라 모든 체계에는 이 체계에 저항하고 이 체계로부터 벗어나 있는, 그럼에도 불구하고 이 체계가 체계적으로 작동하기 위해서는 반드시 필요한 비체계적인 어떤 한 요소, 데리다가 '대리보충'supplément이라고 부른 것이 반드시 존재해야만 하는데, 바로 이를 통해 진정한 의미의 주체성이 드러나는 것이다. 그리하여 예컨대 이진법을 따르는 컴퓨터가 주체성을 담지한 일종의 인지 시스템이 되기 위해서는 0과 1뿐만 아니라 이 둘 사이에 시차를 발생시키는, 다시 말해 0도 1도 아닌 비결정성의 지대, 즉 비식별역이 시스템 안에 마련되어야만 한다. 그렇게 될 때 비로소 컴퓨터는 기계인지 인간인지를 도무지 판별하기 어려운 체계로 작동하면서 비결정성의 시험을 공식화한 이른바 튜링 테스트Turing test를 통과할 수 있을 것이다.

여기서 다시 한 번 노랑 신호등만이 깜빡거리는 구간을 떠올려 보자. 만일 이 이점에서 모든 운전자들이 일제히 자신이 누구인지를, 탈주체화된 자신의 얼굴과 몸짓을 드러내 보인다면 도로 교통체계는 한순간에 마비될 수도 있을 것이다. 이때 도로 교통체계를 마비시키는 소동은 분명 비합법적이거나 혹은 불법적인 행위의 결과가 아니다. 놀랍게도 합법적이지도 불법적이지도 않은 상태에서 발생하는 이러한 사건 속에서 우리가 진정한 의미의 혁명의 도래 가능성을 점친다면 지나친 억측일까?

우리는 가야 할지 말아야 할지, 좌회전할지 말아야 할지를 결정할 수 없는 이러한 상황, 앞서 언급한 신문기자의 표현을 빌리자면 "움찔" 하고 "아찔" 한, 말하자면 긴급하고 시급한 어느 한 고뇌의 순간이 노랑 신호등으로 형상화되는 비결정성의 지점이자 비식별역의 지점이라는 사실을 지적하면서 바로 이곳이 포스트모던 비평에서 주목해야 하는 가장 흥미로운 지점이라는 가설을 제안하고자 한다. 후기 구조주의가 구조주의의 '이후'가 아닌 극단적 구조주의, 환언하자면 구조주의의 극단을 가리키는 것과 마찬가지로 포스트모더니즘이란 모더니즘의 '이후' 가 아닌 그 한계에 다름 아니다. 예컨대 근대 이후 서구 사유의 전통에서 해결하기 어려운 무거운 과제로, 도무지 설명할 수 없는 사건으로 인류에게 던져진 아우슈비츠는 아감벤이 주장한 대로 야만이라기보다는 바로 이러한 한계, 이러한 극단의 말로 표현할 수 없는 형상, 지젝 slavoj žižek의 표현을 빌리자면 외상의 실재에 지나지 않는다.

우리가 보기에 모더니즘이 사유의 조건에 대해 천착했다면 포스트모더니즘은 비(非) 혹은 반(反)사유가 아니라 사유의 극(極)에 대해 물음을 던진다. 오늘날 문제가 되는 것은 항상 이 한계, 이 극단적 사유, 달리 말하자면 사유의 극단인 것이다. 이 지점은 노랑 신호등의 예가 말해주듯 '~도 아니고 ~도 아닌'으로 정식화될 수 있는, 말하자면 의미론적으로 불투명하고 화용론적으로 강제적인 공간이다. 이 공간은 이중의 부정에 의해 열리는 공간이기는 하지만 그렇다고 해서 이 공간을 단순히 부정적인 공간이라고 할 수는 없다. 노랑 신호등을 '가다'도 아니고 '서다'도 아니라는 부정의 의미로만 규정할 수는 없다는 말이다. 그러할 경우 노랑 신호등이 행사하는 억제력을 설명할 수 없게 된다. '~도 아니고 ~도 아니'라고 해서 '아무거나'를 뜻하는 것은 아니지 않은가. 그렇다고 이 공간을 긍정적인 공간으로 보기도 어려운 것이 사실이다. 노랑 신호등을 오로지 정지의 신호만으로 읽기에는 무언가 충분치 않기 때문이다. '가다'도 아니고 '서다'도 아니라고 해서 단순히 가는 것을 멈추라는 '정지'의 의미만을 뜻하는 것은 아니다. 예컨대 마치 '흑'도 아니고 '백'도 아니라고 해서 '회색'이라는 말이 아니고 '좌'도 아니고 '우'도 아니라고 해서 '중도'라는 말도 아닌 것처럼 말이다. 노랑 신호등의 진정한 가치는 바로 이러한 불충분성, 의미론적 불투명성에 어떤 강제력, 화용론적인 억제력이 부과되어 있다는 사실에 있다. 우리가 노랑 신호등으로 형상화한 것처럼 지금까지 투명했던 의미가 점차 흐려지고 불투명해지면서 결국 아무것도 의미하지 않은 채 강제하는 효과만이 발휘되는 이 공간이야말로 새로운 의미형태가 역량으로 잠재되어 있는 실험무대라고 할 수 있다. 이것이 무슨 말인가?

먼저 이 무대가 오늘날 비평의 시선이 주목해야 할 지점임을 지적하자. 이 무대를 펼쳐보이는 것이, 달리 말해 경계, 극단, 한계에 대한 비평적 사유를 실험하는 것이 포스트모던 비평, 아니 포스트-포스트모던 비평이 완수해야 할 임무라고 할 수 있다. 아감벤은 앞서 인용한 책에서 자신의 연구방법론이 추구하는 원칙 중 하나로서 텍스트 비평의 화살촉이 겨냥해야 하는 표적을 "발전 가능성이 있는 지점으로" 제시한다. 그에 따르면 텍스트 해석학이 한계에 봉착한 바로 이 지점, 바로 이 순간이 "발전 가능성"이 열리는 "장소와 순간"이다.

> 내가 연구에서 늘 따르는 방법론상의 원칙 중 하나는, 내가 작업하는 텍스트나 맥락에서 루트비히 포이어바흐가 철학적 요소로 정의한 것을 규명하는 것이다. 즉 문자 그대로 발전 가능성이 있는 지점, 그 텍스트나 맥락이 발전할 수 있는 장소와 순간을 끄집어내는 것이다. 그러나 어떤 저자의 텍스트를 이런 식으로 해석·발전시키다 보면 해석학의 가장 기본적인 규칙을 위반하지 않고서는 더 이상 나아갈 수 없음을 깨닫게 되는 순간이 오기 마련이다. 이는 곧 문제가 되는 텍스트에 대한 해석을 전개시켜 가다 보면 저자와 해석자를 구별할 수 없게 되는 결정 불가능성의 지점에 도달하게 된다는 뜻이다. 이는 해석자에게는 특히 행복한 순간이지만, 해석자는 바로 그때야말로 자신이 분석하고 있는 텍스트를 버리고 자신의 이야기로 나아가야 한다는 것을 안다(『장치란 무엇인가?』, 31-32쪽).

모든 텍스트에는 해석의 어느 한 순간에 "해석학의 가장 기본적인 규칙을 위반하지 않고서는" 더 이상 해석을 진행시킬 수 없는, "저자와 해석자를 구별할 수 없게 되는 결정 불가능성의 지점", 이른바 비식별역이 반드시 존재하기 마련이다. 이 지점에 도달한 해석자는 이제 자신이 붙들려 있던 텍스트나 맥락에서 과감히 벗어나 자신이 누구인지를 서서히 드러내고 자신의 목소리를 분명히 들려줌으로써 "자신의 이야기로 나아가야" 한다. 해석자에게 "발전 가능성이 있는" 바로 이 지점은 저자의 사유가 봉착한 한계이자 임계점으로, 해석자의 해석학적 역량이 발휘되어야 하는 새로운 의미형태의 실험무대이다. 이 무대는 해석자에게 저자가 설치해 놓은 텍스트 해석의 장치로부터 풀려나서 "텍스트를 버리는" "특히 행복한 순간"을 제공해 주기도 하지만, 그와 동시에 해석자가 더 이상 익숙했던 텍스트에 기대지 못하고 오로지 "자신의 이야기로 나아가야" 하는 불안한 도전의 과제를 짊어져야 하는 고통의 순간이기도 하다. 이 순간 해석자가 맞닥뜨리게 되는 것은 텍스트의 의미내용이 일순간 괄호로 묶이고 효과만이 강제하는 일종의 잠재면이다. 녹색 신호등이 꺼지고 노랑 신호등이 켜지면 잠시 모든 결정이 유예되는 순간이 임박한다. 바로 이 유예의 순간에 체계의 체계성이 주체의 주체성 앞에 잠시 노출된다. 이 노출의 대가를 치르고서야 체계의 체계성이 보장되는 것이다.

물론 신호등 체계는 단순하다. 노랑 신호등이 꺼지면 곧바로 빨강 신호등이 켜진다. 도로교통 신호체계에는 그 이상의 출구도, 이야기도, 플롯도 존재하지 않기 때문이다. 하지만 텍스트의 신호체계에서는 노랑 신호등이 꺼지고 난 뒤 어느 신호등이 들어올지 그 누구도 미리 알지 못한다. 텍스트의 노랑 신호등이 점등된 유예의 순간, 그러니까 해석의 발전 가능성이 있는 지점에서 자신의 모습을 드러내기 시작한 해석자만이 도래할 새로운 빛줄기 앞에 자신을 기꺼이 봉헌함으로써 자신만의 이야기를 당당히 펼쳐나갈 수 있을 뿐이다.

앞에서 인용한 『법의 힘』에서 데리다가 언급한 결정 불가능성의 시험이 치러지는 공간이란 달리 말해 아무런 의미내용 없이 단지 발화력만이, 즉 해야 함devoir(의무)만이 강제하는 곳이다. 바로 이곳이 아감벤이 위에서 지적한 "저자와 해석자를 구분할 수 없게 되는 결정 불가능성의 지점"이요, 해석자에게는 "발전 가능성이 있는" "행복한 순간"을 맞이하는 곳이다. 아감벤이 "결정 불가능성의 지점"이라는 주제를 "해석자"와 연결했듯이 데리다는 이 동일한 지점을 주체의 문제와 결부시킨다. 자신의 결정이 정당하다는 주장을 펴기 위해 반드시 통과해야 하지만, 그 자체로는 정당한지 정당하지 않은지를 결정할 수 없는 이 비식별역에서 주체는 주체로 드러난다. 프로그램화된 일련의 기계적 절차에 따라 결정이 내려진다면 이 결정은 규칙에 부합할 수는 있지만 정당하다고는 말할 수 없을 것이다. 왜냐하면 정당성은 오직 자유롭게 내려진 결정에 한에서만 부여될 수 있는 것이기 때문이다. 자유롭게 결정한다는 것은 이미 결정된 것을 결정하는 것이 아니라 결정 불가능성의 지대를 통과하게 된다는 것인데, 그런 방식으로 결정을 내릴 수 있는 것은 오직 자유로운 주체뿐이다. 텍스트와 맥락이 부여하는 해석학적 규칙을 따라가기만 해서는 해석자가 자기만의 고유한 길을 갈 수 없듯이, 어떤 결정이나 판단을 내리는 데 있어 프로그램화된 기계적 절차만을 따르게 될 때 주체는 온전한 주체로 드러날 수가 없는 것이다.

결정 불가능성이라는 주제는 자주 해체와 결부된다. 그런데 결정 불가능한 것은 단지 두 가지 의미작용, 또는 상호 모순적이고 각자 철저하게 규정되어 있으면서도 또한 마찬가지로 필수적인 두 가지 규칙[예컨대 여기에서는 보편법 및 공정함에 대한 존중과 (보편자로) 포섭 불가능한 사례의 항상 이질적이고 특유한 독특성에 대한 존중] 사이의 동요만은 아니다. 결정 불가능한 것은 단지 두 결정 사이의 동요나 긴장만은 아니다. 결정 불가능한 것은 계산 가능한 것과 규칙의 질서에 낯설고 이질적이지만, 그럼에도 불구하고 법과 규칙을 고려하면서 불가능한 결정에 스스로를 맡겨야 하는—우리는 이 해야 함devoir(의무)으로부터 말해야 한다—것의 경험이다. 결정 불가능한 것의 시험을 통과하지 않은 결정은 자유로운 결정이 아니며, 이것은 프로그램화될 수 있는 적용이거나 계산 가능한 과정의 연속일 뿐이다. 이는 적법할 수는 있겠지만 정당하지는 않을 것이다. 하지만 또한 결정 불가능한 것 때문에 생기는 결정의 정지 순간도 정당하지 않은데, 왜냐하면 오직 결정만이 정당하기 때문이다. "오직 결정만이 정당하다"는 이 언표를 주장하기 위해 결정을 어떤 주체의 구조에, 또는 어떤 판단의 명제적 형태에 준거시킬 필요는 없다. 심지어 우리는—충격을 불러일으킬 것을 감수하고—주체는 결코 아무것도 결정할 수 없다고 확고하게 말할 수 있을 것이다. 주체에게 결정은, 주체를 주체로 만드는 본질적인 동일성과 실체적인 자기 현전—적어도 만약 이 주체라는 단어의 선택이 자의적이지 않고, 우리의 문화에서 '주체'에 대해 항상 요구되는 것을 우리가 신뢰한다면—을 전혀 변용시키지 못하는 주변적인 우연한 사건accident에 불과하다. (서양에서) 주체란 바로 이런 것이다(『법의 힘』, 51–52쪽).

『법의 힘』에서 '힘'은 언어행위이론에서 이야기하는 '발화력'의 '력'(力)과 동일한 의미를 지닌다. 이 힘은 "해야 함"의 강제력을 가리킨다. 결정 불가능성의 시험이 치러지는 공간은 모든 법적 의미가 괄호로 묶이고 주체가 프로그램화된 절차에서 풀려나 "불가능한 결정에 스스로를 맡겨야 하는" 곳으로, 오직 발화력만이 강제하는 장소이다. 그런데 스스로를 맡겨야 하는 이 봉헌의 당위 덕분에 주체는 '프로그램화된' 기계가 아니라 '자유로운' 주체로 우뚝 설 수 있는 것이다.

봉헌한다는 것은 이미 주어진 것을 묻는 행위가 아니다. 그것은 스스로를 내어줌으로써 물음의 공간을 여는 몸짓이다. 이 공간은 '탄생성'으로 가득 찬, 아렌트Hannah Arendt가 의미한 바대로의 '행위하는 삶'acta vita의 진정한 무대이다. 도래하는 사유의 대상이 '주어진 것'ce qui est donné이 아니라, 이처럼 '스스로를 내어줌'ce qui se donne이라는 점에서 포스트모던 비평의 지점은 궁극적으로 정치적이라고 할 수 있다. 바야흐로 오늘날 포스트모던의 이후, 이른바 포스트-포스트모던의 모험은 포스트모더니즘이 열어놓은 이러한 정치화의 가능성을 다양하게 변주하는 시도들이 아닐까. 예컨대 역량으로서의 삶-의-형태(아감벤)나 행위하는 삶(아렌트)은 이러한 정치화의 실험무대를 활짝 열어놓는다. 흔히 해체의 논리로 대변되는 포스트모더니즘은 진리, 의미, 가치를 부정하는 것이 아니라, 오히려 궁극적으로 "자신의 이야기로 나아가기" 위해서 아무런 진리도, 아무런 의미도, 아무런 가치도 지시하지 않는, 그러면서도 오직 강제력만이 발휘되는 이른바 결정 불가능성의 지대를, 비식별역을, 즉 아감벤이 지적한 "발전 가능성이 있는 지점"을 반드시 통과해야만 하는 고뇌의 순간이 필연적으로 요청됨을 일깨운다. 이 요청

이 제기되는 포스트모던 비평의 토포스를 드러내 보이는 것, 이것이 우리가 이 책에서 스스로에게 부여한 임무인 것이다.

CHAPTER _ 02

# 교차모순의 기호논리학

포스트모던 비평의 실험무대는 앞에서 '~도 아니고 ~도 아닌'으로 정식화한 비식별역에 자리 잡고 있다. 결정을 유예함으로써 재촉하는, 특정한 의미가 주어지지 않으면서 강제력이 발휘되는 결정 불가능성의 지점 말이다.

논의를 전개하기 전에 우선 이러한 이중부정의 정식이 아무렇게나 아무것에나 적용되는 것이 아니라는 사실을 다시 한 번 지적할 필요가 있다. 앞서 노랑 신호등의 경우에서 살펴본 것처럼 '가다'도 아니고 '서다'도 아니라고 하는 것은 예컨대 '금도끼'도 아니고 '은도끼'도 아니라고 하는 것과는 전적으로 다르다. '금도끼'와 '은도끼'는 단순히 두 가지가 서로 다른 도끼라는 차이만을 지시한다. 하지만 '가다'와 '서다'는 서로 다르다는 단순한 사실을 넘어서 이러한 둘의 다름이, 즉 상호 구별되는 특성이 차이들의 관계, 말하자면 신호등 체계를 구축한다. 신호등 체계에서 녹색 신호등은 빨강 신호등과 단지 조형적이고 시각적인 차이만을 나타내는 것이 아니라 상호 대립적인 관계를 형성한다. 이와 같은 관계가 효력을 발휘하는 곳은 순수한 차이가 발생하는 실재의 면이 아니다. 녹색 신호등은 '허용'을 뜻하면서 '금지'를 뜻하는 빨강 신호등과 대립하게 된다. '허용'은 '금지'의 반대이고 '금지'는 '허용'의 반대인데, 바로 이러한 의미론적 관계를 토대로 신호등 체계가 비로소 작동되는 것이다. 반면 앞서 예를 든 '금도끼'와 '은도끼'의 경우는 두 항이 단순한 차이만을 나타낼 뿐, 둘 사이에 어떠한 의미론적 관계도 존재하지 않기 때문에 아직까지 하나의 체계를 형성하지 못한다. 다시 말하지만 어떤 차이가 하나의 차이의 관계, 즉 체계가 되기 위해서는 순수한 차이가 아닌 의미론적 차이가 되어야 하며, 단순한 사실적 관계가 아니라 언어적이고 법적인 관계가 마련되어야만 하는 것이다. 예컨대 태양계가 체계인 이유는 항성과 이를 중심으로 공전하는 행성들이 단순한 사실로서, 그리고 순수한 차이로서가 아니라 부동성과 운동성의 대립으로, 중심과 주변의 위계로, 요컨대 의미론적이며 법칙적인 관계로 '읽히기' 때문이다. 마찬가지로 신호등 체계는 '녹색'과 '빨강'이 순수한 차이가 아니라 허용과 금지라는 의미론적으로 대립되는 관계를 형성한다는 점에서 체계인 것이다. 우리가 앞서 제시한 '~도 아니고 ~도 아닌'이라는 이중부정의 정식이 유효한 것은 단순한 차이의 영역이 아니라 이처럼 대립적인 관계로 구축된 체계 안에서이다. 이제 문제는 우리가 앞서 교차모순이라 명명한 이중부정의 정식이 대립적 관계로 구성된 체계 속에서 어떻게 발현될 수 있는지, 그것이 체계에서 차지하는 자리는 어디인지, 궁극적으로 그것이 체계에, 더 나아가 체계성에 가져오게 될 영향과 의미는 무엇인지를 살펴보는 일이 될 것이다. 이 책의 도입부에서 언급했다시피 기호학에서 가져온 기호 사각형 모델은 이러한 과제를 수행하는 데 방법론적인 도움을 줄 수 있을 것이다.

일반적으로 체계를 구성하는 요소들은 항상 대립적 관계 속에서 법적인 지위를 부여받게 된다. 구조적이고 언어적이며 의미론적인 관계가 성립되어야 이 관계 속에서 순수한 차이들이 제자리를 잡게 된다는 말이다. 그런데 흥미로운 것은 모든 차이들이 의미론적으로나 법적으로 그러한 관계의 그물망에 포착되는 것이 아니라는 사실이다. 예컨대 노랑 신호등은 앞서 살펴보았듯이 의미론적으로 투명하지 않으며 법적으로 중립적이다. 신호등 체계에서 녹색 신호등, 빨강 신호등과 구별되는 노랑 신호등을 드러낼 수 있는 관계는 반대가 아니라 순수하게 논리적인 모순뿐이다. 반대가 서로 대립되는 항들 간의 관계라면 모순은 부정에 의해 형성된 관계를 일컫는다. 말하자면 신호등 체계에서 '녹색'은 '빨강'과 의미론적으로 반대 관계를 이루는 한편 녹색이 아닌 모든 색, 즉 녹색의 부정, 말하자면 '비(非)녹색'과는 모순관계를 이룬다. 신호등 체계에서 노랑은 녹색과 대립되는 반대항인 빨강과는 달리 녹색이 아닌 색일 뿐이다. 여기서 녹색인 것과 녹색이 아닌 것은 동시에 참일 수 없다. 논리적으로 모순이 되기 때문이다. 그런데 이 모순은 항들 간에 발생하는 관계가 아니다. '녹색'은 항이지만 '비녹색'은 하나의 항이 아니라 여러 항들이 속한 하나의 범주를, 하나의 부류를, 하나의 계열을 가리킨다. 예컨대 '비녹색'이라는 계열에는 노랑뿐만 아니라 파랑, 보라, 분홍, 하양, 검정 등 수많은 항들이 속할 수 있다. 즉 A의 모순은 –A인데 A가 하나의 항인 반면 –A는 하나의 범주라는 것이다. 기호학자 퐁타뉴Jacques Fontanille는 『담화기호학』*Sémiotique du discours*에서 이러한 모순관계를 간략하게 다음과 같이 도식화한다.

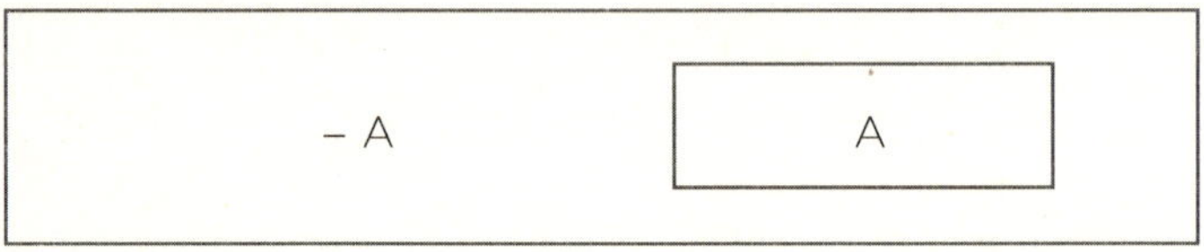


위의 도식에서 A가 하나의 형상을 나타낸다고 할 때, 이를 부정한 –A는 어떤 의미에서 그러한 형상이 드러나는 바탕을 구성한다. 모순은 하나의 형상과 그 바탕이, 달리 말해 하나의 항(A)과 하나의 범주(–A)가 맺는 관계를 일컫는다.

다시 신호등 체계로 돌아가 보자. 신호등 체계에서 '녹색'의 모순인 '비녹색'의 계열에는 노랑뿐만 아니라 빨강도 해당된다. 그런데 이 빨강은 단순히 녹색과 다른 것이 아니라 그와 의미론적으로 대립하는 것이다. 앞서 언급했다시피 바로 이 대립이 체계를 구축 가능하게 한다. 달리 말해 모순관계만으로는 하나의 체계가 형성될 수 없다. '녹색'을 부정해서 얻은 '비녹색'은 녹색과 함께 체계를 형성하지 못한다. 부정에 의해 형성된 범주 안에서 요소들 간에 의미론적 긴장이, 지향적 움직임이, 새로운 긍정이 이루어질 때 비로소 체계가 구축되는 것이다. 신호등 체계에서는 '녹색'의 부정인 '비녹색'으로부터 '녹색'의 반대인 '빨강'으로 움직이려는 긍정의 과정이 존재한다. 그것은 달리 말해 부정에서 긍정으로 움직이려는 지향이다. 이 지향적 움직임 속에서 어떤 의미론적 긴장이, 특히 반대가 중요한 역할을 담당하게 된다. 사실 반대는 대립의 의미론적 표현에 다름 아니다. 즉 대립이 체계를 이룬다는 말은 의미론적으로 반대가 체계를 구성한다는 말과 같은 것이다. 퐁타뉴는 체계를 형성하는 반대관계를 다음과 같이 도식화한다.

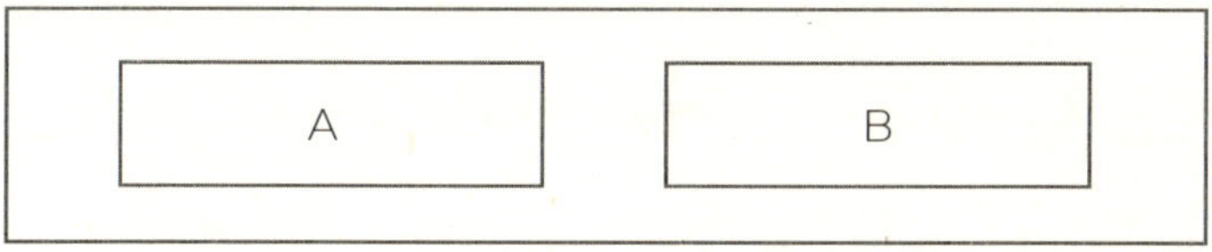


위의 도식에서 반대관계를 형성하는 A와 B는 모두 항들이다. 이들의 대립적 형상이 뚜렷해지면 뚜렷해질수록 그 바탕은 더욱 흐릿해진다. 앞서 살펴보았듯이 모순이 항과 범주 간의 관계, 형상과 바탕과의 관계라면 이처럼 반대는 항들 간의 관계, 즉 형상들 간의 관계이다.

그런데 여기서 짚고 넘어가야 할 것이 있다. 그것은 모든 항에 모순항이 존재하지만 모든 항에 반대항이 존재하는 것은 아니라는 사실이다. 신호등 체계에서 빨강의 반대는 녹색이고 녹색의 반대는 빨강이다. 하지만 노랑의 반대는 존재하지 않는다. 노랑은 오로지 논리적인 추론에 의해서만, 즉 모순을 통해서만 자신의 실재를 드러낸다. '허용'의 반대항은 '금지'이고, '부동성'의 반대항은 '운동성'이며, '중심'의 반대항은 '주변'이 될 수 있다. 반면 '책상'의 반대항은 존재하지 않는다. 마찬가지로 앞서 예로 들었던 '금도끼'의 경우에도 그 자체로는 반대항이 있을 수 없다. 이는 '금도끼'와 모순을 이루는 '비금도끼' 계열에 '금도끼'와 의미론적 관계를 맺고 있는 어떤 항이, 즉 '금도끼'와 긴장을 불러일으키는 대립항이 존재하지 않기 때문이다. 이와 달리 '하늘'의 경우에는 반대항이 존재한다. 예컨대 '하늘'의 반대항은 '땅'이 될 수 있다. '하늘'의 모순은 '비하늘'이고, '비하늘'의 계열에 '땅'이 존재한다. 높은 '하늘'은 낮은 '땅'과 반대라는 의미론적 관계를 형성한다. 여기서 '하늘'의 반대가 '땅'일 수 있는 이유는 다름 아니라 '높음'의 반대가 '낮음'이기 때문이다. '하늘'과 '땅'이 순수한 차이가 아니라 대립적 관계를 지닌 반대항이 될 수 있는 것은 이처럼 그들의 차이가 높고 낮음이라는 의미론적 관계 속에서 재해석될 때이다. 이렇게 볼 때 앞서 예를 든 금도끼 역시 의미론적 관계를 설정할 수 있는 서사적 맥락 속에 놓이게 될 경우 반대항을 가질 수 있다. 오늘날까지도 인구에 회자되면서 광고를 비롯해 다양한 패러디의 원천이 되기도 하는 금도끼 은도끼 우화가 그것이다.

주지하다시피 우리가 알고 있는 금도끼 은도끼 이야기의 요체는 이러하다. 옛날 옛적 깊은 산골에 늙은 어머니를 모시고 살아가는 마음씨 착한 나무꾼이 있었는데, 어느 날 나무를 베다가 그만 도끼가 도끼자루에서 빠져 호수에 풍덩 빠져버리고 말았다. 그때 갑자기 호수에서 회오리바람이 일며 산신령이 나타나 우레같이 쩌렁쩌렁한 목소리로 무슨 일로 그렇게 슬피 울고 있느냐고 물었다. 나무꾼은 지푸라기라도 잡는 심정으로 하나뿐인 도끼가 방금 호수에 빠졌는데 그것이 없으면 자기와 늙은 어머니는 굶어죽는다고 서글피 대답하였다. 잠시 후 산신령이 번쩍이는 금도끼를 들고 나타나 이것이 네 것이냐 물었지만 나무꾼은 아니라고 말했고, 다시 은도끼를 들고 나타났을 때도 똑같이 아니라고 말했다. 자기 도끼는 닳고 닳은 낡은 쇠도끼라고. 나무꾼의 정직함에 감동한 산신령은 나무꾼에게 쇠도끼는 물론 금도끼와 은도끼까지 선물로 주었고, 나무꾼은 금도끼와 은도끼를 팔아 어머니와 함께 행복하게 살게 되었다. 물론 정직의 교훈을 주고자 하는 이야기는 여기서 끝나지 않는다. 착한 나무꾼의 이야기를 들은 이웃의 욕심쟁이 나무꾼은 그 길로 호수로 달려가서 나무를 하는 척하다가 도끼를 호수에 집어던져 버리고는 꺼이꺼이 울면서 산신령의 출현을 기다렸다. 드디어 산신령이 나타나 금도끼를 내밀며 네 것이냐 하고 묻자 연방 고개를 끄덕이며 그렇다고 대답하더니 심지어는 은도끼가 하나 더 있다는 얘기까지 하는 것이 아니겠는가. 나무꾼의 거짓말에 노한 산신령은 불같이 화를 냈고, 산신령의 분노에 천지가 진동하자 놀란 욕심쟁이는 엉덩방아를 찧으며 걸음아 나 살려라 줄행랑을 놓았다는 것이다.

이제 금도끼 은도끼 우화의 서사적 맥락에서 반대와 모순관계를 자세히 따져보자. 앞서의 이야기에서 금도끼도 은도끼도 아니라는 착한 나무꾼의 대답을 들은 산신령은 연못으로 들어가 마침내 쇠도끼를 가지고 다시 등장한다. 그런데 여기서 쇠도끼는 금도끼나 은도끼와 단순히 다른 도끼가 아니라 이들과 특정한 의미론적 관계를 형성한다. 이를테면 쇠도끼는 '값싼' 도끼인 반면 금도끼와 은도끼는 '값비싼' 도끼인 것이다. 금도끼도 은도끼도 아니라는 부정의 정식은 '값비싼'과 의미론적으로 반대가 되는 '값싼'으로의 긍정적인 지향을 불러일으킨다. 순수한 차이들을 억압함으로써 동일성을 구축하려는 이러한 지향적 움직임 속에서 의미론적 긴장이 새롭게 형성된다. 다시 말해 '비싼'의 모순은 '비싸지 않은'인데, 이 범주로부터 의미론적 지향에 의해 반대항인 '값싼'

에 도달할 수 있게 된다. 이 모순의 매개항은 이 우화에서 산신령이 연못으로 들어가는 장면으로 형상화된다. 여기서 흥미로운 것은 '값싼'의 항에 또 다시 하나의 지향적 조작이 가해진다는 것이다. 착한 나무꾼의 솔직함에 감동 받은 산신령은 그에게 쇠도끼뿐만 아니라 금도끼와 은도끼까지 선물로 하사한다. 이때 감동은 '값싸지 않은'이란 모순의 매개항을 형성한다. 이 매개를 통해 '값싼'에서 '값싸지 않은'으로, 그리고 다시 '비싼'으로의 의미론적 지향운동이 전개되는 것이다.

이 우화의 경우와는 달리 신호등 체계에서는 지향적 움직임이 오직 한 방향으로만 이루어지는 듯하다. '허용'의 모순은 '비허용'인데 이 범주로부터 의미론적 지향에 의해 반대항인 '금지'에 도달할 수 있게 된다. 반면 '금지'에서 '허용'으로의 이행, 말하자면 빨강 신호등에서 녹색 신호등으로의 이행에서는 이러한 모순의 매개를 거치지 않는다. 그 이유는 신호등 체계가 논리적일 뿐만 아니라 경제적이기 때문이며, 무엇보다도 서사적이지 않기 때문이다. 여기서 비록 현실에는 존재하지 않지만 재미 삼아 경제성을 무시하고 서사적으로 좀 더 완성도가 높은 가상의 신호등을 상상해 보자. 이 가상의 신호등 체계에서는 현실의 신호등과는 달리 '금지'에서 '허용'으로 이행하는 과정에서 '금지'의 모순항인 '비금지'를 상정해 볼 수 있다. 노랑 신호등은 이때에도 여전히 '비금지'의 메시지를 표시하기 위해 사용될 수 있으리라. 물론 이 경우 노랑 신호등이 의미하는 바는 '정지'의 준비가 아닌 '출발'의 준비가 되겠지만 말이다. 이렇게 볼 때 가상의 신호등 체계는 허용(녹색)에서 비허용(노랑)으로, 비허용(노랑)에서 금지(빨강)로, 금지(빨강)에서 비금지(노랑)로, 비금지(노랑)에서 다시 허용(녹색)으로 이어지는 일련의 과정을 거치며 작동하게 될 것이다. 이 과정에서 노랑 신호등이 수행하는 역할이 바로 이중의 모순운동을 표지하는 매개의 역할이라고 할 수 있다. 가상에서 현실로 다시 돌아와 보자. 금지에서 허용으로의 이행을 명령하는 노랑 신호등은 볼 수 없지만, 앞서 언급했다시피 현실의 신호등 체계에서도 종종 노랑 신호등만이 깜빡거리는 구간이 발견된다. 이는 필경 노랑 신호등이 '비허용'뿐만 아니라 '비금지'를 뜻할 수도 있다는 사실에서 기인하는 것이다. 다시 말하지만 다른 신호등이 아니라 노랑 신호등이 그러한 용도로 활용될 수 있는 까닭은 노랑 신호등의 의미론이 근본적으로 불투명하기 때문이다.

지금까지 설명한 내용을 바탕으로 우리가 상상한 가상의 신호체계를 기호학적으로 모델링해 보자.

[신호등의 기호 사각형]

파리학파의 기호학에서 고안해낸 기호 사각형은 상술한 이중의 모순운동을 통해 형성된 논리·의미론적 모델이다. 이를 좀 더 상세히 살펴보자. 먼저 '허용'을 부정하면 '비허용'의 계열이 형성된다. 이 계열에 의미론적 긴장이 발생하면서 반대항인 '금지'가 확정된다. '금지'는 '비허용'을 논리적으로 함의하지만 반대로 '비허용'은 '금지'를 논리적으로 함의하지 않으며 다만 긍정할 뿐이다. 그런데 이 긍정은 논리적인 것이 아니라 의미론적이고 지향적이다. 또한 서사적이고 음모적이기도 하다. 이 지향적 움직임에 의해 서사 텍스트의 효과적인 분석 모델인 기호 사각형이 작동하는 것이다. 좀 전에 우리는 기호 사각형을 논리 · 의미론적 모델이라 칭한 바 있다. 기호 사각형이 논리적이면서도 의미론적인 이유는 이처럼 모순관계가 보편적이고 논리적인 반면에 반대관계는 언어적이고 의미론적이기 때문이다. 그런데 이 모델은 흥미롭게도 논리적이지도 의미론적이지도 않은 한 지점, 이른바 노랑 신호등에 의해 표지되는 비결정 지대, 비식별역의 출현을 허용하고 있다. 그것은 다름 아닌 기호 사각형 아래의 지점, 즉 '비금지'와 '비허용'의 복합항으로 표지되는 지점이다.

이중의 모순, 즉 우리의 용어로 교차모순이 발생하는 이 지점은 현재까지 기호학 담론에서 크게 논의되지 못했고, 기호학자들의 주목을 끌지 못하면서 상당 부분 관심에서 배제되어 있었던 것이 사실이다. 어쩌면 논리적이고 의미론적인 모델을 추구하는 기호학자들에게 논리적이지도 의미론적이지도 않은 이 지점은 모델의 설명력을 높이기 위해 가능한 한 감추고 싶거나 적어도 언급하고 싶지 않은 일종의 치부일 수도 있겠다. 하지만 우리가 보기에 이 지점은 기호 사각형이라는 논리 · 의미론적 모델에서 잘못됐거나 쓸모없는 부분이기는커녕 오히려 이 모델이 체계적으로 작동하고 적용될 수 있기 위해 꼭 필요한 중추적인 역할을 수행한다. 비체계적인 이 지점이 존재하기 때문에 역설적으로 이 모델의 체계성이 유지될 수 있다는 것이다. 허용과 금지는 반대관계이지만 비금지와 비허용은 반대관계가 아니다. 파리학파의 기호학에서는 이들의 관계를 논리 · 의미론적으로 그럴듯하게 포장하기 위해 하위 반대sub-contraire라고 명명하지만 실상 하위 반대라는 의미론적 관계는 존재하지 않는다. 이 관계는 철저하게 비의미론적이고 비논리적이다. 그런데 기호 사각형이 논리 · 의미론적 모델로서 작동하려면 비의미론적이고 비논리적인, 그러니까 비식별역이자 비결정성의 지대인 이 지점을 반드시 통과해야만 한다. 반대관계에 놓인 두 항을 동시에 부정하는 이른바 교차모순에 의해 드러난 이 지점은 의미론적 긴장이 풀리고 지향성이 가로막힌 곳으로, 아감벤이나 바디우Alain Badiou식으로 표현하자면 체계 안에 "현시하지만 재현되지 않은, 재현되지만 현시하지 않은", 다시 말해 관계의 그물망에 의해 상징적으로도 재현적으로도 포섭되지 않은 항들, 요소들, 순수한 차이들이 자신의 비체계적인 실재를 드러내면서 체계의 한계를 표지하는 지점이라고 할 수 있다. 요컨대 노랑 신호등은 허용과 금지를 동시에 부정하면서 주요모순도 부차모순도 아닌 이른바 교차모순의 운동을 일으킴으로써 허용과 금지로 이루어진 체계에서 비허용과 비금지라고 하는 감추어진 지대를, 말하자면 모든 결정이 잠시 유예되는 비식별역을 드러내고, 이를 통해 체계 자체를, 체계의 체계성을 물음에 던진다는 의미에서 혁명적인 역할을 수행하는 것이다.

교차모순이 발생하는 지점을 보다 명확히 밝히기 위해 좀 더 추상적인 차원에서 지금까지의 논의를 정리해 보자. 우리가 포스트모던 비평의 지점으로 정의한 '~도 아니고 ~도 아닌'은 상술한 기호 사각형의 사례가 예시하듯 이른바 교차모순에 기초한 정식이다. 이 정식이 올바르게 적용되기 위해서는 교차모순의 대상, 예컨대 A와 B가 하나의 체계를 형성해야 한다. 앞서 지적했듯이 이들이 순수한 차이가 아닌 대립적 차이를 보여야 한다는 것이다. A와 B를 각각 부정하면 지금까지 길게 설명한 기호 사각형 모델이 간단히 만들어진다.

[기호 사각형]

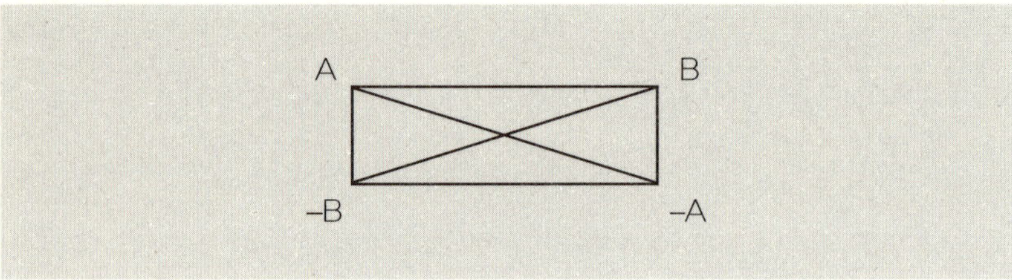


여기서 A와 B는 체계를 형성하는 중심축이다. 이 체계는 논리 · 의미론적 관계로 이루어져 있다. A의 반대는 B이고 A의 모순은 –A이다. B의 반대는 A이고 B의 모순은 –B이다. 체계를 구성하는 이 네 가지 요소들은 앞에서 신호등 체계를 통해 보았듯이 통사적일 뿐만 아니라, 서로 결합하여 다양한 의미론적 범주들을 산출해낼 수 있다. 예를 들어 A와 –B가 결합하면 A 중의 A, 즉 순수한 A인 A의 중심이 만들어진다. 마찬가지로 B와 –A가 결합하면 B 중의 B, 즉 순수한 B인 B의 중심이 만들어진다. 한편 A와 –A, B와 –B는 서로 모순관계를 이루기 때문에 이들의 결합 자체가 논리적으로 불가능하다. 모순과 달리 반대의 경우에는 서로 대립하는 항들 사이에 평화적인 공존, 예컨대 A와 B의 복합항이 가능하다. 레비–스트로스Claude Lévi–Strauss는 『구조인류학』*Anthropologie structurale*에서 이러한 공존을 신화적이라고 부른 바 있다. 계속해서 –A와 –B의 복합항을 상상해 볼 수 있을 것이다. A와 B의 복합항이 신화적이라면 교차모순으로 이루어진 –A와 –B의 복합항은 앞서 살펴보았듯이 체계의 비체계성을 표지한다는 점에서 신화적 기획에 끊임없이 저항하는 어떤 단면으로 정의할 수 있을 것이다. 이를 도표로 나타내면 다음과 같다.

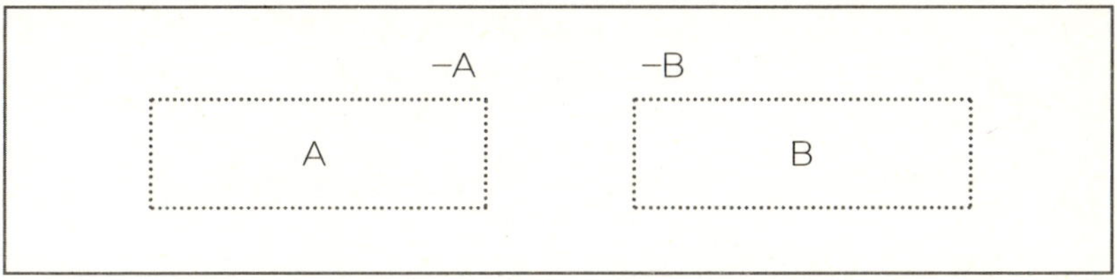


교차모순에 의해 A와 B의 대립이 점차 흐려지면 그동안 배경에 감추어져 있던 잠재면이 드러나게 된다. 들뢰즈의 표현을 빌리자면 –A와 –B가 여전히 "바탕이기를 그치지 않으면서 표면으로 올라오는" 일이 발생하는 것이다. A와 B를 동시에 부정하는 교차모순은 바로 바탕이 "바탕이기를 그치지 않으면서 표면으로 올라오는" 놀라운 순간을 가능케 한다. –A와 –B의 공간을 여는 이러한 이중의 모순운동, 즉 교차모순을 헤겔식의 변증법적 운동, 말하자면 절대정신을 향한 지양의 움직임으로 간주하기는 어렵다. 교차모순은 어딘가를 향해 움직인다기보다는 오히려 이 움직임 자체를 유예시키는 운동이라고 보는 것이 타당할 것이다. 다시 말해 교차모순의 이중부정의 정식은 체계를 구성하는 중심축들을 동시에 부정함으로써 관계, 체계, 구조의 그물망에 의해 포획되지 않은 순수한 차이들을, 그러니까 체계의 비체계성을 드러내 보이는 몸짓이자 전략인 것이다.

우리는 교차모순에 의해 모든 대립들과 차이들, 구별들이 뭉개지고 지워지면서 일종의 비식별역으로, 비결정성의 지대로 들어서는 바로 이곳에서 포스트모던 비평의 고유한 지점을 본다. 라캉Jacques Lacan이 상징계에 저항하는 '실재'로, 데리다가 서구의 형이상학을 해체하는 '근원적 기입'으로, 들뢰즈Gilles Deleuze가 강도와 이념성이 긴장을 불러일으키는 내재면으로, 아감벤이 배제인 동시에 포함으로 정의되는 '예외상태'로, 낭시Jean-Luc Nancy가 과업을 무력화시키는 '무위'로 각각 규정한 포스트모던 비평의 지점들은 바로 –A와 –B의 복합항으로 이루어진 순수한 공간이자 노랑 신호등만이 깜박이는 지점, 즉 아무것도 지시하지 않은 채 효력만이 발휘되는 한계의 공간이자 필경 모든 공간의 한계이리라. 요컨대 포스트모던 비평의 지점은 사유의 지평이 아닌 바로 사유의 한계, 한계의 사유가 상연되는 무대인 것이다.

# PART 02
# 교차모순

이제부터 우리는 상당히 어려울 것이 틀림없지만 동시에 매우 흥미로울 수 있는 하나의 시도를 실행에 옮기고자 한다. 그것은 바로 시대와 분야를 달리하는 여러 사상가들의 담론들 가운데 교차모순이라는 우리의 주제의식을 잘 보여줄 수 있는 개념을 선별하여 이를 기호 사각형이라는 방법론적 도구를 이용해 분석함으로써 서로 다른 각각의 비평이 궁극적으로는 우리가 앞서 제시한 포스트모던 비평의 지점에 맞닿아 있음을 드러내는 것이다. 사실 내로라하는 사상가들이 자기 분야에서 자신만의 고유한 언어로 풀어낸 담론들과 주요 개념들을 동일한 하나의 실타래로 엮어보겠다는 기획 자체가 어쩌면 무모한 일일 수도 있다. 다양한 사상가들의 담론들을 하나의 토포스로 묶어 공통점을 찾아내려 하기보다는 분명히 드러나는 그들 사이의 차이점을 받아들이고 부각시키는 것, 예컨대 소쉬르Ferdinand de Saussure의 '차이'는 들뢰즈의 '차이'와 다르고, 데리다의 '해체'는 낭시의 '무위'와 다소 다르며, 라캉의 '실재'는 들뢰즈의 '잠재면'과 다르다는 식으로 말하는 편이 훨씬 쉬울 뿐만 아니라 옳은 것인지도 모른다. 이런 이유에서일까? 그동안 국내에서도 현대 서구의 사유들, 특히 포스트모던 사상가들에 대해서 공통점보다는 차이를 강조하는 기조로 논의와 수용이 이루어져 온 것이 사실이다.

실제로 국내에 소개되고 많은 독자층을 확보한 포스트모던 사상가들의 글을 읽어보면 각자 사용하는 용어와 개념은 물론 글쓰기 스타일과 문체에서도 분명 서로 차이를 보인다. 하지만 좀 더 다른 관점에서 문제에 접근해 본다면 이들 사이에 차이만이 아니라 공통점도 존재할 수 있다는 사실에 생각이 미칠 것이다. 비록 이들 사상가들이 사용하는 용어와 개념들이 상당히 다르다 하더라도 결국 이 용어들이 탄생하게 된 사상사적 맥락이나 그것이 규정하고 설명하고자 하는 현대 사회의 현상들은 크게 다른 것이 아니지 않는가? 만일 그러하다면 이들의 다름보다 같음에 주목하는 편이 이들 사상가들이 펼쳐놓은 다양한 외관의 이론들을 관통하는 사유의 핵심을 포착하는 데 도움이 되지 않을까? 이러한 시도야말로 랑시에르Jacques Rancière의 주요 저작을 번역하고 그의 이론을 국내에 소개하고 있는 주형일이 랑시에르의 『미학 안의 불편함』 *Malaise dans l'esthétique*의 「옮긴이 서문」에서 토로하고 있는 어떤 불편함 또는 불신에 대한 하나의 해결책이 될 수 있을지도 모른다. 그는 이 서문에서 "차이를 위한 차이"만을 강조하는 프랑스적인 지적 스노비즘을 비판하면서 사실은 이들이 동일한 것을 다르게 말한 것에 불과한 것은 아닌지 다음과 같이 자문하고 있다.

> 이런 의문들이 드는 것은 랑시에르뿐만이 아니라 최근에 한국에서 유명세를 탄 여러 프랑스 현대 철학자들의 글들이, 그리고 그 글에 대한 우리 사회의 담론들이, 냉정히 평가하자면 결국 현실과 분리된

채 "그들만의 리그" 안에서 말장난하는 지적 유희에 불과하다는 생각을 내가 갖고 있기 때문이다. 그들은 항상 "나는 들뢰즈와 다르다. 나는 푸코와 다르다. 나는 데리다와 다르다. 나는 보드리야르와 다르다. 나는 바디우와 다르다…"라고 외치며 차이를 강조한다. 그런데 나는 이 차이가 단지 차이를 위한 차이처럼 제시되면서 그 차이들을 찾고 부각시키기 위해 혈안이 된 수많은 추종자들을 양산하는 지적 유희의 도구가 된 것은 아닌가 하는 생각을 자주 해왔다(『미학 안의 불편함』, 「옮긴이 서문」, 21쪽).

앞의 인용문에서 비판의 대상이 되고 있는 "그들만의 리그"를 우리들의 리그로 바꾸기 위해서는 이른바 그들의 "말장난" 속에서 그들이 진정으로 말하고자 한 바에 주목함으로써 현실과 분리되지 않은 채 그들의, 아니 우리 모두의 현실을 직시할 수 있게 해주는 어떤 지점을 찾아내야 할 것이다. 이 책이 포스트모던 사상가들의 저작에서 나타나는 이런저런 용어상의 차이가 아니라 우리가 교차모순이라고 부르고자 하는 하나의 토포스로 수렴되는 지점들을 드러내는 데 목표를 두고자 하는 이유가 바로 거기에 있다. 이런 과정을 통해 다양한 사상가들의 사유의 공통지점을 밝힘으로써 우리는 이들이 주장하고자 하는 바가 단순히 "차이를 위한 차이"가 아니라, 현실에 대한 진지한 고민과 성찰을 담고 있는 것으로서 오늘날 현대 사회의 문제를 전체적으로 조망하는 데 유용한 길잡이가 될 수 있음을 보여주고자 한다.

2부는 각각 두 개의 장으로 구성된 두 부분으로 나뉜다. 3장의 세

절은 교차모순의 변증법적 운동에, 4장의 세 절은 교차모순의 공간에 할애되어 있다. 먼저 교차모순의 변증법에 대해 논의하게 될 2부 3장에서는 보드리야르Jean Baudrillard의 '함열', 벤야민Walter Benjamin의 '신적 폭력', 랑시에르의 '감성분할' 개념을 중심으로 논의가 이루어질 것이다. 이 개념들은 우리가 임의로 선택한 것이기는 하나 그 어떤 개념보다도 교차모순의 변증법이 실행되는 다양한 방식을 잘 예시해 줄 수 있다는 점에서 마땅히 다루어야 할 필요가 있었다. 말하자면 '함열'이 체계를 구성하는 대립항들이 스스로 무너져내리는 내적 폭발과정의 사례라고 한다면, '신적 폭력'은 체계 밖에서 내리치는 폭력에 의해 체계의 작동이 중지되는 외적 과정의 사례라고 할 수 있다. 한편 '감성분할'은 내적이거나 외적이라기보다는 참여적인 것으로 기존의 체계와 질서가 끊임없이 새롭게 재편되는 과정을 잘 보여준다. 우리는 여기서 이들 각 개념이 의미하는 바를 앞서 기호 사각형을 통해 보았던 교차모순의 이중부정 논리에 따라 설명하게 될 것이다. 이어 2부 4장에서는 이러한 교차모순의 변증법을 통해 새롭게 열리게 된 교차모순의 공간이 과연 어떤 속성을 가지고 있는지를 다루고자 한다. 이 과정에서 소쉬르와 들뢰즈의 '차이', 라캉의 '실재', 아감벤의 '수용소'라는 또 다른 세 가지 개념이 흥미로운 사례로 제시될 것이다. 교차모순의 공간은 체계의 체계성에 의해 포획되지 않았던 감추어진 부분으로 새로운 가능성을 여는 역량(차이)의 공간이자 비결정 지대요, 비식별역(실재)이며, 안도 밖도 아닌 독특한 위상학적 구조를 지닌 경계(수용소)의 지대이다. 여기서도 마찬가지로 이 개념들이 열어젖히는 교차모순의 특이한 지점을 밝히기 위해 기호 사각형이 방법론적으로 동원될 것이다.

앞으로 풀어갈 이야기의 핵심 줄거리인 교차모순의 변증법과 이 변증법에 의해 열리게 될 공간은 오늘날 새로운 사회의 긴급한 도래 앞에 맞닥뜨린 우리들이 진지하게 고려해야 하는 포스트모던 비평의 지점이다. 이 지점은 현실과 무관한 지적 유희의 장소가 아니라 도래하는 공동체를 위한 새로운 정치적 실험이 이루어질 수 있는, 어찌 보면 지극히 혁명적일 수 있는 메타정치적 공간이다. 우리가 소위 포스트모던 사상가들의 사유 가운데 그동안 크게 주목받지 못했던 이 지점을 이 책의 주요 테마로 다룸으로써 독자의 이목을 집중시키고자 하는 것은 어떤 의미에서 이러한 긴급성의 부름에 대한 화답인 것이다.

CHAPTER _ 03

# 교차모순의 변증법

교차모순의 변증법은 체계의 작동 자체가 중지되는 지양의 역동으로 하나의 체계가 내적인 파열에 의해 무너져내리거나 외적인 개입에 의해 와해되거나 체계의 체계성이 끊임없이 재정의되는 방식으로 전개될 수 있다. 내적 파열 또는 함열은 의미론적 대립이 더 이상 유효하지 않은 상태로 되돌아간다는 점에서 의미론적이고, 외적 개입은 절대적 타자성에 노출된다는 점에서 화행론적이며, 체계성의 재정의는 체계의 가능성 자체에 대한 모색이라는 점에서 미학적이다. 우리는 이러한 교차모순의 변증법적 양상을 함열, 신적 폭력, 감성분할이라는 세 가지 개념을 통해 살펴보고자 한다.

## 1. 함열

지난 세기 말부터 비약적으로 발전하기 시작한 컴퓨터와 통신기술의 결합으로 창조된 사이버 세계는 아렌트가 지적한 바대로 근대 사회 형성 이후 점차 흔들리기 시작한 공적 영역과 사적 영역의 구분을 더욱 모호하게 만들었다. 또한 언제 어디서든 의식하지 않고 자유롭게 네트워크에 접속할 수 있는 이른바 유비쿼터스 환경의 생활화는 바야흐로 사이버 세계와 현실 세계를 분명하게 구분지으려는 시도 자체를 무력화시키고 있는 듯 보인다. 실제로 사이버 세계는 현실과 매우 닮았으나 현실과 똑같지 않은 세계이면서도, 예컨대 전자 상거래처럼 현실에 실제적인 변화를 가하고 영향력을 미친다는 점에서 전적으로 비현실적인 꿈의 세계라고 할 수도 없다. 오히려 사이버 세계는 현실이자 꿈인, 아니 어쩌면 현실도 꿈도 아닌, 보드리야르의 표현을 빌리자면 시뮬라시옹의 공간이라고 할 수 있을 것이다. 그런데 현실과 비현실의 공존, 이른바 보드리야르가 '함열'implosion이라 지칭하는 이러한 현상은 오늘날 단지 사이버 공간에서만 일어나는 예외적인 현상이 아니다. 보드리야르의 통찰력 있는 진단이 보여주듯 현대 사회를 움직이는 작동방식 자체가 이미 재현의 계열에서 시뮬라시옹의 계열로, 이데올로기의 시대에서 시나리오의 시대로 접어들었다는 것은 부인할 수 없는 사실이기 때문이다. 자, 그렇다면 원했든 원치 않았든 오늘날 우리가 사는 세상의 엄연한 현실이 되어버린 이 시뮬라시옹의 공간, 즉 함열의 지점을 어떻게 이해하고 설명할 수 있을까? 이 지점을 우리가 교차모순으로 정의한 이중부정의 정식으로 풀어냄으로써 그것이 지닌 의미와 가능성을 드러낼 수는 없을까? 이것이 우리가 이 글에서 묻고자 하는 질문이다.

주지하다시피 진리와 오류, 실재와 이미지, 의미와 기호, 원본과 복제, 과학과 이데올로기 등의 개념적인 대립쌍들은 서구 인식론의 핵심을 구성하는 주제들이다. 언뜻 보기에 포스트모더니즘의 입장은 이들 대립쌍 중에서 전자의 항보다는 후자의 항에 방점을 두고 있는 듯하지만 사실 문제는 단순한 양자택일이 아니라 좀 더 복잡한 양상을 띠고 있다. 우리는 여기서 이 문제를 기호학의 도움을 받아 새롭게 조명해 보고자 한다. 기호학에는 특별히 진리 판단의 난제를 다룰 수 있는 모델이 존재하는데, 이는 다름 아니라 진리 시각형이라 불리는 것이다. 진리 사각형 모델은 존재être와 외양paraître의 대립에 토대를 두고 있다. 여기서 존재는 존재론의 대상으로서의 존재라는 협의의 의미라기보다는 실재, 사실성, 본질, 본성 등을 포괄하는 광의의 의미로 사용되고 있으며, 외양은 이러한 존재의 특성이 겉으로 드러난 모습, 형상, 이미지 등을 가리킨다. 어찌 보면 서구의 형이상학적 이분법 전통에 기초한 이러한 구분은 서사 기호학에서 진리 판단의 준거로 사용되는 진리 사각형 모델의 중심축을 형성한다. 앞에서도 여러 차례 확인한 바 있듯이 일반적으로 대립하는 항들 사이에 일단 반대관계가 확인되고 나면 이로부터 기호학 분석 모델인 기호 사각형을 구축하는 일은 그리 어렵지 않다. 서로 반대되는 '존재'와 '외양'의 대립쌍에 기초한 진리 사각형의 모델을 만들어보면 다음과 같은 그림이 그려질 것이다.

전통적인 진리관에 따르면 진리란 말과 사물, 시니피앙과 시니피에, 이미지와 사실성, 보이는 것과 보이지 않는 것, 요컨대 겉(외양)과 속(존재)이 일치하는 것을 가리킨다. 위의 사각형 모델에서 보자면 사각형

[진리 사각형]

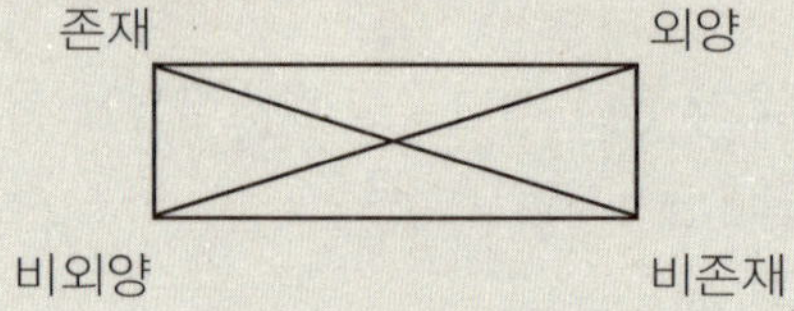


의 윗부분에 위치하는 '존재'와 '외양'의 복합항의 등가가, 다시 말해 둘 사이의 평화로운 합의와 충실한 재현이 진리의 조건으로 제시된다는 말이다. 이해를 돕기 위해 마크 트웨인Mark Twain의 교훈 소설 『왕자와 거지』*The prince and the pauper*를 떠올려 보자. 이 이야기는 훗날 에드워드 6세가 되는 에드워드 왕자가 한날한시에 태어난 얼굴이 똑같은 거지의 아들 톰 캔티와 옷을 바꾸어 입고 왕자는 거지가 되고 거지는 왕자가 되어 각기 이상한 체험을 하는 내용을 담고 있다. 이 이야기를 상술한 '진리'의 조건과 관련시켜 생각해 보면 이야기 속에서 왕자의 모습을 한 실제 왕자, 그리고 거지의 모습을 한 실제 거지가 바로 이 '진리'vérité의 범주에 속한다고 할 수 있다. 그런데 앞서 살펴보았듯이 기호 사각형은 반대관계에 놓인 두 항을 각각 부정하면서 모순을 통해 구축되는 논리·의미론적 모델이다. '존재'의 항을 부정하면 '존재'의 모순항인 '비존재'가 도출된다. 여기서 이 '비존재'가 존재의 반대항인 '외양'과 결합한 형태를 상상해 볼 수 있다. 이때 사실이 아닌데 사실처럼 얘기하는 일이, 다시 말해 실제로는 아무것도 아닌데 무엇인 양 보이는 착시현상이 발생한다. '비존재'와 '외양'의 복합항은 이처럼 실제로는 없는 것을 있는 것처럼 꾸미고 가장하는 행위, 한마디로 '기만'mensonge으로 정의될 수 있을 것이다. 『왕자와 거지』 이야기 속에서 실제로는 왕자가 아닌데 왕자의 모습으로 꾸민 거지가 바로 이 범주에 해당한다. 한편 겉으로는 거지같이 보이는데 본질은 왕자인 실제 왕자가 엄연히 존재한다. 이는 본질이 외양에 의해 가려진 경우이다. 이 경우에 해당하는 거지가 된 왕자는 '존재'와 '비외양'의 복합항으로 구성된다. 실제로 없는 것을 있는 것처럼 꾸미는 것이 '기만'이라면, 이처럼 실제로 있는 것을 없는 것처럼 보이게 하는 것은 '비밀'secret에 속한다. 분량이 무려 400페이지 가까이 되는 장편 소설인 『왕자와 거지』의 이야기는 이런 식으로 거짓말이 탄로 나고 비밀이 밝혀지는 플롯으로 구성되어 있다. 이렇게 볼 때 이 소설의 줄거리는 한마디로 이미지와 사실성 사이의 맞교환이라고 할 수 있을 것이다. 위의 진리 사각형 모델에서 지금까지 살펴본 바에 따라 사각형 위쪽의 복합항이 진리를, 오른쪽의 복합항이 기만을, 그리고 왼쪽의 복합항이 비밀을 의미한다고 한다면 이제 남은 것은 사각형 아래쪽에 자리 잡은 '비외양'과 '비존재'의 복합항뿐이다. 그런데 흥미롭게도 기호학에서 제시하는 진리 사각형 모델에서는 '비외양'과 '비존재'의 복합항으로 짜여진 교차모순의 지점을 '진리'에 맞세워 '거짓'fausseté으로 규정한다. 상술한 진리 사각형 모델에서 복합항들에 해당하는 용어들을 모두 기입해 보면 다음과 같다.

그런데 다음의 모델에서 '비외양'과 '비존재'의 복합항으로 구성된 '거짓'은 사실상 전통적인 진리관에 따른 '거짓', 다시 말해 말과 사물의 불일치 혹은 표리부동, 즉 재현의 실패를 의미하는 것이 아니다. '존재'와 '외양'은 일치할 수도 일치하지 않을 수도 있다. 하지만 이들의 모순인 '비외양'과 '비존재'는 서로 일대일 대응관계를 형성할 수

[진리 사각형]

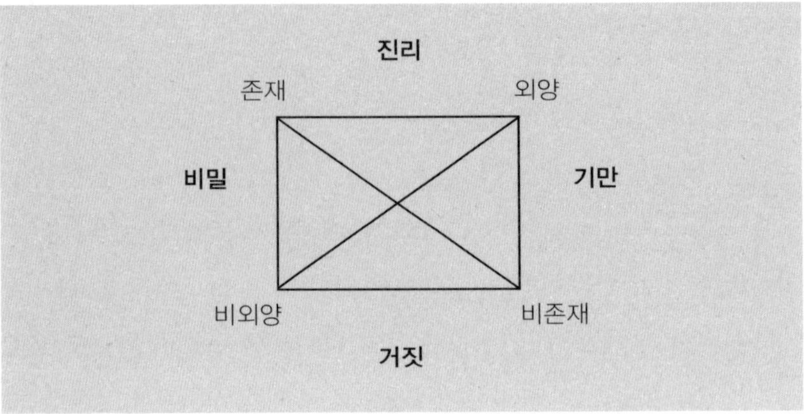


있는 하나의 항이 아니라 하나의 계열이자 범주를 구성하기 때문에 이들 간의 일치나 불일치를 논의하는 것 자체가 처음부터 불가능하다. 말하자면 '비외양'의 계열이 '비존재'의 계열과 일치하느냐 일치하지 않느냐란 물음이 애당초 가능하지 않다는 말이다. 우리가 보기에 '비외양'과 '비존재'의 복합항은 '거짓'의 영역이 아니라, 모호하고 잘 정의되지 않은 파국의 한 지점을 열어보인다. 여기서 재현은 실패한 것이 아니라 철저히 부재할 뿐이다. 재현의 실패가 아니라 재현 자체의 불가능성의 지점. 바로 이곳이 보드리야르가 『시뮬라시옹』에서 언급한 "모든 지시의 사형집행"이 이루어지는 장소, 즉 시뮬라시옹의 진정한 무대이다.

> 이것이 바로 시뮬라시옹인데, 시뮬라시옹은 재현과는 정반대이다. 재현은 기호와 실재의 등가의 원칙으로부터 출발한다(비록 이 등가가

이상에 불과할지라도, 등가의 원칙은 근본적인 공리이다). 시뮬라크르는 등가의 원칙의 유토피아를 거꾸로 하여 가치로서의 기호에 대한 근본적인 부정으로부터, 모든 지시의 사형집행으로서의 기호로부터, 지시가 죽은 후 이 지시가 가진 권리를 획득한 기호로부터 출발한다. 재현이 시뮬라시옹을 그릇된 재현으로 해석하고 이를 흡수하려고 시도하는 반면, 시뮬라시옹은 재현의 축조물 자체를 송두리째 시뮬라크르로서 감싸버린다(『시뮬라시옹』, 26–27쪽).

보드리야르가 지적한 대로 "기호와 실재의 등가의 원칙"에 충실한 재현은 '존재'와 '외양'의 복합항으로, 이들의 신화적인 결합으로, 평화적인 합의로 정의된다. 시뮬라시옹은 이 재현의 정반대편에 위치한다. 재현의 관점에서 보자면 시뮬라시옹은 "그릇된 재현"에 불과하다. 하지만 시뮬라시옹은 실패한 재현의 부산물이 아니라, "재현의 축조물 자체를 송두리째 시뮬라크르로서 감싸버리"고 기호와 실재 사이의 "등가의 원칙" 자체를 근본적으로 폐기함으로써 '존재'와 '외양'의 유토피아적인 합의를 파기하는 일종의 본질적이고 근원적이며 토대적인 '거짓'의 전략이다. 보드리야르는 이미지의 역사 속에서 이 거짓의 장소가 서서히 열리게 된 변증법적 계기를, 다시 말해 사실성과 이미지의 갈등과 길항의 변증법을, 궁극적으로 모든 변증법적 운동의 중지를 네 "단계"로, 말하자면 네 가지 "계열"로 나누어 설명한다.

다음이 이미지의 연속적인 단계일 것이다.

이미지는 깊은 사실성의 반영이다.

이미지는 깊은 사실성을 감추고 변질시킨다.

이미지는 깊은 사실성의 부재를 감춘다.

이미지는 그것이 무엇이건 간에 어떠한 사실성과도 무관하다 : 이미지는 자기 자신의 순수한 시뮬라크르이다.

첫 번째 경우에 이미지는 선량한 외양이다. 여기서 재현은 신성의 계열이다. 두 번째 이미지는 나쁜 외양으로 저주의 계열이다. 세 번째 이미지는 외양임을 연출한다. 이것은 마법 계열에 속한다. 네 번째 이미지는 외양이 아니라 시뮬라시옹의 계열이다(『시뮬라시옹』, 27쪽).

첫 번째 계열에서 이미지는 "선량한 외양"으로서 "깊은 사실성"을 "반영"한다. 진리가 지배하는 재현의 시대가 바로 이 계열에 속한다. 여기서 사실성과 이미지, 존재와 외양은 평화적인 공존을 모색하고 과학적 기획으로서의 유토피아를 마음껏 꿈꾼다. 이 시대는 신화의 시대요, "신이 보증을 서주는" 신성의 시대이다.

서구의 모든 신념과 믿음은 이 재현에 대한 자신감을 걸고 도박하였다 : 기호는 의미의 심층을 지시할 수 있고, 기호와 의미는 서로 교환되어질 수 있으며, 이러한 교환에 무엇인가가—물론 신이—보증을 서준다(『시뮬라시옹』, 25쪽).

그러나 불행히도 "제국의 지도 제작자들이 극도로 정밀한 지도를 만들어서 결국은 지도가 제국의 전 영토를 거의 정확히 덮어버리고 만다는 보르헤스의 우화"(『시뮬라시옹』, 9-10쪽)가 오늘날 효력을 완전히 잃어버린 것과 마찬가지로 이 신성의 시대는 이미 종언을 고했다.

두 번째 계열에 들어서면, 다시 말해 신화의 시대에서 이데올로기의 시대로 접어들게 되면 이미지가 깊은 사실성을 감추고 변질시키는 교란이 발생한다. 재현의 충실성이 의심을 받고, 이미지는 "저주"받은 이미지가 되어버리며, 외양은 비외양으로 전락한다. 이 시대는 비밀을 간직한 저주의 시대이다. 그런데 오늘날 우리가 사는 사회에서는 "신성"은 물론이고 비밀이나 감추어진 것, 나아가 "저주"까지도 전혀 문제가 되지 않는다.

> 더 이상 노동의 〈실제〉 동작 혹은 상태와 착취의 〈객관적〉 과정을 보이지 않게 가릴 전통적 윤리, 즉 노동의 이데올로기 문제가 아니다. 노동의 시니리오 문제이다. 마찬가지로 더 이상 권력의 이데올로기 문제가 아니라 권력의 시나리오 문제이다. 이데올로기는 기호에 의한 사실성 횡령에 해당하고, 시뮬라사옹은 기호에 의한 사실성의 느닷없는 절단과 사실성의 재이중화에 해당한다. 객관적 과정을 복원하는 것은 항상 이데올로기적 분석의 궁극성이고, 시뮬라크르 아래에서 진실을 복원하려는 것은 항상 거짓 문제이다(『시뮬라시옹』, 65쪽).

일반적으로 이데올로기는 "사실성을 횡령"하지만 실제적이고 객관적인 것을 여전히 전제로 삼는다는 점에서 "전통적 윤리"를 따른다고 할 수 있다. 그런데 오늘날 이 윤리는 더 이상 문제가 되지 않는다. 문제는 다른 곳에 있다. 보드리야르에 따르면 "이데올로기"의 관점에서 "시나리오"의 관점으로, "객관적 과정을 복원하는 것"에서 "진실을 복원하려는 것"으로 옮겨갈 때에야 비로소 문제의 본질이 밝혀진다. 여기서 관건은 이제 감출 것이 없다는 사실, 즉 비사실성을 감추어야 하는 것이다.

세 번째 계열은 마법의 시대와 연결된다. 이미지와 사실성 사이의 갈등의 역사에서 결정적인 단절은 "이미지가 깊은 사실성의 부재를 감출" 때 이루어진다. "사실성의 부재"인 비존재가 이미지에 의해, 외양에 의해 보호받는 기만이 판을 치는 마법의 시대가 출현한 것이다. 이 시대에는 사실성의 부재를 감추기 위해 끊임없이 마법을 부리는 일이, 말하자면 파생실재, 시뮬라크르, 이미지 등을 재생산하면서 "모든 원칙과 모든 목적에 대해 저지"(『시뮬라시옹』, 57쪽)하는 것이 관건이 된다. 오늘날 우리가 살아가는 시대에서는 모든 영역에 걸쳐 사실성이 아니라 사실성의 부재, 즉 비사실성을 감추는 저지기계가 작동하고 있다는 것이 보드리야르의 진단이다. 예를 들어 디즈니랜드는 이러한 저지기계의 전형을 보여주는 모범적인 사례이다.

> 디즈니랜드는 〈실제의〉 나라, 〈실제의〉 미국 전체가 디즈니랜드라는 사실을 감추기 위하여 거기 있다(마치 감옥이 사회 전체가 그 평범한 어느 곳에서고 감옥이라는 사실을 감추기 위하여 거기 있는 것과 약간은 유사하게). 디즈니랜드는 다른 세상을 사실이라고 믿게 하기 위하여 상상적 세계로 제시된다. 그런데 사실은 그를 감싸고 있는 로스앤젤레스 전체와 미국도 더 이상 실재가 아니고 파생실재와 시뮬라시옹 질서에 속한다. 더 이상 사실성의 거짓 재현 문제(이데올로기)가 아니고 실재가 더 이상 실재가 아니라는 사실을 숨기고, 따라서 사실성의 원칙을 구하기 위한 문제이다.

디즈니랜드의 상상 세계는 참도 거짓도 아니고, 실재의 허구를 미리 역으로 재생하기 위하여 설치된 저지기계이다. 그로부터 이 상상 세계의 허약함과 유치한 백치성이 나온다. 이 세계가 어린애 티를 내려 하는 이유는, 어른들이란 다른 곳, 즉 〈실제의〉 세상이 있다고 믿게 하기 위하여, 그리고 진정한 유치함이 도처에 있다는 사실을 숨기기 위해서이며, 어른들의 유치성 그 자체가 그들의 실제 유치성을 환상으로 돌리기 위하여 여기서 어린애 흉내를 낸다(『시뮬라시옹』, 40–41쪽).

보드리야르에 따르면 "〈실제의〉 나라, 〈실제의〉 미국 전체가 디즈니랜드라는 사실을 감추기 위하여", "실재가 더 이상 실재가 아니라는 사실을 숨김으로써 사실성의 원칙을 구하기 위하여" 거기 있는, 아니 거기 있어야 하는 디즈니랜드는 "어린애 흉내를 내는" 어른들의 "실제 유치성을 환상으로 돌리기 위하여" 설치된 "저지기계"에 다름 아니다. 이 상상의 세계는 "이미지로 사실성의 부재를 감추는" "마법"의 계열에 속하는데, 기호학적으로 말하자면 이는 비존재를 외양으로 가리는 비존재와 외양의 복합항에 해당한다.

마지막으로 네 번째 계열에 들어서게 되면 마법에 의해 시작된 시뮬라크르의 시대가 마침내 시뮬라시옹에 의해 완성을 보게 된다. 여기서는 모든 대립이 소멸되고 모든 것이 비존재와 비외양으로 소진되는 함몰된 시뮬라시옹의 시대가 재현의 신화, 신화적 진리를 몽땅 삼켜버린다. 그것은 한마디로 위협의 시대라고 할 수 있다. "시뮬라시옹은 〈참〉과 〈거짓〉, 〈실재〉와 〈상상세계〉의 다름 자체를 위협한다"(『시뮬라시옹』, 19쪽). 이처럼 참과 거짓, 실재와 상상세계, 요컨대 존재와 외양의 구분이 사라지는 지점, 교차모순에 의해 모든 대립이 와해되는 현상을 보드리야르는 '함열'이라고 부른다. 여기서 '함열'로 번역된 개념의 프랑스어 원어는 'implosion'이다. 영어나 프랑스어에서 'implosion'은 '폭파하여 안쪽으로 붕괴되다' 혹은 '자체적으로 무너지다'라는 의미를 지니며, 흔히 '내파'라고 번역된다. 그런데 『시뮬라시옹』을 번역하면서 역자 하태환은 이 용어를 손쉬운 대역어인 '내파'가 아니라 다소 생소한 단어인 '함열'로 옮겨놓았다. 이러한 새로운 번역어의 선택에 대한 이유를 하태환은 역주에서 다음과 같이 명쾌하고 설득력 있게 밝히고 있다.

> 함열implosion은 폭발explosion과 방향이 반대인 같은 힘이다. 팽창, 진보, 식민화를 가치로 여겼던 모더니즘을 대변하는 것이 에너지의 폭발이었다면, 함열은 그와는 반대로 갈라지고 쪼개졌던 것들이 다시 분할 이전의 상태로 응축되어 가는 현상이다. 다름과 구분이 비구분으로 들어가게 되는 현상을 말한다. 따라서 함열을 안으로의 폭발로 이해하거나 번역하는 경우는 이것 또한 폭발이므로 모더니즘의 현상으로 잘못 이해한 것이다. 함열현상은 우선 실재가 사라지고 다름이 없는 시뮬라크르로 전환되는 것이고, 이어서 시뮬라크르의 가장 대표인 기호만이 남아 실재를 대체하는 현상이다. 그 중 가장 극단적인 함열은 아마도 컴퓨터 디스켓에서처럼 모든 실재가 아무것도 없는 하나의 디스켓으로 축약 대체되거나 정보적인 코드로 전환되는 것이다. 이러한 무의 상태는 그러나 전체를 이미 그 속에 담고 있다. 함열은 결코 안으로의 폭발이 아니라 비구분의 상태로 돌아가는 것이다. 함열은 블랙홀로 모든 것이 흡수되어 응축되는 현상이다(『시뮬라시옹』,

역주 35, 42쪽).

함열은 모든 구분이 비구분의 지대로 들어가는, 이른바 모든 결정이 비결정으로, 모든 것이 비식별역으로 진입하는, 한마디로 경계와 구획을 지닌 모든 것들이 하나의 "블랙홀"로 빨려들어가 "흡수되고 응축되는" 현상이다. 시뮬라시옹의 시대는 모더니즘의 폭발이 멈추고 함열이 일어나는 포스트모더니즘의 시대이다. 자신의 한계에, 끝에 도달한 모던이 다시 "무"로 회귀하는 시대라고 할까. 함열의 시대에서 A와 B의 구별은 교차모순에 의해 –A와 –B의 비구분으로 되돌아간다.

이미지와 기호, 시뮬라크르들이 지배하는 함열의 양상이 가장 적나라하게 드러나는 것은 아무래도 보드리야르 자신이 여러 차례 다룬 바 있듯이 매체와 관련된 영역일 것이다. 예컨대 오늘날 텔레비전 방송에서 대세가 되어버린 리얼리티 쇼Reality Show는 '현실'과 '쇼'가, '리얼'과 '연출'이 점점 더 구분되기 어려운 이른바 비식별역에 카메라를 갖다댄다. 리얼리티 쇼는 일반적으로 방송사의 주관으로 일반 참가자들을 모집하여 쇼를 제공하고, 이를 시청자가 즐기면서 평가자로서 일정 부분 프로그램에 참여하는 형태를 의미한다. 사실상 서로 어울리지 않을 뿐만 아니라, 어쩌면 모순되는 것에 틀림없는 '리얼리티'와 '쇼'라는 두 개념을 혼합한 이 같은 형태의 프로그램은 1999년 네덜란드의 TV 제작자 존 데 몰이 제작한 〈빅 브러더〉가 그 효시라고 알려져 있다. 〈빅 브러더〉는 모두 열 명의 젊은 남녀를 한자리에 모아 100일이라는 짧지 않은 기간 동안 함께 생활하게 하고, 그들의 일상을 시청자들이 TV나 인터넷으로 24시간 동안 실시간으로 지켜보면서 최종 승자가 남을 때까지 투표를 통해 차례로 마음에 들지 않는 참가자들을 탈락시키는 방식으로 진행되었다. 〈빅 브러더〉가 선보인 새롭고 신선한 포맷은 이후 방송계의 총아로 떠오르면서 세계적인 유행을 타게 된다. 한 예로 네덜란드와 스페인, 독일에서의 성공을 확인한 CBS 방송은 2000년 미국판 〈빅 브러더〉를 제작·방영함으로써 미국을 리얼리티 쇼의 도가니로 몰아넣었다. 하지만 우리가 기억하건대 〈빅 브러더〉에서 파생된 여러 나라의 유사 프로그램 중에서 최고의 인기와 논란의 주인공이 된 것은 단연코 2001년 프랑스의 민영 방송사인 M6가 제작하여 방송한 〈로프트 스토리〉Loft Story 시즌 1—프로그램의 인기에 힘입어 2002년에 시즌 2가 제작되었다—이라고 할 수 있다. 남프랑스의 유명 휴양지인 생트로페에 특수 제작된 스튜디오를 세우고 9명의 남녀를 뽑아 촬영한 〈로프트 스토리〉는 소위 수없이 많은 '로프트 폐인'들을 양산하며 프랑스 전역을 뒤흔드는 하나의 문화적 현상으로 자리매김하게 된다. 방송 제작사인 M6는 심리학자까지 동원해 매일 그들을 지켜보고 분석했으며, 프랑스의 십대들은 TV나 인터넷 앞에 밤낮을 가리지 않고 붙어 앉아 있는 경우가 허다했다. 더구나 자유롭고 개방적인 프랑스 사회에서 만들어진 첫 번째 리얼리티 쇼라서 그랬을까. 참가자들은 스튜디오 안을 거의 반라 상태로 돌아다니고, 고백의 방이라고 불리는 곳에서 민감한 주제에 대해 스스럼없이 솔직한 독백을 하기도 하는 등 〈로프트 스토리〉는 하루가 멀다 하고 연예가 화제의 중심에 서 있었다. 설상가상 제작사인 M6가 편집된 욕실장면과 정사장면을 필터 없이 인터넷을 통해 내보내는 대형 사고를 치면서 〈로프트 스토리〉는 그야말로 프랑스 방송가의 명실상부한 스캔들 제조기로 등극하게 된다. 이왕 얘기가 나온 김에 조금 더

여담을 덧붙이자면 수많은 스캔들과 갑론을박 끝에 〈로프트 스토리〉의 최종 승자가 된 로아나와 크리스토프는 생트로페에 시가 46만 유로에 달하는 집을 상금으로 받았다. 특히 그 중에서도 〈로프트 스토리〉 방송 중 남성 출연자와의 자쿠지 정사장면이 인터넷에 공개되면서 세간의 주목을 받은 후, 정사를 벌인 상대방의 냉대에 상처 받고, 언론에 미혼모라는 사실이 밝혀져 시청자들의 동정표를 한몸에 받은 24세의 금발 미녀 로아나는 이후 음반 취입을 통해 가수로 데뷔한 것은 물론 각종 프로그램에 패널로 등장하는 등 일약 스타덤에 올랐다. 동서양을 막론하고 평가자로서의 권력을 쥔 시청자는 은연중 약자처럼 보이는 후보에게 후한 인심을 보이게 되는 걸까? 여기서 최근 국내에서 큰 인기를 끌고 있는 리얼리티 쇼 형식의 오디션 프로그램 〈슈퍼스타 K〉나 〈위대한 탄생〉의 마지막 무대에서 최종 승자가 된 허각이나 백청강에게 쏟아진 시청자들의 전폭적인 지지를 떠올리게 되는 것은 우리만의 생각일까? 물론 그들의 출중한 노래실력에 대해서는 토를 달 이유가 없겠지만 말이다.

이쯤해서 각설하고 우리의 논의로 돌아가 보자. 앞서 언급했듯이 오늘날 전 세계적으로 인기를 끌고 있는 리얼리티 쇼 아니면 리얼 예능, 리얼 버라이어티는 현실과 미디어, 리얼과 쇼의 구분이 비구분의 상태로 빠져든 흥미로운 사례를 보여준다. 실제로 시청자의 인기와 성원 속에 장수하고 있는 〈무한도전〉이나 〈1박2일〉과 같은 이른바 리얼 버라이어티 쇼에서 편집 조작을 통한 시청자 우롱 같은 논란이 끊이질 않는 걸 보면 과연 어디까지가 리얼인지, 이른바 리얼의 실체가 무엇인지를 딱 잘라 말하기가 참으로 어렵다는 사실을 실감하게 된다. 미디어가 현실화되면 될수록 역설적으로 현실은 점점 미디어화된다. 말하자면 여기서 쇼는 현실이 되고 현실은 쇼가 되는 것이다. 뿐만 아니라 앞서 살펴본 리얼리티 쇼의 경우 방송을 시청하는 사람은 단순한 TV 시청자가 아니라  자신의 반응과 평가를 댓글로, 전화로 표현함으로써 실제 TV 프로그램의 구성 자체에 영향을 미치는 평가자가 된다. 여기서 주목할 만한 것은 이러한 시청자 참여의 가능성 자체가 아니라—시청자의 방송에 대한 반응은 이미 오래 전부터 시청자 게시판의 소감 등을 통해 있어왔다—반응의 속도이다. 이를테면 시청자의 반응속도가 빠르면 빠를수록 프로그램 제작자는 이를 고려하지 않을 수 없게 되고, 시청자는 좀 더 적극적으로 프로그램 제작에 영향을 미칠 수 있다. 이로 인해 결과적으로 능동성과 수동성의 개념적 범주에 기초한 프로그램 제작 양상에 변화가 일어나게 되었다. 즉 프로그램을 제작하는 사람과 그것을 향유하는 사람 사이의 엄격한 구분이 점차 사라지는 것이다. 노래든 연기든 재능을 놓고 겨루는 서바이벌 형식의 리얼리티 쇼를 보면, 대개의 경우 그 자리에 초대받은 관객은 물론 집에서 TV로 프로그램을 시청하는 시청자들까지도 평가자로서의 역할을 요청받는다. 연기나 노래를 마치고 시청자 평가단으로부터 좋은 평가를 기대하는 참가자의 간절한 표정에서 시청자는 오히려 자신을 '바라보고' 있는 참가자와 대면하게 되는 것이다. 이전에는 시청자만이 미디어에 반응하여 웃고 울고 하였다면 이제는 미디어 속의 주인공들이 시청자의 반응에 웃고 울고 한다. 텍스트 해석의 작업 가운데 어느 한순간 작가와 독자의 구분이 비식별역에 빠져드는 것과 마찬가지로, 이런 리얼리티 쇼에서는 보는 자(시청자)와 보이는 자(가수, 연기자)의 대립이 점차 비식별역으로 빠져든다. 한마디로 현실과 미디어의 구분이 점차 흐려지고 있는 것이다.

보드리야르에 따르면 "모든 사건들은 거꾸로 읽어야 한다"(『시뮬라시옹』, 88쪽). 이를테면 시청자가 TV를 보는 것이 아니라 반대로 TV가 시청자를 보는 것으로 읽어야 한다는 말이다. 보드리야르의 충고에 따라 이제부터 앞서 소개했던 진리 사각형을 "거꾸로 읽어" 이른바 거짓 사각형을 만들고, 이어 상술한 "이미지의 연속적인 단계"를 거짓 사각형의 형식으로 재구성해 보자.

앞서 살펴본 내용을 토대로 거짓 사각형을 구성하는 두 중심항을 각각 사실성과 이미지로 삼을 수 있다. 거짓 사각형은 이 두 항 사이의 대립, 즉 반대관계로 구축된다. 이어 이 두 대립항들을 각각 부정하면 비사실성과 비이미지라는 모순항들이 만들어진다. 거짓 사각형은 이렇게 하여 사실성과 비사실성, 이미지와 비이미지라는 네 개의 항을 갖게 된다. 이제 두 개의 항들이 짝을 이루는 복합항을 살펴볼 차례이다. 거짓 사각형 모델에서 위쪽에 위치하는 사실성과 이미지의 복합항은 이른바 "신성"의 계열에 해당한다. 사각형 왼쪽에서 볼 수 있는 비이미지와 사실성의 복합항은 "저주"의 계열을 형성하는데, 이 계열에서 비이미지가 "나쁜 이미지"로 낙인찍힌 이유는 사실성을 감추고 변질시키기 때문이다. 그런데 그와는 달리 이미지가 사실이 아닌 것, 즉 비사실성을 숨기도 한다. 이때 이미지와 비사실성이 결합하여 이들의 복합항인 "마법"의 계열이 형성된다. 거짓 사각형의 오른쪽에 위치한 복합항이 바로 그에 해당된다. 마지막으로 함열의 논리를 따르는 "시뮬라시옹"의 계열은 거짓 사각형의 아래쪽에 위치한 복합항의 부분, 즉 모든 구분이 비구분으로 흡수되어 버린 비이미지와 비사실성의 복합항으로 간주될 수 있다.

[거짓 사각형]

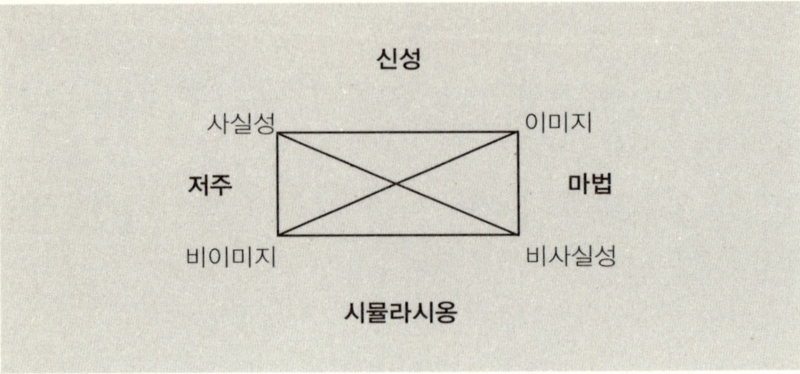


우리가 보건대 위의 거짓 사각형 모델에서 가장 흥미로운 지점은 물론 비사실성과 비이미지의 복합항으로 이루어진 시뮬라시옹이 발생하는 "무"의 공간이다. 앞서 진리 사각형에서 방점이 존재와 외양의 복합항인 '진리'에 찍혀 있다면 거짓 사각형에서는 '거짓'에 놓여 있다. 여기서 거짓은 단지 중요한 것만이 아니라 결정적이다. 모든 결정을 결정하는 비결정성의 지점. 이곳은 "신성한" 재현이 이미지의 악덕에 의해 단순히 실패를 맛본 곳이 아니라 사실성과 이미지의, 존재와 외양의 교차모순에 의해 모든 가치가, 모든 과학적 기획이, 모든 유토피아적 꿈이 물음에 던져지고, 모든 체계의 체계성이 비존재와 비외양의 복합항으로 영원회귀하는 곳이다. 달리 말해 이는 체계를 떠받치던 두 극이 서로가 서로에게 흡수되고 뭉개지는 함열의 지점에 다름 아니다.

> 더 이상 아무것도 하나의 극을 다른 극으로부터, 시작을 끝과 떼어놓지 않는다. 하나를 다른 것 위에 뭉개는 것과 유사하며 전통적인 두

> 개의 극들 중 하나가 다른 것 속으로 빠지거나 환상적으로 들이박히는 것과 유사하다. 함열, 이를테면 음양 전기성을 가진 인과율의 빛나는 양태, 결정론의 상이한 양태의 흡수, 즉 의미의 함열, 바로 여기서 시뮬라시옹이 시작된다.
> 두 극의 구분이 더 이상 유지될 수 없는 정치적, 생물학적, 심리학적, 매개적인 어떠한 영역에서도 사람들은 시뮬라시옹 속으로, 따라서 절대적인 조작으로 들어간다. 이는 수동성이 아니라 능동적인 것과 수동적인 것의 비구분 그 자체이다(『시뮬라시옹』, 79쪽).

하나의 극과 다른 극을, 시작과 끝을 구분할 수 없는 지점, 하나가 다른 것 위에서 뭉개짐으로써, 요컨대 "두 극의 구분이 더 이상 유지될 수 없는" "비구분"의 지점에서 함열이 발생한다. 바로 여기서 "절대적 조작"으로서의 "시뮬라시옹"이 작동하기 시작한다. 보드리야르에 따르면 오늘날 바로 이 함열의 논리가, 우리 식으로 말하자면 교차모순의 역동적 움직임이 영역과 분야를 가리지 않고 전방위적으로, 말하자면 "정치적, 생물학적, 심리학적, 매개적인 어떠한 영역에서도" 확인된다. 예컨대 이 논리를 맥루한Marshall McLuhan의 테제에 적용하면 이른바 〈매트릭스〉의 세계가, "매체와 실재 사이의 대비인 구별과 차이들이 뭉개"진 시뮬라시옹의 반(反)세계가 펼쳐진다.

> 〈매체는 메시지이다〉는 단지 메시지의 종말을 의미하는 것이 아니라, 매체의 종말도 의미한다. 글자 그대로의 의미로 매체는 더 이상 존재하지 않는다. (나는 특히 대중적인 전자매체를 말한다). 즉 한 현실에서

> 다른 현실로, 실재의 하나의 상태에서 다른 것으로의 매개적 운반체가 더 이상 없다. 내용물에서도 그렇고 형태에서도 그렇다. 이것이 엄밀히 말하여 함열이다. 대립극들의 하나가 다른 하나 속으로 흡수되기, 차이에 의해 의미를 만들어내는 체계 전체가 극들 사이에서 절단되기, 구별짓던 용어들의 뭉개짐, 매체와 실재 사이의 대비인 구별과 차이들의 뭉개짐, 따라서 둘 사이에서 혹은 하나에서 다른 하나로의 모든 변증법적인 간섭이나 모든 중개 작용이 불가능하게 된다(『시뮬라시옹』, 149쪽).

함열은 "체계 전체가 극들 사이에서 절단"되어 "구별짓던 용어들이 뭉개지는" 상황을 가능케 한다. "둘 사이에서 혹은 하나에서 다른 하나로의 모든 변증법적인 간섭이나 모든 중개작용이 불가능하게" 되어 버리는 함열의 순간, 달리 말해 교차모순의 역동은 "메시지의 종말"뿐만 아니라 메시지를 전달하는 "매체" 자체의 "종말"을, 요컨대 체계의 체계성 자체의 종말을 불러일으킨다. 매체와 실재의 구별들과 차이들이 뭉개지고 흡수되고 모두 사라져 버린 반세계에서는 그야말로 의미의 대재난이 발생한다.

> 내용물들의 함열, 의미의 흡수, 매체 자체의 증발, 모델의 전적인 순환성 속에서 의사소통의 모든 변증법의 흡수, 대중 덩어리 속으로 사회적인 것의 함열 등 이러한 것의 확인은 대재난적이고 절망적으로 보일 수 있다. 그러나 사실 이것은 우리가 정보에 대해 가지고 있는 모든 시각을 지배하고 있는 이상주의의 시선에서나 그렇다. 우리 모

두는 의미와, 의사소통과, 의미에 의한 의사소통의 이상주의라는 일 종의 광적인 이상주의를 가지고 산다. 그래서 이러한 관점에서는, 우리를 노리고 있는 것은 바로 의미의 대재난이다(『시뮬라시옹』, 149쪽).

여기서 의미의 대재난은 의미에 대한 "광적인 이상주의"를 품는 한에서 대재난이다. 우리는 보드리야르가 말한 의미의 대재난 속에서 궁극적인 무의미로의 영원회귀를 본다. 그런데 광적인 이상주의자의 관점에서 보자면 분명 치명적이고, 절망적이며, 파국적으로 보일 이 의미의 대재난은 그 자체로 좋은 것인가, 나쁜 것인가? 흥미롭게도 이 대재난의 시대에 보드리야르가 묻고 있는 것은 포스트모던의 윤리학, 좀 더 정확히 말하자면 윤리학적 물음의 가능성 자체이다.

시뮬라시옹과 죽음으로 변환되고 전환되는 이 세계. 격렬히 섹스화된, 그러나 욕망이란 없이, 강간당하고 격렬한 그러나 중화된 것 같은 신체들로 가득 찬 이 세계, 크롬적이고 강도 높은 금속적인 세계, 그러나 관능성이 빈 세계, 목적성 없이 초기술적인 이 세계—이것은 좋은 것인가, 나쁜 것인가? 우리는 이에 대해서 결코 알 수가 없다. 이 세계는 단순히 미혹적이다(『시뮬라시옹』, 196쪽).

여기서 보드리야르가 묻고 있는 물음을 다시 한 번 제기해 보자. 욕망이 없이 섹스만 남은, 관능성이 텅 빈 이 세계, 목적성 없이 기술만이 극도로 발전한 이 죽음의 세계는, 아니 거꾸로 말해 세계의 죽음은 과연 좋은 것인가, 나쁜 것인가? 스스로 제기한 이 같은 윤리적 물음에 대해 보드리야르는 단적인 대답을 회피하고 있는 듯 보인다. 그의 답은 "결코 알 수가 없다"는 것이다. 그러면서 그는 이러한 세계는 단지 "미혹적"일 뿐이라는 단서를 달고 있다. "미혹"이 무슨 뜻인가? 어떤 아름다움에, 어떤 마력에 홀려 정신을 못 차리게 만드는 것이 아닌가? 어떤 것이 미혹적일 수 있으려면 정신을 잃게 만드는, 영혼을 홀리는 치명적 매력을 지니고 있어야 한다. 시뮬라시옹의 세계가 좋은지 나쁜지를 묻는 질문에 대해 단지 '미혹적'일 뿐이라는 대답을 함으로써 보드리야르는 자기도 모르게 선악의 문제를 미추의 문제로 바꾸어 놓는다. 포스트모던은 이처럼 윤리학을 미학화한다.

우리가 보기에 포스트모던 비평과 관련하여 새로운 문제 제기가 있어야 하는 곳이 바로 이 지점이다. 바로 앞에서 단언했듯이 포스트모던이 윤리의 문제를 미적인 범주로 옮겨놓은 것에 불과하다면 포스트모던에서의 윤리 혹은 정치의 문제에 대한 질문은 여전히 해결되지 않은 채 남아 있기 때문이다. 문제는 이런 것이 될 것이다. 포스트모던 미학을 정치화해야 할 것인가?(벤야민) 아니면 정치를 다시 미학화해야 할 것인가?(랑시에르) 이 문제에 대해 확실하게 답하기는 쉽지 않아 보인다. 보드리야르는 1991년 발표된 『걸프 전쟁은 일어나지 않았다』에서 걸프 전쟁은 TV 이미지에 의한 것이었을 뿐, 실제로 정치적 변화는 없었다는 견해를 제시해 영미권의 질타를 받았다. 안타깝지만 그의 주장과는 달리 걸프전은 일어났다. 『시뮬라시옹』*simulation*에서 그는 "핵전쟁은 트로이 전쟁과는 달리 일어나지 않을 것이다"라고 주장한다. 이번에는 그의 예언이 적중하기를 희망할 뿐이다. 그런데 그는 같은 책에서 "희망을 가지고 싸워서는 안 된다"(『시뮬라시옹』, 238쪽)라고 충고하고 있다. 이 문구를 역설적으로 읽자면 핵전쟁이 일어나지 않기를 바라는 희망을 가져서는 안 된다는 얘기처럼 들린다. 그렇다면 어떻게 해야 할 것인가? 핵전쟁이 일어나기를 바라지 않아야 할 것인가? 아니면 애초에 그런 희망 따위는 갖지 말아야 할 것인가? 여기서 문제를 다시 제기해 보자. 포스트모던 시대의 윤리학이 회의주의에서 결코 벗어나지 못한다면 이 시대의 정치학은 과연 무엇을 약속할 수 있을 것인가? 미학이 지배하는 포스트모던 시대에 정치학의 자리는 어디이며 그것이 수행해야 할 역할은 무엇인가? 보드리야르에게서 과연 이 질문에 대한 답변을 기대할 수 있을 것인가? 그의 말을 들어보자.

> 왜냐하면 좌파는 혼자서도 그리고 자발적으로 우파의 일을 아주 잘 해준다. 게다가 거기서 어떤 씁쓸한 양심 같은 것을 본다는 것은 유치한 일일 것이다. 그 까닭은 우파 역시 자발적으로 좌파의 일을 해주기 때문이다. 모든 조종의 시뮬라크르들은 끝없는 돌림대 속에서 다시 되돌아오기 때문이다. 왜냐하면 조종이란 불확실한 인과성으로서 거기서는 긍정과 부정이 서로서로를 생산하고 서로 겹치며, 또 거기서는 더 이상 능동적이거나 수동적인 것이 없다. 정치적 사실성의 원칙은 바로 이 돌고 도는 인과성을 자의적으로 정지해야 구출된다 (『시뮬라시옹』, 46–47쪽).

여기서 보드리야르는 앞서의 회의주의적이고 회피주의적인 시각—옳고 그름의 문제에 대해 즉답을 피하고 미학적인 문제로 돌려버리거나 이렇게도 저렇게도 할 수 없는 아리송한 상태로 만들어 대답 자체를 불가능하게 하는 것—과는 달리 보다 분명한 대답을 제시하고 있는 듯 보인다. 정치는 보드리야르의 말대로 서로를 "저지"하는 것이 아니라 필경 모두를 "정지"시키는 것이리라. 다시 말해 좌파와 우파의 "돌고 도는 인과성을 자의적으로 정지"시킴으로써 정치체계의 체계성 자체를 물음에 던지고 교차모순으로, 함열로 "정치적 사실성의 원칙"을 "구출"해내는 것이 관건이라는 말이다. 그런데 전반적으로 동의할 수 있는 이러한 주장에는 우리가 보기에 다소 의아한, 어느 정도 유보적인 입장을 표명할 수밖에 없는 구석이 발견된다. 시뮬라시옹의 시대에 왜 다시 "사실성의 원칙"이 문제되어야 하는가? 그보다는 오히려 사실성과 이미지가 동시에 부정된 비이미지와 비사실성의 복합항으로 이루어진 실재의 자리가 보드리야르가 말한 정지의 역동을 보여주는 데 가장 적합한 장소가 아닐까? 바로 여기, 말하자면 정지의 역동을 보여주는 정치적 공간이야말로 데리다가 『법의 힘』에서 언급한 불가능의 가능으로서 정의가, 해체로서의 정의가 요청되는 지점이 아니고 무엇이겠는가? 그렇다면 문제가 되는 것은 분명 사실성이라기보다는 실재의 원칙이라고 할 수 있을 것이다. 한계에 도달한 이 시대의 끝자리에서 정치적 실재의 원칙을 구출하기 위해서는 과연 무엇을 해야 할 것인가? 그것은 아마도 우리가 다음 절에서 다루겠지만 벤야민이 역사의 종말이란 이념으로 규정한 "신의 법정" 앞에 서는 일이 될 것이다.

## 2. 신적 폭력

교차모순의 운동은 하나의 체계를 구성하는 각 항들에 대한 단순한 부정이 아니라 체계 자체를 물음에 던질 수 있는 보다 근원적인, 극단적인 몸짓이다. 단순한 부정으로부터 야기되는 모순이 저항의 몸짓이라면 교차모순, 즉 이중의 모순운동은 체계의 끝, 한계를 드러내는 극단적인 저항을 표명한다. 벤야민이라면 이를 '신적'이라고 부를 것이다.

신적 폭력은 벤야민이 「폭력비판을 위하여」*Zur Kritik der Gewalt*에서 신화적 폭력과 철저하게 대립적으로 설정한 개념이다. 전자는 "모든 면에서" 후자의 "반대상"으로 정의된다.

> 모든 영역에서 신화에 대해 신이 맞서듯이 신화적 폭력에도 신적인 폭력이 맞선다. 그것도 후자의 폭력은 모든 면에서 전자에 대한 반대상을 가리킨다. 신화적 폭력이 법정립적이라면 신적 폭력은 법파괴적이고, 신화적 폭력이 경계를 설정한다면 신적 폭력은 경계가 없으며, 신화적 폭력이 죄를 부과하면서 동시에 속죄를 시킨다면 신적 폭력은 죄를 면해주고, 신화적 폭력이 위협적이라면 신적 폭력은 내리치는 폭력이고, 신화적 폭력이 피를 흘리게 한다면 신적 폭력은 피를 흘리지 않은 채 죽음을 가져온다(『폭력비판을 위하여』, 111쪽).

마치 "신화에 대해 신이 맞서"는 방식으로 전개되는 두 폭력 사이의 관계, 즉 신적 폭력과 신화적 폭력 간의 대립과 길항에 대한 벤야민의 설명은 1921년 발표된 그의 논문 「폭력비판을 위하여」에서 가장 심오하면서도 이해하기 어려운 부분 중의 하나를 이룬다. 물론 벤야민의 신화적 폭력과 신적 폭력의 차이는 일차적으로 그리스 신들과 유대신의 차이, 신화와 성경의 차이로 이해될 수 있을 것이다. 하지만 그렇다고 해도 그것이 이 짧은 인용문을 읽은 독자에게 떠오를 수 있는 질문들에 대해 충분하고 완전한 대답을 제공해 주지는 못하는 듯 보인다. 예컨대 이런 질문들 말이다. 신화라는 것이 본래 신을 주인공으로 하는 이야기가 아닌가? 그렇다면 이 이야기에 등장하는 신화적 폭력의 양상이 어떤 연유로 벤야민이 유대교적 전통에서 차용한 것으로 보이는 신적 폭력의 양상과 극단적으로 맞서야 하는가? 왜 폭력에 대한 비판에서 신화적인 것과 신적인 것이 타협할 수 없는 갈등을 빚고 분쟁을 일으켜야 하는가? 니오베 설화에 등장하는 신화적 폭력과 민수기에 등장하는 고라 자손에 대한 신의 법정의 사례만으로 이 두 폭력의 갈등과 길항과 대립을 충분히 예증했다고 볼 수 있는가? 이러한 질문들에 대해 벤야민의 텍스트에서 우리가 확인할 수 있는 것은 그럼에도 어쨌든 이 두 폭력은 서로 간에 양보할 수 없는, 양립 불가능한 것이라는 사실뿐이다.

그런데 흥미롭게도 벤야민의 「폭력비판을 위하여」에 대한 해체적 독법을 선보인 「벤야민의 이름」에서 데리다가 겨냥한 것은 우리가 방금 전에 언급했던 신화적 폭력과 신적 폭력의 이분법이 아니다. 벤야민은 「폭력비판을 위하여」에서 신화적 폭력과 신적 폭력을 구분하기 전에 이른바 법정립적(혹은 법정초적) 폭력과 법보존적 폭력을 구분하고 있는데, 바로 이 후자의 이분법이 데리다의 해체적 비평의 대상이 되는 것이다. 이는 해체적 관점에서 볼 때 개념적으로 문제가 되는 것은 신화와 신이 아니라 정립과 보존의 구분이라는 사실을 의미한다. 데리다는 법정립적 폭력이 보존을 약속하는 한에서 정립적일 수 있으며, 법보존적 폭력은 법의 보존 속에서 기원으로서의 폭력을 반복적으로 대표한다는 점에서 보존적이라고 논박하면서 벤야민이 제시한 이 이분법의 해체를 실행해 보인다. 대립하는 두 항이 서로가 서로를 전제하는 한에서 대립한다는, 다시 말해 "스스로를 해체"한다는 역설을 드러내 보이는 것이 해체 비평의 핵심 전략이라고 한다면, 이 두 폭력의 개념적 구분에 대한 데리다의 해체의 시도는 단지 해체의 한 가지 사례가 아니라, "해체의 패러다임"을 보여주는 전범으로서의 해체라고 할 수 있을 것이다.

> 따라서 벤야민의 이 대립들은 그 어느 때보다 더 해체되어야 할 것으로 보인다. 그것들은 스스로를 해체하며, 이는 심지어 해체의 패러다임들로 보인다. 내가 여기서 말하고 있는 것은 결코 보수적이고 반혁명적인 것이 아니다. 왜냐하면 벤야민의 명시적 목표를 넘어서 나는 법정초적이거나 법정립적 폭력 자체는 법보존적 폭력을 포함해야만 하며 결코 그것과 단절될 수는 없다는 해석을 제안하고자 하기 때문이다. 정초적 폭력은 자기 자신의 반복을 요구하며, 정초적 폭력은 보존되어야 하고 보존될 수 있어야 하는 것—유산과 전통, 공유 재산에게는 항상 이러한 보존의 약속이 존재한다—을 정초한다는 점에서 정초적 폭력의 구조에 포함되어 있다. 정초는 약속이다. 모든 정립은 허락하고 약속하며(미리 기록하며), 기록하고 약속(미리 기록)함으로써 정립한다. 그리고 심지어 어떤 약속이 실제로 지켜지지 않는다 하더라도, 되풀이 (불)가능성은 가장 파괴적인 정초의 순간 속에 보존의 약속을 기입한다. 그리하여 그것은 기원적인 것의 중심에 반복의

> 가능성을 기입한다. 좀 더 낫게 또는 좀 더 나쁘게 말하여 정립은 이러한 되풀이 (불)가능성의 법 속에 기입되며, 그 법 아래 또는 그 법 앞에 놓이게 된다. 이 때문에 순수한 법의 정초나 순수한 정립, 따라서 순수한 정초적 폭력이란 존재하지 않으며, 순수하게 보존적인 폭력도 역시 존재하지 않는다. 정립은 이미 되풀이 (불)가능성이며, 자기 보존적인 반복에 대한 요구다. 역으로 자신이 정초한다고 주장하는 것을 보존할 수 있기 위해서 정초는 재정초적인 것이어야 한다. 따라서 정립과 보존 사이에는 아무런 엄격한 대립도 존재하지 않으며, 내가 양자의 차이적 오염이라고 부르려 하는 것(그리고 벤야민이 명명하지 않는 것)만이, 그것이 유발할 수 있는 모든 역설들과 더불어 존재할 뿐이다(『법의 힘』, 88–90쪽).

여기서 데리다의 해체 논리에 포착된 것은 바로 법정립적 폭력은 법보존적 폭력을 구조적으로 "포함"해야 한다는, 다시 말해 "보존되어야 하고 보존될 수 있어야 하는 것을 정초한다는", 따라서 "순수하게 정초적인 폭력"도 "순수하게 보존적인 폭력"도 존재하지 않는다는 역설의 지점이다. 이는 달리 말하자면 법의 보존을 사전에 약속하지 않은 채 결코 법을 정립할 수 없는 것과 마찬가지로 법의 기원, 즉 법적 정립을 매순간 대표하지 않고서는 법을 보존할 수 없으며, 이 둘을 구분할 수 있는 것은 오로지 "차이적 오염"일 뿐이라는 것이다. 한마디로 데리다가 보기에는 이 "차이적 오염"을 제외하고는 "정립과 보존 사이에는 아무런 엄격한 대립도 존재하지 않는다." 두 가지 폭력에 대한 벤야민의 구분을 무효화시킬 만큼 단호한 데리다의 주장에 대해 필경 벤야민은

—그가 오래 살아 남아서 데리다에 반론을 제기할 수 있었다면—보다 정치한 방식으로 상대를 설득하기 위해 자신의 의견을 피력해 나갔을 것이다. 안타깝게도 벤야민은 데리다의 주장을 직접 반박할 기회를 갖지 못했다. 하지만 벤야민의 「폭력비판을 위하여」에는 아쉬운 대로 그가 데리다에게 반박의 근거로 사용할 수 있었을 구절들이 눈에 띈다. 예컨대 벤야민은 정립과 보존 사이에 엄격한 대립이 없다는 데리다의 주장에 대해 사실은 이러한 주장이 "변증법적 부침의 변동법칙"만을 반영하고 있으며, "가장 가까운 것에만 정향할 뿐인 시선"(「폭력비판을 위하여」, 115쪽)에 지나지 않는다고 일축했을 것이다. 왜냐하면 벤야민의 입장에서 보자면 법정립적 폭력과 법보존적 폭력의 개념적 구분에 대한 데리다식의 해체는 비록 이 구분이 "해체의 패러다임으로" 보일지언정 "폭력에 대한 비판"으로, "폭력의 역사에 대한 철학"으로까지 나아가지 못할 것이 분명하기 때문이다.

> 폭력에 대한 비판은 폭력의 역사에 대한 철학이다. 역사의 '철학'인 이유는 그 역사의 결말이라는 이념만이 그 역사의 시대적 자료들에 대해 비판하고 구분하며 결정하는 입장을 가능케 하기 때문이다. 가장 가까운 것에만 정향할 뿐인 시선은 기껏해야 법정립적인 것과 법보존적인 것으로서의 폭력의 형상들에서 변증법적 부침(浮沈) 정도를 감지해낼 수 있을 뿐이다. 그 변증법적 부침의 변동법칙은 모든 법보존적 폭력은 그것이 지속되면서 그것 속에 대표되는 법정립적 폭력을 적대적 대항폭력들을 억압함으로써 간접적으로 스스로 약화시킨다는 점에 바탕을 둔다. (이것의 몇 가지 징후들은 연구를 해가는 동안 지적되었

다.) 이러한 현상은 새로운 폭력들이 승리하거나 예전에 억압되어 온 폭력들이 지금까지 법정립적이던 폭력에 승리하여 그로써 새로이 몰락할 새로운 법의 근거를 세울 때까지 지속된다(「폭력비판을 위하여」, 115쪽).

데리다류의 해체 논리에 맞서 벤야민이 갈파하고 있는 것은 법보존적 폭력이 "그것 속에 대표되는 법정립적 폭력을 적대적 대항폭력들을 억압함으로써 간접적으로 스스로 약화시킨다는 점"이다. 벤야민의 역설은 다음과 같다. 법보존적 폭력이 법질서의 보존을 위해 대항폭력들을 억압하면 억압할수록 보존 속에 대표되는 기원으로서의 폭력, 즉 법정립적 폭력은 약화될 수밖에 없다. 그런데 이처럼 보존이 결과적으로 정립을 약화시킨다면 정립은 결코 보존을 약속할 수 없다는, 곧 정립이 보존의 약속을 보증할 수 없다는 암울한 결론이 뒤따르게 된다. 환언하자면 "법정립적인 것과 법보존적인 것으로서의 폭력의 형상들에서 변증법적 부침"만이 끊임없이 되풀이될 수밖에 없다는 말이다. 벤야민은 이 역설의 지속적인 "변동법칙", 다시 말해 이 역설의 "순환고리"를 "신화적"이라고 부른다. 반대로 그가 "신적"이라고 명명한 것은 바로 이 신화적 순환고리를 돌파해낼 수 있는 폭력, 이른바 정립도 반정립도 아닌 "탈정립"적 폭력인 것이다.

신화적 법형식들의 마력 속에 머무는 순환고리를 돌파해내는 데에서, 법과 더불어 그 법에 의존하는 폭력들처럼 그 법이 의존하는 폭력들 전체, 즉 종국에는 국가권력[국가폭력]을 탈정립하는 데서 새로운 역사 시대의 토대가 마련된다(「폭력비판을 위하여」, 115–116쪽).

벤야민이 보기에 "법정립적인 것과 법보존적인 것으로서의 폭력의 형상들" 사이에서, 이들 속에서 끊임없이 작용하는, "새로운 폭력들이 승리하거나 예전에 억압되어 온 폭력들이 지금까지 법정립적이던 폭력에 승리하여 그로써 새로이 몰락할 새로운 법의 근거를 세울 때까지 지속"되는 이러한 현상, 말하자면 "변증법적 부침의 변동법칙"은 "신화적 법형식들의 마력 속에 머무는 순환고리"를 정식화한 것에 지나지 않는다. 벤야민은 위에서 이 "마력"의 "순환고리"를 끊어내고 신화의 시대에 종지부를 찍으면서 "새로운 역사 시대의 토대"를 마련할 수 있는 계기를 언급한다. 이 계기야말로 앞서 벤야민이 엄숙하게 선언했던 그 지점, 즉 신화적인 것에 신적인 것이 맞서면서 길항하는 지점이다. "폭력에 대한 비판"이 궁극적으로 "폭력의 역사에 대한 철학"으로 정의될 수 있는 이유는 "역사의 결말이라는 이념"이 비판의 전 과정—"역사의 시대적 자료들에 대해 비판하고 구분하고 결정하는" 과정 전체—을 규제하고 주도하며 총괄하기 때문이라고 할 수 있다. 바로 이 종말론적 이념 속에서 신화적 폭력의 "순환고리를 돌파해내는" 탈정립적인 신적 폭력의 위력이 발휘되는 것이다. 그리고 이곳에서 필연적으로 법정립적 폭력과 법보존적 폭력의 구분 외에 또 다른 구분, 즉 신화적 폭력과 신적 폭력의 구분이 요청된다.

엄밀한 의미에서 보자면 법정립적 폭력과 법보존적 폭력의 구분은 상호 대립적이지 않으며, 단순히 기능적일 뿐이다. 여기서 기능적이라 함은 폭력이 오직 법과 관련하여 정의됨을 일컫는다. 말하자면 폭력이 법을 정립하거나 법을 보존하는 “기능”을 수행한다는 말이다(「폭력비판을 위하여」, 91쪽). 이때 폭력은 오직 수단으로서 고려된다. 벤야민에 따르면 “모든 폭력은 수단으로서 법정립적이거나 법보존적이다”(「폭력비판을 위하여」, 96쪽). 요컨대 정립적이냐 보존적이냐 하는 문제는 법적 수단으로서 폭력이 지닌 기능에 의해 결정된다. 그런데 여기서 하나의 질문이 제기될 수 있다. 그렇다면 이러한 “법적 폭력의 문제성”에서 벗어난 다른 형태의 폭력이 존재할 수 있는가? 이러한 질문은 사실상 법 이론의 체계—그것이 자연법 사상이든 실정법 사상이든—를 근본부터 뒤흔드는 근원적인 물음이라고 할 수 있다. 아울러 이 질문은 이론들의 “도그마”에 일침을 가하는 “필연적”인 물음이기도 하다. 벤야민이 「폭력비판을 위하여」에서 신화적 폭력과 신적 폭력의 구분을 도입하기 직전 던지고 있는 질문이 바로 이것이다.

> 자연법이나 실정법 모두가 예상하는 폭력의 전 영역에서 위에서 암시한 것처럼 법적 폭력의 문제성에서 벗어나 있을 폭력은 하나도 없다. 그럼에도 지금까지 세계사적인 존재상황의 세력권으로부터의 구원이라는 관념은 차치하더라도 인간의 관계들에 대해 어떻게든 생각할 수 있는 해결에 관한 그 어떤 관념도 모든 종류의 폭력을 전적으로, 원칙적으로 배제한 가운데서는 이루어질 수 없는 채로 머물기 때문에 모든 법 이론이 포착하는 폭력과는 다른 종류의 폭력에 대한 물음이 필연적으로 제기된다. 그와 함께 그 두 이론에 공통된 근본적 도그마, 즉 정당한 목적은 정당화된 수단을 통해 달성할 수 있고, 정당화된 수단은 정당한 목적에 사용될 수 있다는 도그마의 진리에 대

한 물음도 제기된다. 그러니까 정당화된 수단들을 투입하는 데서 볼 수 있는 운명과 같은 폭력이 정당한 목적 자체와 화해할 수 없는 대립관계에 놓이게 된다면 어찌할 것인가. 그리고 그와 동시에 다른 종류의 폭력, 그 목적들에 대해 정당화된 수단도 될 수 없고 정당화되지 않은 수단도 될 수 없으며, 전반적으로 그 목적들에 대해 수단으로서가 아니라 오히려 어떻게든 다르게 관계를 맺는 그러한 폭력이 예측 가능하게 된다면 어찌할 것인가. 이로써 모든 법 문제들의 종국적인 결정 불가능성(이 결정 불가능성은 그것이 지닌 전망이 없다는 측면을 두고 볼 때 어쩌면 생성하는 언어들에서 '옳고' '그름'에 대해 간명하게 결정을 내리는 것이 불가능한 성격에 비견될 수 있을 것이다)에 관한 희한하면서 우선 낙담케 하는 경험에 한 줄기 서광이 비치게 된다. 수단의 정당화와 목적의 정당성에 대해서 결정하는 것은 결코 이성이 아니며 오히려 전자에 대해서는 운명적인 질서, 후자에 대해서는 신이라고 할 수 있다(「폭력 비판을 위하여」, 105-106쪽).

위의 인용문에서 보듯 벤야민은 폭력에 관한 자신의 에세이에서 법과 폭력의 관계에 대한 근본적이고 극단적인 물음을 제기하고 있다. 이는 말하자면 "정당한 목적은 정당화된 수단을 통해 달성할 수 있고, 정당화된 수단은 정당한 목적에 사용될 수 있다는 도그마의 진리에 대한 물음"이다. 정당한 수단이 정당한 목적과 대립관계에 놓이게 되는 지점, 부연설명하자면 정당한 목적에 대해 "정당화된 수단도 될 수 없고 정당화되지 않은 수단도 될 수 없는" 어떤 지점, 요컨대 "모든 법적 문제들의 종국적인 결정 불가능성"이 제기되는 지점에서 벤야민의 물음은 진정성을 얻고 논리적 타당성을 확보하게 된다. 그런데 흥미롭게도 모든 법적 문제들이 결정 불가능성의 영역으로 흡수되는 바로 이 지점에서 벤야민은 "이성"의 질서가 아니라 한편으로 "운명적" 질서를, 다른 한편으로 "신적" 질서를 도입한다.

운명적이거나 신적인, 한마디로 초월적인 질서에서 발생하는 폭력은 그 자체로 합법적이지도 불법적이지도 않은 이른바 결정 불가능성의 지대에 놓여 있다. 이러한 폭력의 위험성에 대해 벤야민은 다음과 같이 서술한다.

> 각각의 법의 수중에 놓여 있지 않은 폭력은 그 법에 위험으로 작용하는데, 그 이유는 그 폭력이 추구하는 목적 때문이 아니라 그 폭력이 법의 외부에 존재한다는 사실 때문이라는 점을 고려해봐야 할 것이다(「폭력비판을 위하여」, 86쪽).

벤야민에 따르면 이러저러한 "법에 위험으로 작용하는" 폭력은 그 "법의 수중에 놓여 있지 않은" 폭력, 그래서 합법이냐 불법이냐를 결정하는 것 자체가 불가능한 폭력, 요컨대 "법의 외부"에 존재하는 폭력이다. 벤야민은 대범죄자의 형상, 전쟁권, 총파업 등에서 이러한 폭력의 위상학적 구조를 예시한다. 그런데 "법에 위험으로 작용하는" 이러한 폭력의 사례들은 전적으로 법과의 관계만으로 이해되거나 정의될 수 없다. 정의상 "법의 외부"에 위치하는 폭력의 실체를 온전하게 포착하려면 법의 외부에 있는 어떤 항을 상정해야 하기 때문이다. 이제 이 문제를 좀 더 자세히 검토하기 위해 「폭력비판을 위하여」 모두에서 벤야민이 설정한 "폭력비판의 과제"로 관심을 돌려보기로 하자.

> 폭력비판이라는 과제는 그 폭력이 법과 정의와 맺는 관계들을 서술하는 작업으로 돌려서 말할 수 있다. 왜냐하면 어떤 원인이 어떻게 작용하든 간명한 의미에서의 폭력이 되는 것은 그 원인이 윤리적 상황에 개입할 때에야 비로소 가능하기 때문이다. 이 관계들의 영역은 법과 정의의 개념으로 지칭된다. 둘 가운데서 우선 법을 두고 보자면 모든 법질서의 가장 원초적인 기본 관계는 목적과 수단의 관계라는 점은 분명하다. 더 나아가 폭력은 목적의 영역이 아니라 우선 수단의 영역에서 찾을 수 있다는 점이다(「폭력비판을 위하여」, 79–80쪽).

벤야민은 「폭력비판을 위하여」를 시작하면서 "폭력비판이라는 과제"를 "윤리적"인 것으로 규정하고 이를 한편으로 "법"적 관점에서, 다른 한편으로 "정의"의 관점에서 접근할 것을 제안하고 있다. 하지만 그러한 제안과는 달리 벤야민은 자신의 에세이에서 줄곧 법적인 관점에서 폭력의 양상을 관찰하고 기술하면서 정의의 관점에서 본 폭력의 문제는 충분히 다루고 있지 않은 듯 보인다. 그런데 앞서 언급했던 것처럼 "법에 위험으로 작용하는" 폭력, 이른바 "법의 외부"에 위치하는 폭력의 문제를 다루기 위해서는 벤야민이 제시한 정의의 문제가 필연적으로 소환된다. 이때 폭력은 법적 수단이 아닌 정의의 도구로, 다시 말해 순수한 수단으로, 흥미롭게도 이성적 질서에 속한 것이 아니라 초월적 질서에 속한 것으로 고려될 수 있다. 벤야민에 따르면 "정의는 모든 신적인 목적 설정의 원리이고, 권력은 모든 신화적 법 정립의 원리이다"(「폭력비판을 위하여」, 108쪽). 요컨대 법적 관점이 운명적으로, 실존적으로 "신화적"이라면 정의의 관점은 본질적으로, 근원적으로 "신적"이다. 이런 점에서 이 글의 서두에서 제기했던 본래의 문제로 다시 돌아가 신화적 폭력과 신적 폭력의 구분을 다루기 위해서는 법과 정의의 근원적 구분에 기대어 논의를 전개할 필요가 있는 것이다.

데리다는 『법의 힘』 중 「법에서 정의로」라고 제목이 붙여진 장에서 이 두 관점, 즉 법과 정의의 관점을 해체 가능성과 불가능성의 대립으로 재설정한다.

1. 법(예를 들면)의 해체 가능성은 해체를 가능하게 한다.
2. 정의의 해체 불가능성 역시 해체를 가능하게 하며, 심지어 그것과 혼합된다.
3. 그 결과 해체는 정의의 해체 불가능성과 법의 해체 가능성을 분리시키는 간극에서 발생한다. 이는 불가능성의 경험으로서 가능하며, 이러한 경험이 실존하지 않는 경우에도, 이러한 경험이 현전하지 않는 경우에도, 아직 또는 결코 현전하지 않은 경우에도 정의는 존재한다.[il y a] 우리가 정의의 X를 대체하고 번역하고 규정할 수 있는 모든 곳에서 우리는 다음과 같이 말해야 한다. 곧 (해체 불가능한) X가 존재하는 (그 경우에) 한에서, 따라서 (해체 불가능한 것이) 존재하는 (그 경우에) 한에서 해체는 불가능으로서 가능하다(『법의 힘』, 34쪽).

다소 난해해 보이는 데리다의 주장을 하나씩 따라가 보자. 구성[construction]으로서의 법은 언제든지 해체[déconstruction] 가능한 것이다. 이런 의미에서 법은 해체 가능성으로 정의된다. 반면 법의 이념으로서의 정의는 이러한 해체를 가능하게 하는 "해체 불가능한 X" 그 자체이다. 법이 해체 가능하기 위해서는 새로운 법의 이념으로서의 정의가, 즉 어떤 "불가능한 X"가 가능해야만 한다. 즉 불가능의 가능이 전제되어야 하는 것이다. 바로 이곳, 그러니까 불가능의 가능이 전제되는 이곳에서 해체가 실행된다. 달리 말하자면 "신화적 법형식들의 마력 속에 머무는 순환고리를 돌파해"냄으로써 법의 해체를 가능하게 하는 "해체 불가능성"으로서의 정의가, 곧 "신적 목적의 설정 원리"로서의 정의가 해체를 실행한다는 것이다. 요컨대 "해체는 정의다"(『법의 힘』, 33쪽). 이렇게 볼 때 법정립적 폭력과 법보존적 폭력의 구분을 해체 가능하게 하는 것은 이처럼 "해체 불가능성"으로서의, "정의"로서의 신적 폭력인 것이다. 앞서 우리는 데리다가 해체의 대상으로 삼은 것이 신화적 폭력과 신적 폭력의 구분이 아니라 법정립적 폭력과 법보존적 폭력이었음을 보았다. 그가 신화적 폭력과 신적 폭력을 해체의 대상으로 삼지 않은 이유는 필경 이 구분이 법과 정의의 구분, 말하자면 해체 가능성과 해체 불가능성의 구분, 다시 말해 구분들 중의 구분이자 역설들 중의 역설이기 때문이리라.

지금까지의 논의를 하나의 기호 사각형으로 도식화해 보자. 우리는 이를 폭력의 기호 사각형이라 부를 것이다. 우선 폭력의 기호 사각형을 만들기 위해 서로 대립되는 두 개의 항을 상정해야 할 필요가 있다. 하나의 항은 정립이 될 것이다. 한편 정립의 반대항은 보존이 아니라 반정립이 될 것이다. 정립이든 반정립이든 이들은 모두 법정립적 폭력에 해당한다. 정립은 근본적으로 기존의 질서에 대한 반정립으로서 출현한다는 말이다. 이어 정립과 반정립에 대한 각각의 모순항을 상정해 보자. 정립을 부정한 모순항은 비정립이, 반정립을 부정한 모순항은 비반정립이 될 것이다. 이 네 개의 항을 모두 기입하고 그로부터 상정할 수 있는 복합항들의 관계를 표현한 폭력의 기호 사각형을 그려보면 다음과 같다.

[폭력의 기호 사각형]

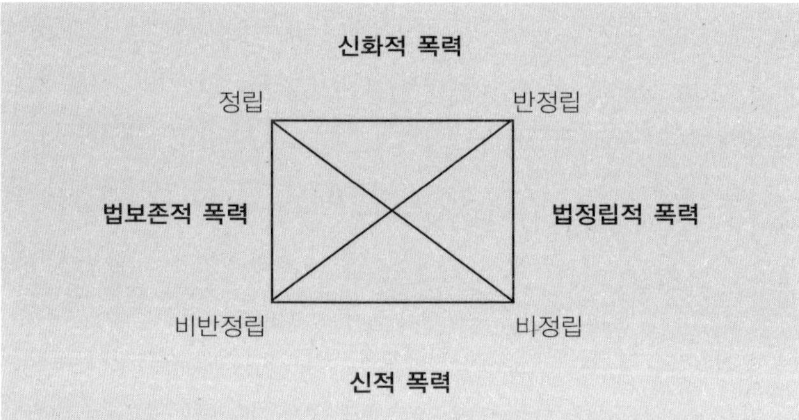


이제 위의 폭력의 기호 사각형이 의미하는 바를 읽어내고 설명할 차례이다. 제일 먼저 폭력의 기호 사각형에서 법보존적 폭력은 '반정립 → 비반정립 → 정립'의 방향으로 진행되는 반면, 법정립적 폭력은 '정립 → 비정립 → 반정립'의 방향으로 전개된다는 사실을 염두에 둘 필요가 있다. 이어 각각의 복합항에 대한 설명이 뒤따라야 할 것이다. 기호 사각형 위쪽에 자리 잡은 '정립'과 '반정립'의 복합항은 "신화적 법형식들의 마력"을 담지한 신화적 폭력의 세계를 보여준다. 정립과 반정립은 서로 대립하면서 기존의 질서를 무너뜨리고 기존 질서가 무너진 자리에 새로운 질서를 정립하려는, 말하자면 새로운 경계를 다시 획정하려는 운명을 건 싸움을 끊임없이 벌인다는 점에서 신화적인 양상을 띤다. 반대항들 간의 이러한 평화적 공존이란 테마는 레비-스트로스가 그의 『신화론』에서 전개한 그것에 다름 아니다. 한편 법보존적 폭력은 반정립의 대항세력을 억압함으로써 최초의 정립을 보존하는 것을 목표로 한다. 폭력의 기호 사각형에서 보자면 사각형 왼쪽에 위치한 정립과 비반정립의 복합항이 이에 해당할 것이다. 또한 사각형 오른쪽에 자리잡은 반정립과 비정립의 복합항은 기존의 정립에 맞서 승리하여 "새로운 법의 근거를 세우"고자 한다는 점에서 법정립적 폭력이 된다. 반면 정립도 반정립도 아닌 "탈정립"으로서 드러나는 신적 폭력은 경계 자체를 설정하지 않는다는 점에서 기호 사각형 아래쪽에 위치한 '비반정립'과 '비정립'의 복합항으로 간주될 수 있다. 다시 한 번 정리해 보자. 법정립적 폭력이 법의 보존을 약속함으로써, 이러한 약속을 보증함으로써 스스로를 정립하고, 법보존적 폭력은 대항폭력들을 억압함으로써 자신이 대표하는 법정립적 폭력을 오히려 약화시키는 이른바 정립과 반정립의 "변증법적 부침" 속에서 법과 폭력의 신화적 순환고리가 형성된다면, 이 고리를 끊어내고 돌파해내는 것이 바로 정립과 반정립의 교차모순을 통해 발휘되는 신적 폭력이다. 신적 폭력은 앞서 데리다가 "해체 불가능성"으로 정의한 "X"로서 해체의 정의가 실행되는 "불가능의 가능"인 것이다. 해체는 정의이고, 정의는 신적 폭력의 원리이다. 요컨대 해체의 정의는 신적 폭력이다.

바로 이 정의의 초월적 지점이야말로 우리가 '~도 아니고 ~도 아닌'이란 정식으로 규정하고자 하는 교차모순의 운동을 보이는 포스트모던 비평의 지점이다. 이는 또한 데리다가 "해체 불가능성"으로 정의한 정의의 지점이요, 벤야민이 신화적 순환고리를 돌파하기 위해 설정한 이른바 신적 폭력, 즉 탈정립적 폭력이 발생하는 지점이다. 지금까지의 논의를 요약하는 대신 벤야민의 신적 폭력의 개념에 대해 아감벤이 제시한 탁월한 해석을 인용해 보자.

> 완전히 법 '바깥에' 그리고 법 '저편에' 자리하면서 그 자체로 법정립적 폭력과 법보존적 폭력의 변증법을 폭발시켜 버릴 수 있는 폭력(독일어로 Gewalt이며, 이 말은 단순히 '권력'을 의미하기도 한다)의 가능성을 확증하는 것이 벤야민의 에세이의 목표이다. 벤야민은 이런 또 다른 형태의 폭력을 '순수한' 또는 '신적인' 폭력이라 불렀으며, 인간의 영역에서는 '혁명적' 폭력이라 불렀다. 법이 절대 용납할 수 없는 것, 또 법이 위협으로 느끼지만 절대 그 앞에서 굴복해서는 안 되는 것은 바로 법 바깥에 폭력이 존재하는 것이다. 그런 폭력의 목적이 법과 일치할 수 없기 때문이 아니라 반대로 그런 폭력이 "그저 법 바깥에 존재한다는 사실 자체" 때문이다(Benjamin 1921, 183). 벤야민의 비판은 그러한 폭력의 존립을 증명하는 것을 과제로 삼는다. "하지만 만약 폭력이 순수하고 직접적인 폭력으로서 법 바깥에 존립할 수 있다는 것이 입증된다면 이로부터 혁명적 폭력이 가능하다는 것과 또 어떤 식으로 그것이 가능한지도 증명된다. 이 혁명적 폭력은 인간에 의해 순수한 폭력이 최고의 상태로 드러났을 때 붙여진 이름이다"(같은 책, 202). 이 폭력에 고유한 본질적인 특징은 법을 만들어내지도 보존하

지도 않으면서 단지 법을 탈정립시켜 새로운 역사 시대를 연다는 것 이다(『예외상태』, 105–106쪽).

이처럼 정립도 반정립도 보존도 아닌 "새로운 역사의 시대를 여는" 탈정립의 지점이 오늘날 문제가 된다. 물음의 순수한 공간을 여는 지점. 모든 존재자들의 역량, 도약의 역량에 대한 물음이 극단적으로 제기되는 한계의 지점. 우리가 보기에 교차모순의 운동에 의해 열리게 되는 이 지점은 잠재된 모든 역량이 펼쳐지는 정치적 실험의 무대이자 들뢰즈가 『차이와 반복』*Différence et Répétition*에서 "한계"와 "경계"로 묘사한 존재론적인, 실존적인 "도약"의 지점이기도 하다.

어떤 위계는 존재자들을 측정하되 그것들의 한계에 따라 측정하고 하나의 원리에 대한 멀고 가까움의 정도에 따라 측정한다. 그러나 역량의 관점에서 사물과 존재자들을 바라보는 위계도 있다. 여기서 문제는 역량—절대적으로 고려된 역량—의 정도들에 있는 것이 아니다. 다만 한 존재자가 궁극적으로 '도약'하고 있는지, 다시 말해서 그 정도가 어떠하든 자신이 할 수 있는 것의 끝에까지 이르고 이로써 자신의 한계를 넘어서는지를 아는 것이 중요하다. '끝에까지'라는 말은 여전히 어떤 한계를 정의한다고 말할 수 있을지 모른다. 그러나 여기서 한계, 경계가 가리키는 것은 사물을 하나의 법칙 아래 묶어두는 어떤 것도, 사물을 끝마치거나 분리하는 어떤 것도 아니다. 거꾸로 그것은 사물이 자신을 펼치고 자신의 모든 역량을 펼쳐가기 시작하는 출발점이다(『차이와 반복』, 105쪽).

이 한계에서, 경계에서, 이 무대의 끝에서 "한 존재자가 궁극적으로 '도약'하고 있는지, 다시 말해서 그 정도가 어떠하든 자신이 할 수 있는 것의 끝에까지 이르고 이로써 자신의 한계를 넘어서는지를" 아는 것, 거기서 "자신의 모든 역량을 펼쳐" 갈 수 있는지를 아는 것은 중요하다. 그것은 여러 징후들을 통해 우리 사회가 한계에 다다랐음을 어렴풋이 깨닫기 시작한 모든 이들에게 요청되는 시대의 요구이다. 하지만 그보다 더 중요하고 긴급한 것은 단지 아는 것에 머무르지 않고 한 걸음 더 나아가 이를 직접 실행에 옮김으로써 "새로운 역사 시대의 토대"를 마련하는 것이리라. 여기가 바로 출발점이다. 그동안 감추어지고 억압되었던 차이가, 역량으로서의 순수한 차이가 꿈틀거리는 새로운 시대를 향해 힘차게 첫걸음을 내디딜 출발점 말이다.

## 3. 감성분할

시뮬라시옹의 시대를 알리는 함열이 체계 자체가 스스로 무너져내리는 내적인 교차모순의 운동을 보여준다면, 법적 정립과 반정립의 변증법적 부침을 끊어내는 일종의 탈정립으로서의 신적 폭력은 위에서 내리치는 폭력으로 외적인 교차모순의 운동을 보여준다. 비교하자면 우리가 이제 살펴볼 교차모순의 운동은 다분히 실천적인 것으로 훨씬 더 정치적이다. 그런데 우리가 교차모순의 운동이 실천적이라고 말할 때 그것은 무엇을 뜻하는가? 여기서 '실천'은 '참여'로서의 실천이라기보다는 수행력을 지닌 '행위'로서의 실천을 가리킨다. 그렇다면 그것이 정치적이라는 말은 또 무슨 의미인가? 그것은 바로 실천을 통한 행위의 수행력이 발휘되는 공간이 다름 아닌 정치적 공간을 구성한다는 말이다. 즉 내적인 교차모순이 체계의 작동을 스스로 멈추게 하는 것이고 외적인 교차모순이 체계의 작동을 강제로 멈추게 하는 것이라면, 실천적인 성격의 교차모순은 체계의 작동과는 무관한 일종의 놀이 공간을 체계 안에 마련함으로써 새로운 정치적 역량에 대한 실험을 가능하게 한다. 이 실험은 자유로운 놀이의 형태로 진행되는데, 여기서 놀이는 체계적인 움직임의 합목적성에서 벗어나 있는 활동으로, 순수하게 미학적인 범주에 속한 것이라고 할 수 있다. 이처럼 교차모순의 운동을 특징지을 수 있는 또 다른 양상, 즉 실천적인 양상을 살펴보기 위해 우리는 여기서 미학적인 것이 본질적으로 정치적이고(미학 안의 정치) 정치적인 것이 본질적으로 미학적이라는(정치 안의 미학) 랑시에르의 테제를 분석의 대상으로 삼아 이를 새로운 관점에서 재조명하고자 한다.

시작하기 전에 미학 안의 정치와 정치 안의 미학을 동시에 다루는 랑시에르의 테제를 조금 더 구체적으로 살펴보도록 하자. 이는 랑시에르의 저서 『미학 안의 불편함』에서 발췌한 다음의 문구 속에 잘 표현되어 있다.

> 정치는 그 자신의 미학을 갖고 있다. 그것은 예술의 발명들과는 다르고 때때로 그것들과 상반되는 장면과 인물들, 표현과 서술들의 이견적(dissensuelle) 발명양식들을 갖고 있다. 다른 한편 미학은 그것의 정치, 또는 그보다는 두 상반된 정치들 사이의 그것의 긴장을 갖고 있다. 예술로서 제거되면서 삶이 되는 예술의 논리와 아무것도 하지 않기 때문에 정치를 하는 예술의 논리 사이의 긴장 말이다(『미학 안의 불편함』, 84쪽).

우리가 보기에 미학과 정치의 상호 전제에 대한 랑시에르의 정치미학적 테제를 가장 함축적으로 드러내는 것은 무엇보다도 감성의 분할이라는 그의 개념적 기제이다. '분할'이라는 번역어의 프랑스어 원어는 'partage'이다. 그런데 프랑스어 'partage'에는 사실상 분할이라는 개념뿐만 아니라 나눔 혹은 분유라고 번역될 수 있는 공유의 개념이 들어 있다. 무엇을 나눈다는 말은 이미 여럿으로 나눌 수 있는 어떤 공통의 것이 존재함을 전제한다. 공통의 것이 없다면 애당초 나눔은 불가능하다. 그렇다면 감성의 분할에서는 무엇을 나누고 분할하는 것일까? '감성분할'이라는 복합표현에서 알 수 있듯이 여기서 분할의 대상이 되는 것, 소위 공통적인 것은 다름 아닌 '감성'이다. 따라서 감성의 분할이란 일차적으로 공통적인 감성을 나눈다는 말이 된다. 여기서 우리는 자연스럽게 칸트Emmanuel Kant의 공통감각sens commun 개념을 떠올리게 된다. 주지하다시피 칸트는 『판단력 비판』*La critique du jugenent ou le traité du sublime et du beau*에서 상상력과 지성 그리고 이성이라는 상이한 능력들을 서로 조율하고 조화롭게 하는 대단히 중요한 사명을 소위 공통감각에 일임한 바 있다. 들뢰즈는 칸트의 철학에 대한 탁월한 해설서인 『칸트의 비판철학』*La philosophie critique de Kant*에서 공통감각의 역할을 다음과 같이 정의한다. "세 활동능력(상상력, 지성, 이성)은 어떠한 관계를 형성하는데, 이 관계 맺기는 사변적 관심에 따라 결정된다. 입법하고 판단하는 것은 지성이다. 그러나 상상력은 지성 아래서 종합하고 도식을 산출한다. 이성은 추리하고 상징화하며, 그 결과 인식은 체계적 통일의 최대를 얻는다. 그런데 이들 능력 사이의 모든 일치는 공통감각이라 불릴 수 있는 것을 정의한다"(『칸트의 비판철학』, 50쪽). 말하자면 공통감각이란 "이것은 아름답다"나 "이것은 숭고하다"와 같은 미학적 판단에 개입하는 주관적인 선험적 조건으로 일종의 공동체적 감각이라고 할 수 있다. 쉽게 말하자면 어떤 아름다운 풍경이나 예술작품을 보다가 상대에게 "정말 아름답지 않니?"라고 동의를 구할 때 우리에겐 이미 나와 상대가 일종의 공통감각을 공유할 것이라는 믿음이 깔려 있다는 것이다. 이러한 공동체적 감각의 존재야말로 칸트 철학에서 타인과의 일정한 관계가 성립될 수 있는 근거가 된다. 감성학과 정치학과의 만남의 가능성이 존재한다면 그것은 바로 이 지점, 즉 나를 넘어 타인과의 관계가 설정되는 이 자리에서이다.

랑시에르는 감성의 분할이라는 매우 독특한 개념으로 이 가능성의 한 형태를 구체적으로 다음과 같이 제시한다.

> 어떤 공통적인 것의 존재 그리고 그 안에 각각의 몫들과 자리들을 규정하는 경계설정들을 동시에 보여주는 이 감각적 확실성évidence sensible의 체계를 나는 감성의 분할이라고 부른다(『감성의 분할』, 13쪽).

『칸트의 비판철학』에서 들뢰즈는 칸트의 공통감각이라는 개념을 한 공동체 내에서 "모든 소통 가능성의 주관적 조건"(『칸트의 비판철학』, 50쪽)으로 제시한다. 반면에 랑시에르는 소위 "감각적 확실성의 체계"를 한 공동체 내에서 발생할 수 있는 모든 정치적 불화의 감성적 조건으로 내세운다. 그에 따르면 바로 이 조건 하에서 한 공동체의 정치적 지형도가 구축되는데, 이 과정에서 이견, 불화, 분쟁 등이 발생한다.

> 정치란 특정한 경험들의 영역을 구성하는 것이다. 이 영역 안에서 어떤 대상들은 공통적인 것으로 간주되며, 어떤 주체들은 이 대상들이 무엇인지 지칭하고 대중에게 그 이유를 설명하는 역량을 지닌 사람들로 취급된다. 그러나 이러한 구성은 인간학적 상수에 의존하는 고착된 소여가 아니다. 정치가 의존하는 소여는 항상 분쟁적일 수밖에 없다(『문학의 정치』, 10쪽).

감각적 확실성의 체계, 즉 감성의 분할은 "인간학적 상수에 의존하는 고착된 소여"가 아니라 일종의 정치적 소여로서 항상 분쟁을 일으키는 것이다. 랑시에르에 따르면 한 공동체 내에서 공통의 감성은 시간,

공간, 담론성, 가시성이라는 크게 네 가지 기준에 따라 분할된다.

먼저 감성의 선험적 형식에 해당하는 시간과 공간은 각 구성원들의 삶의 자리를 각기 다르게 배정하는 기준이다. 노동의 시간과 휴식의 시간, 사적 장소와 공적 장소가 구성원들마다 각기 다르게 할당된다는 말이다. 예컨대 저녁에 일하러 나가는 야간 경비원이나 장거리 화물차 운전자들 같은 경우는 매일 아침 정시에 출근해서 저녁에 퇴근하는 회사의 사무원들이나 대다수의 화이트칼라 노동자들과 밤낮의 시간을 거꾸로 산다. 또 관광지나 휴양지에서 일하는 사람들에게는 남들이 모두 노는 여름 휴가철이나 황금연휴가 가장 일이 많은 때가 될 것이다. 물론 비수기 때의 운영적자를 만회하려면 성수기 때 한몫을 잡아야 하겠지만 말이다.

이러한 차이가 어디 시간뿐이겠는가? 예전 산업발전의 중추적 역할을 담당했던 자원개발이 한창이던 시절에 지하갱도에서 석탄을 캐내며 산업역군이라 불리던 광부들을 생각해 보자. 요즘에야 현재까지도 가동되는 얼마 안 되는 탄광을 제외하고는 국내 대부분의 탄광들이 폐광이 되어 옛 탄광 자리에 과거 광부들의 삶을 재현해 놓은 체험공원을 통해서만 그들의 지난했던 삶을 추측해 볼 수 있지만, 당시 광부들의 하루가 출근과 함께 입갱하고 퇴근과 함께 출갱하는 것으로 이루어져 있었음은 잘 알려진 사실이다. 그러니까 한창 일손이 바쁠 때의 광부들은 점심식사를 할 때도, 잠깐 동안의 휴식을 취할 때도 늘 석탄가루가 날리는 어두컴컴한 갱내에 머물러 있었던 것이다. 이런 상황에서 만일 휴일이 아닌 어느 평일에 선거가 치러진다고 해보자. 하루 종일 갱내에서 나오지 못하고 일해야 하는 광부들이 과연 투표하러 갈 수 있는 확률이 얼마나 될까? 물론 정치에 관심이 많고 참여적인 광부라면 퇴근 후에 서둘러 투표장으로 발걸음을 향할 수 있겠지만, 일반적으로 그러한 근로조건에 있는 노동자들이 투표참여를 비롯해 정치적 활동을 적극적으로 수행하기란 쉽지 않을 것이다. 의지가 문제가 아니라 시간이 부족하고, 몸이 매여 있는 공간이 이를 쉽게 허용하지 않는다는 얘기다.

한편 담론성은 한마디로 누구의 말에 귀 기울여야 하는가를 정해주는 기준이다. 이 기준에 따라 들을 만한 말과 들을 필요가 없는 소음이 가려진다. 마찬가지로 가시성은 누가 보이는지 아니면 누가 보이지 않는지를 판단하는 기준이다. 사실 여기서 얘기되는 담론성과 가시성이라는 기준을 이해하는 것은 어려운 일이 아니다. 우리 사회에서 목소리가 크지 않은 사람이, 즉 사회적 약자와 소수가 억울한 일을 당했을 때 제대로 된 보상이나 처우를 받는 대신 그들의 목소리가, 그들의 모습이 철저히 은폐되고 가려지는 것을 심심치 않게 보아왔으니까. 영화 〈도가니〉를 통해 온 국민의 공분을 산 광주 인화학교 성추행 사건을 생각해 보자. 이 사건이 유명작가의 손에 의해 소설화되지 않았다면, 그 후 영화라는 매체를 통해 많은 관객들에게 알려지지 않았다면 억울하게 성폭행을 당하고 진실이 밝혀질 것을 원했던 피해자들의 울부짖음은 철저히 무시당한 채로 어둠 속에 묻히고 말았을 가능성이 크지 않은가. 슬프지만 세상에는 온전히 자기 모습을 드러내고 자기 목소리를 갖는 사람들이 있는가 하면, 분명 살아 있는데 남들에게는 보이지 않고 말을 하는데도 들리지 않는 투명인간들도 존재하는 것이다. 우리들 각자가 과연 어느 쪽에 속해 있는지 한번쯤은 생각해 볼 문제다.

이쯤해서 다시 랑시에르의 감성분할 문제로 돌아오자. 랑시에르가 주장하는 바는 그러니까 우리가 지금까지 살펴본 네 가지 기준에 따라, 즉 누가 언제(시간) 어디에(장소) 있으며, 무엇이 들리고(청각) 보이는지(시각)를 결정하는 감성의 분할방식에 따라 한 공동체 내에서 공통적인 것의 몫이 다르게 분배된다는 것이다. 그런데 이러한 차별은 항상 불화의 원인으로 작용하기 마련이다. 역설적으로 공동체적 감각(칸트)은 불화(랑시에르)를 일으키는 한에서 소통 가능성(들뢰즈)의 조건이 되는 것이다. 랑시에르가 보기에 누군가에게 일정한 자리를 할애하고, 말과 소음을 차별하고, 보이는 것과 보이지 않은 것을 구별짓는 일은 "항상 분쟁일 수밖에 없다." 물론 플라톤의 이상사회에서처럼 사회의 모든 구성원이 주어진 여건을 당연한 것으로 그냥 받아들일 수도 있을 것이다. 하지만 감성의 분할이 한 공동체 내에서 절대 흔들릴 것 같지 않은 감각적 확실성의 체계를 구성한다고 해도 그것이 인간학적 상수가 아닌 이상 영구불변하는 일은 결코 있을 수 없다. 감성의 분할은 이론적으로 그리고 실제적으로 항상 재분할의 가능성을 전제로 한다. 이러한 가능성의 공간을 여는 정치적 사명을 랑시에르는 다름 아닌 감성학, 즉 미학에 부여한다. 그가 말하고자 하는 '미학의 정치' 또는 '문학의 정치'는 결국 공동체 내에서 확고부동한 것으로 여겨지는 감각적 확실성의 체계에 대해 과감하게 이의를 제기함으로써 감성의 재분할을 유도하는 것이 된다. 감성이 정치의 조건이라고 할 때 감성학으로서의 미학은 어쩌면 정치를 변경할 수 있는 유일한 길인지도 모른다. 『문학의 정치』*Politique de la littérature*에서 랑시에르는 이러한 길로 나아가는 방식을 다음과 같이 제시한다.

> 시간들과 공간들, 자리들과 정체성들, 말과 소음, 가시적인 것과 비가시적인 것 등을 배분하고 재배분하는 것은 내가 말하는 감성의 분할을 형성한다. 정치행위는 감성의 분할을 새롭게 구성하게 하고 새로운 대상들과 주체들을 공동 무대 위에 오르게 한다. 또한 정치행위는 보이지 않았던 것을 보이게 하며, 킁킁대는 동물로 취급되었던 사람을 말하는 존재로 만든다.
>
> 그런 까닭에 "문학의 정치"라는 표현은 문학이 시간들과 공간들, 말과 소음, 가시적인 것과 비가시적인 것 등의 구획 안에 문학으로서 개입하는 것을 의미한다. 문학의 정치는 실천들, 가시성 형태들, 하나 또는 여러 공동 세계를 구획하는 말의 양태들 간의 관계 속에 개입한다(『문학의 정치』, 11–12쪽).

한 공동체 내에서 자신의 고유한 몫과 자리가 없다고 하는 것은 자신의 존재가 보이지 않으며 자신의 목소리가 들리지 않는다고 하는 말에 다름 아니다. 이러한 감각적 확실성의 체계에 맞서 그동안 "보이지 않았던 것을 보이게 하며 킁킁대는 동물로 취급되었던 사람을 말하는 존재로 만드는" 것은 분쟁을 소여로 삼고 있는 일종의 정치행위의 본연의 임무라고 할 수 있다. 이러한 맥락 하에서 정치로서의 문학, 즉 문학의 정치는 "시간들과 공간들, 말과 소음, 가시적인 것과 비가시적인 것 등의 구획 안에 문학으로서 개입"함으로써 새로운 감각적 존재방식에 대한 모종의 실험을 가능하게 하는 것이다.

『미학 안의 불편함』에 수록된 「리요타르와 숭고의 미학 : 칸트에 대한 반대 해석」에서 랑시에르는 놀랍게도 이러한 미학적 실험이 이루어지는 임의의 공간을 '~도 아니고 ~도 아니'라는 이른바 "이중구속"double binding의 지점으로, 우리 식으로 표현하자면 이중부정의 교차모순에 의해 열리게 되는 것으로 설명한다(『미학 안의 불편함』, 157쪽). 여기서 우리는 다시 칸트를 참조하게 된다. 칸트는 『판단력 비판』에서 지각된 것으로부터 종합적인 하나의 표상을 만들어내는 인식능력, 즉 상상력이 상위의 인식능력인 지성이나 이성과 어긋나는 지점을 순수하게 미학적인 경험이 발생하는 곳으로 간주한다. 이를테면 이성이 상상력에게 "모든 것의 재현"을 요구하는데도 불구하고 상상력이 이를 제대로 수행하지 못하는 경우가 있을 수 있다. 이를 칸트는 특별히 숭고의 감정을 경험하는 이례적인 순간으로 본다. 랑시에르는 상상력과 이성이 불일치를 보이는 이 숭고의 지점에서 칸트가 감성계에 대한 이성의 절대적 우위를 공포한 반면, 리요타르는 이와는 정반대로 사물의 타자성 앞에 선 이성의 무능력을 폭로하고 있음을 지적한다. 그가 보기에 리요타르는 칸트의 숭고 개념에 대한 분석을 자신의 방식으로 재해석함으로써 현대 예술의 임무를 재현 불가능성을 현시하는 것으로 새롭게 규정하고 있다.

한데 리요타르와 마찬가지로 칸트의 유산을 물려받았지만 랑시에르는 그와는 조금 다른 길을 걸어가는 듯 보인다. 그가 칸트의 미학에서 착념하는 것은 숭고 개념이 아니라 유희 개념이다. 랑시에르가 자신의 미학 이론을 정립하기 위해 칸트에게서 유희 개념을 빌려왔다는 것은 성기현이 단언하듯 랑시에르의 미학이 숭고 개념을 주요 주제로 하는 현대 미학의 주류와 차별화된다는 것을 의미한다. "숭고를 현대 예술의 가장 본질적인 주제로 내세우는 이런 흐름에 반한다는 점에서 미의 분석학에 등장하는 유희Spiel의 개념, 즉 상상력과 지성의 자유로운 합치를 하나의 이론적 모델로 재전유하는 랑시에르의 입장은 매우 특징적이다"(「'미학의 정치'에 있어 유희의 역할-랑시에르의 칸트 이해를 중심으로」, 150쪽). 그렇다면 유희의 미학이 숭고의 미학과 구별되는 지점은 어디인가? 숭고의 미학과 마찬가지로 유희의 미학도 '~도 아니고 ~도 아니'라는 이른바 이중부정에서 출발한다. 하지만 숭고의 미학에서 숭고라는 이례적 경험이 탄생하는 것이 상상력과 이성의 불일치에서 비롯되었다면, 유희의 미학에서 유희를 가능케 하는 것은 상상력과 지성의 불일치이다. 지성은 상상력이 제공한 표상을 하나의 범주를 통해 규정하는 인식능력이다. 그런데 지성이 그러한 일을 수행하려면 감성적 표상 안에 대상의 형식에 부합하는 소정의 보편적인 것이 존재해야만 한다. 보편적인 것이 존재하지 않을 때 지성은 입법기관으로서 규제력을 발동할 수 없게 되고, 그로 인해 상상력이 지성의 법에서 벗어나는 일이 발생하게 된다. 이때 상상력은 지성뿐만 아니라 감성이 지배하는 욕망의 대상에 대한 이해관심에서도 벗어난다는 사실을 지적하자. 무슨 말인고 하니, 감성은 항상 일정한 대상에 의해 끌리게 되어 있는데, 어떤 특정한 태도를 취함으로써 이 대상에 무관심하게 됨에 따라 욕망의 지배로부터 해방된다는 말이다. 이를 상상력의 입장에서 보자면 어느 순간 지성의 법에도 감성의 법에도 종속되지 않은 채 상상력이 자유롭게 활동하는 매우 특별한 계기가 마련된 것이다. 바로 이 지점, 즉 지성적이지도 감성적이지도 않은 이른바 이중부정의 불일치의 지점이 랑시에르가 주목하는 유희의 공간이다. 이곳은 감성도 지성도 올바르게 사용할 수 없는, 오직 "사용 불가능성"(『미학 안의 불편함』, 148쪽)에 의해서만 정의되는 일종의 예외상태라고 할 수 있다. 이곳에서는 지성이 규제력을 행사하는 일도, 감성이 자신의 욕망에 사로잡히는 일도 발생하지 않는다. 지성의 법과 욕망의 이해관심이라는 이중의 굴레에서 풀려난 바로 이곳에서 마침내 오직 자유롭게 유희할 뿐인 순수한 미학적 공간이 열리는 것이다. 요약컨대, 숭고의 지점이 상상력이든 이성이든 자신의 무능력을 고백하는 자리라면 유희의 지점은 상상력이 자신의 역량을 자유롭게 즐기는 자리이다.

앞서 인용한 『칸트의 비판철학』에서 들뢰즈는 이러한 미학적 공간에서 이루어지는 능력들—상상력, 지성, 이성—간의 소위 '자유로운' 일치가 규정적이고 입법적인 능력 아래서 이루어지는 '규정적' 일치보다 더 근본적인 것임을, 다시 말해 전자가 후자의 논리적 토대가 됨을 역설한다. 오늘날 칸트가 포스트모던 시각에서 재조명될 수 있는 이유 중의 하나가 바로 여기에 있다. 즉 순수이성의 규정적인 능력도 실천이성의 입법적인 능력도 어떤 의미에서 능력들 간의 자유로운 일치를 전제하는 판단력에 그 토대를 두고 있는 것이다. 들뢰즈는 칸트 비판철학의 가장 문제적인 지점을 다음과 같이 논평한다.

> 중요한 것은 규정적이며 입법적인 능력 아래서 능력들의 모든 규정적 일치는 규정되지 않은 자유로운 일치의 현존과 가능성을 전제한다는 점이다. 바로 이 자유로운 일치 속에서 판단력은 고유할 뿐 아니라(이미 규정적 판단력의 경우에서도 그랬다) 자신의 고유성의 원리를 드러낸다. 이 원리에 따라 (우리의 능력들이 본성상 다르고 자유롭고 자발적인 일치를 이룸에도 불구하고) 이 자유로운 일치는 이성의 관심의 법칙에 의거해 능력들 가운데 하나의 주재 아래 능력들의 활동을 가능하게 해주

는 것이다. 언제나 판단력은 환원 불가능하거나 고유하다. 이런 이유로 판단력은 '하나의' 능력(천부의 재질 또는 특별한 기술)이라 불릴 수 있다. (그런데) 판단력은 그저 하나의 능력에서가 아니라 능력들의 일치 속에서 성립한다. 능력들 가운데 입법적 역할을 수행하는 한 능력을 통해 이미 규정된 일치 속에서든, 또는 보다 심층적으로는 규정되지 않은 자유로운 일치—이 일치가 '판단력 비판' 일반의 최종적 대상을 정립한다. —속에서든 말이다(『칸트의 비판철학』, 114쪽).

반복컨대 능력들 간에 자유로운 일치가 이루어지는 곳은 상상력이 일체의 속박으로부터 벗어난 지점이다. 상상력이 자유롭게 유희하는 이러한 놀이 공간은 '~도 아니고 ~도 아니'라는 소위 교차모순이 발생하는 포스트모던 비평의 지점에 다름 아니다. 우리가 보기에 바로 이곳에서 앞서 언급했던 공통감각에 대한 실험, 다시 말해 감성의 분할과 재분할에 대한 실험이 이루어진다. 랑시에르에 따르면 이 실험은 본질적으로 미학적이면서 정치적이다. 그리고 근본적이면서 극단적이다.

랑시에르는 미학적인 놀이 공간 안에서 이루어지는 이중부정, 달리 말해 '~도 아니고 ~도 아니'라는 교차모순의 운동을 모든 유형의 합의를 깨는, 그래서 "완전히 새로운 의미의 혁명을 알리는" 일종의 정치적 행위로 간주한다. 이는 단순히 하나의 권력을 다른 권력으로 대체하는 것이 아니라, 모든 권력의 형태들을 단번에 무력화시키는 대단히 극단적인 사태로, 일반적 의미에서의 혁명이나 "국가 형태들의 단순한 전복"과는 근본적으로 다른 것이다. 랑시에르가 프랑스 대혁명의 한계를 지적한 맥락이 바로 거기에 있다.

> 미적 경험의 이견적 공동 감각은 전통적 질서의 합의만큼이나 프랑스 대혁명이 강제하려 했던 합의와 상반된다. 대혁명은 지배의 옛 질서를 전복하려 했다. 그러나 대혁명 그 자체가 수동적 물질성에 강제되는 능동적 지성의 옛 논리를 재생산했다. 반대로 권력의 중지, 미적 상태의 고유한 '~도 아니고 ~도 아니다'는 완전히 새로운 혁명을 알린다. 국가 형태들의 단순한 전복 대신에 감각적 존재형태들의 혁명이 그것이다. 더 이상 권력의 이전이 아니라 형태들—이 안에서 권력들은 다른 것들을 전복시키면서 행사되고 권력들 자체가 전복된다—자체의 무력화가 되는 혁명이다. 미적인 자유로운 놀이—또는 무력화 —는 감각적 보편성과 평등성의 새로운 형태를 담고 있는 새로운 경험양식을 규정한다(『미학 안의 불편함』, 158쪽).

랑시에르가 직접 언급한 바 '~도 아니고 ~도 아니다'라는 이중부정, 즉 교차모순의 운동은 "더 이상 권력의 이전"이 아니라 권력 자체를 무력화시킴으로써 "새로운 경험양식"에 대한 실험을 위해 마련된 무대를 펼쳐보인다. 이 무대는 달리 말해 "미적인 자유로운 놀이"가 행해지는 역량의 무대이기도 하다. 교차모순의 운동을 통해 마련된 이 유희의 무대가 "완전히 새로운" 이유는 거기에 등장하는 인물들이 단순히 "국가 형태들"이 아니라 "감각적 존재형태들"이기 때문이다. 말하자면 감각적 존재형태들의 고유한 존재방식, 즉 감각적 존재방식이 바로 무대 위에서의 새로운 실험 대상인 것이다. 『미학 안의 불편함』「옮긴이 서문」에서 주형일은 이러한 실험무대의 정치미학적 함의를 다음과 같이 간명하게 서술한다.

> 우리의 일반적인 생각과는 달리 랑시에르가 보기에 합의의 정치는 정치가 아니다. 정치가 제대로 작동하게 하기 위해서는 합의를 거부해야 한다. 합의를 거부한다는 것은 분할의 경계선을 움직이고 분리된 구역들을 뒤섞고 각자에게 부여된 자리들을 부정하는 작업이다. 이 작업이 바로 랑시에르가 생각하는 미학의 작업이다. 따라서 랑시에르에게 있어서 반미학, 비미학과 같은 용어들은 합의의 동의어이다. 반미학과 비미학은 기본적으로 분할과 경계선, 자리 부여를 인정하는 개념이다. 정치가 가능하려면 감각되는 것들이 서로 부딪치고 충돌하는 이견이 가능해야 한다. 이견을 만들어낼 수 있는 행위가 진정으로 미적인 행위이고 정치적인 행위이다(『미학 안의 불편함』, 90쪽).

기존에 그어져 있던 감성분할의 경계선을 움직이는 것은 그동안 보이지 않던 존재를 보이게 하고 들리지 않던 목소리를 들리게 하는, 감각적 존재형태들의 순수한 감각적 차이들을 드러내는 미학적인 몸짓이다. 이는 단순히 정치적인 행위가 아니라 감성분할이라는 정치적 지형도 자체를 문제로 삼는 일종의 메타정치적인 행위이다. 요컨대 미학의 정치는 원archi-정치도 초para-정치도 아닌, 정치적 소여 자체를 문제로 삼는 메타meta-정치이다. 참고로 『감성분할』에 실린 이 세 용어에 대한 각각의 해설을 인용하면 다음과 같다.

> ① 원-정치 : "정치철학의 세 가지 주요 유형들 가운데 하나인 원-정치의 원형은 물질형태에서의 제 로고스의 완전한 표명에 입각한 공동체를 정립하려는 플라톤의 시도에서 발견되는 것이다. 각개

시민들의 활동들은, 모든 사람은 지정된 자리와 할당된 역할을 가지고 있다는 그러한 방식으로 공동체의 편제 안에서의 그들의 역할에 관하여 규제된다. 그것에 의하여 민주주의적 정치형상은 공동체 전체에 배어들고 사회체계에서의 어떠한 단락들도 일어나지 않게 하는 살아 있는 노모스의 치안질서에 의해 대체된다"(123쪽).

② 초–정치 : "정치철학의 세 가지 종류들 가운데 하나인 초-정치는 데모스의 평등주의적 무질서를 치안의 입헌질서로 통합함으로써 불가능한 일을 꾀하려는 아리스토텔레스의 시도의 결과다. 정치 소송에 대한 당사자들 가운데 하나로의 데모스의 이러한 모방적 변형은, 주권에 대한 근대 이론들과 사회계약론에 대한 초-정치적 전통에 비추어 볼 때 자연스럽게 보일 수 있지만, 데모스의 평등은 결코 치안질서 내에서 적절하게 설명될 수 없다는 사실을 감춘다"(128쪽).

③ 메타–정치 : "정치철학의 세 가지 주요 형태들 가운데 하나인 메타–정치는 사회적 현실이라는 구체적 진리로부터 권리와 대의 제도라는 의심스러운 허위들을 분리시키는 거리에 대한 마르크스의 비판에서 나온다. 그것은 그 때문에 두 가지 극단들(초–정치라는 이데올로기적 환영들에의 비난 그리고 원–정치와 정확히 일치하는 사회적 진리라는 공동체의 실현에의 항의) 사이에서 동요한다"(117–118쪽).

말하자면 미학의 정치는 그동안 배경 속에 묻힌 채 특권적 형상들에 의해 가려져 있던 감각적 존재형태들을 드러내 보이는 일종의 해방의 역할을 수행한다. 이는 마치 하나의 체계를 구성하는 대립적인 항들,

예컨대 A항과 B항을 동시에 부정함으로써 그동안 체계의 그늘 속에 감추어져 있던 요소들, 달리 말해 –A와 –B의 복합항으로 이루어진 소위 잠재면 속에 존재하면서 보이지 않던 요소들을 서서히 드러내 보이는 것과 유사한 것이다. 감성분할의 경계선을 움직이는 이러한 과정을 우리가 앞에서 제시한 교차모순의 도식으로 나타내면 다음과 같다.

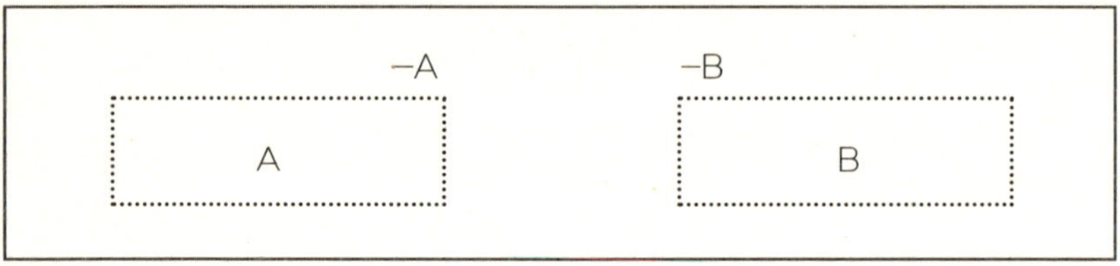


A항과 B항이 서로 대립함으로써 하나의 체계, 하나의 구조를 형성한다는 것은 이들의 대립적 관계가 눈에 '보이고' 입으로 '말해지며' 특정한 '시공간' 속에서 재현된다는 것을 뜻한다. 앞서 언급했듯이 감성의 분할이란 이처럼 담론성과 가시성의 영역이 시공간적으로 감각적인 것을 구획하는 일정한 방식을 가리킨다. 그런데 교차모순에 의해 대립적 관계에 놓인 두 항을 동시에 부정하고 나면 위의 도식에서 대립적 체계의 확실성이 점선으로 표시되어 있는 것처럼 체계를 구성하는 대립항들이 의미론적으로, 이데올로기적으로 점차 흐릿해지기 시작한다. 그 결과 그동안 가시적이고 지배적인 체계에 가려 보이지 않던 감각적 존재형태들이 바탕에서 점차 표면 위로 부상하는, 들뢰즈의 용어를 빌려 표현하자면 '괴물' 같은 현상이 발생하게 된다. 이때가 바로 감성의 분할이 새롭게 이루어질 가능성이 열리는 순간이다. 여기서 –A와 –B의 복합항으로 이루어진 배경에 공동체적 감각, 즉 공통감각이 존재한다

고 생각할 수 있다. 이곳은 자유로운 유희의 공간이다. '자유롭다'는 말은 A에 의해서도, B에 의해서도 지배를 받지 않는다는 말이다. 모든 통제에서 풀려난 이 교차모순의 공간은 상상력이 자유롭게 유희하는 공간이다. 순수하게 미학적인 이 공간에서 단순히 규범적 질서가 무너져 내리는 것을 넘어서 새로운 감각적 가능성을 찾고자 하는 정치적 실험이 이루어진다. 달리 말해 기존의 체계를 무너뜨리는 것만이 아니라, 체계의 체계성 자체를 놀이의 대상으로 삼는 것이 가능해야 진정한 정치적 공간이 열리게 된다는 것이다.

이 가능성의 공간을 여는 몸짓, 불일치, 무질서의 지점을 과감하게 드러내는 메타정치적 행위는 근본적으로 미학적이다. 왜냐하면 랑시에르가 보기에 "미학은 새로운 무질서에 대한 생각"(『미학 안의 불편함』, 41쪽) 이외에 다른 것이 아니기 때문이다. "무질서에 대한 생각"으로서의 미학, 달리 말해 미학의 정치는 체계의 작동을 중지시킴으로써 즉각적으로 체계의 체계성을 문제 삼을 뿐만 아니라, 궁극적으로는 체계성 자체를 일종의 유희의 대상으로 만듦으로써 새로운 역량에 대한 실험을 가능하게 한다. 이것은 단지 새로운 정체(政體)가 아니라 정태(情態), 즉 새로운 감각적 존재방식에 대한 실험이 될 것이다. 우리가 이 책에서 주목하고자 하는 교차모순의 지점, 즉 포스트모던 비평의 지점은 이 같은 정치미학적 실험이 행해지는 모태가 된다는 점에서 상당히 혁명적이며 근본적인 지점이라고 할 수 있겠다.

CHAPTER _ 04

# 교차모순의 공간

교차모순의 공간은 경계의 공간이요, 비결정성의 공간이요, 역량의 공간이다. 경계의 공간은 건너가야 한다는 어떤 강제력만이 발휘된다는 점에서 화용론적이고, 비결정성의 공간은 특정한 의미론적 투자가 이루어지지 않아 불투명하다는 점에서 의미론적이며, 역량의 공간은 새로운 가능성의 실험무대를 제공한다는 점에서 미학적이다. 우리는 이러한 교차모순의 공간이 지닌 속성을 순수한 차이, 실재, 수용소 개념을 통해 살펴보고자 한다.

## 1. 순수한 차이

교차모순의 공간이 해체적일 뿐만 아니라 구축적인 이유는 이곳에 무한한 역량이 잠재되어 있기 때문이다. 바로 이곳에 순수한 차이들이 우글거리며, 자유롭게 유희한다. 이제 교차모순의 공간에 대한 이야기를 시작해 보자.

『차이와 반복』 머리말에서 들뢰즈는 자신이 다루게 될 주제가 소위 "반-헤겔주의"적인 흐름에 속한다는 사실을 명시하면서 이러한 반-헤겔주의적인 주제가 다루어지고 논의되는, 곧 그것이 폭넓게 공유되는 시대적 정황을 다음과 같이 서술한다.

> 여기서 다루는 주제는 분명 이 시대에 널리 공유되어 있다. 이를 말해주는 조짐들은 많다. 하이데거는 점점 더 심각하게 존재론적 차이의 철학으로 향하고 있다. 구조주의의 실천은 공존의 공간에 분배된 변별적 특성에 기초한다. 현대 소설은 가장 추상적인 성찰뿐만 아니라 실제적인 기법에서까지 차이와 반복의 주위를 맴돈다. 모든 영역에서 반복의 고유한 역량이 발견되고 있으며, 또한 이는 무의식, 언어, 예술의 힘으로서 나타난다. 이 모든 조짐들은 반(反)-헤겔주의로 집약될 수 있다. 즉 차이와 반복이 동일자(同一者)와 부정적인 것, 동일성과 모순의 자리를 대신 차지하고 있다. 왜냐하면 차이는 동일자에 종속되는 한에서만 부정적인 것을 함축하고 마침내 모순에까지 이르기 때문이다. 어떻게 파악하든 동일성의 우위가 재현의 세계를 정의한다. 그러나 현대적 사유는 재현의 파산과 더불어 태어났다. 동

> 일성의 소멸과 동일자의 재현 아래서 꿈틀거리는 모든 힘들의 발견과 더불어 태어난 것이다. 현대는 시뮬라크르,simulacres 곧 허상(虛像)들의 세계이다. 이 세계에서 인간은 신보다 오래 존속하지 않으며, 주체의 동일성은 실체의 동일성보다 오래 존속하지 않는다. 모든 동일성은 흉내 낸 것에 불과하다. 그것은 차이와 반복이라는 보다 심층적인 유희에 의한 광학적 '효과'에 지나지 않는다. 우리는 차이 자체를, 즉자적 차이를 사유하고자 하며 차이소들의 상호관계를 사유하고자 한다. 이는 차이 나는 것들을 같음으로 환원하고 부정적인 것들로 만들어버리는 재현의 형식들에서 벗어나야 가능한 일이다(『차이와 반복』, 17–18쪽).

들뢰즈는 이 저작의 머리말에서 독자들에게 책의 목차를 따라 순서대로 읽어나가지 말고, 특이하게도 「반복과 차이」라는 제목을 달고 있는 서문을 나중에 읽고 「차이와 반복」이라는 제목이 붙어 있는 결론을 제일 먼저 읽을 것을 권한다. 하지만 이 책에서 가장 먼저 읽어야 할 부분은 분명 가장 나중에 집필되었을 머리말 부분일 것이다. 이 머리말이야말로 들뢰즈가 차이를 동일성에, 반복을 재현에 당당히 맞세우면서 "현대적 사유", "시뮬라크르, 곧 허상들의 세계"의 핵심을 파고들고자 하는 자신의 의도를 분명하게 표명하고 있다는 점에서 일종의 독서의 길라잡이가 될 수 있기 때문이다. 들뢰즈에 따르면, 시뮬라크르들로 가득 찬 이 보드리야르적 세계 속에서 동일성은 "소멸"되고 재현은 "파산"을 선고받는다. 들뢰즈의 의도는 "반-헤겔주의"로 집약된 이러한 시대의 "조짐"과 더불어 "차이 자체를, 즉자적 차이를 사유하고자" 하는 것이며, "반복의 고유한 역량을 발견하고자" 하는 것이다.

그렇다면 여기서 들뢰즈가 말한 "차이 자체", 달리 말해 "즉자적 차이"는 과연 어떤 차이인가? 들뢰즈의 말로 간단히 요약하자면, 이는 아마도 재현되지 않고 끊임없이 "반복"되는 "역량"으로서의 차이 정도가 될 것이다. 그런데 이 차이가 재현된 차이로, 동일성에 의해 포획된 차이로 수렴되는 경사면이 어딘가에 존재한다. 이 말은 곧 어느 지점에선가 반복되는 차이와 재현된 차이가 서로 다투는 일이 발생할 수 있다는 얘기가 된다. 이러한 전제 하에 이 두 차이가 길항하는 지점을 들뢰즈가 반-헤겔주의적인 시대의 조짐 가운데 하나로 언급한 "구조주의의 실천" 속에서 찾아보려는 것이 이 글의 주된 의도이다.

사실 들뢰즈가 『차이와 반복』 머리말에서 언급한 구조주의 실천의 형태는 유일하지도 동질적이지도 않다. 대략적으로 말해 구조주의에서 시작해서 후기 구조주의에 이르는 동안 소위 구조주의적 실천은 차이라는 개념을 두고 벌이는 이념적인 논쟁 또는 투쟁의 형태로 전개되어 왔다고 할 수 있다. 어떤 의미에서 구조주의의 창시자로 불릴 수 있는 소쉬르 이후 많은 이들이 반복적으로 주장해 온 것처럼 오직 차이만이 존재한다면 과연 이 차이를 어떻게 이해하고 정의하고 수용해야 할 것인가? 차이를 그냥 그 자체로 인정할 것인가? 아니면 이를 관리하고 억제 및 통제할 것인가? 이 문제와 관련하여 흥미롭게도 구조주의와 후기 구조주의는 동일한 차이의 패러다임에 속하면서도 서로 다른 길을 걸어가는 듯 보인다. 말하자면 한편에 차이를 커뮤니케이션의 효과적인 수단으로 간주하는 차이의 언어학이 있고, 다른 한편에는 차이 자체를 사유하고자 하는 차이의 철학이 존재한다는 것이다. 그런데 우리가 보기에 흥미로운 것은 언뜻 서로 상반되며 충돌을 피할 수 없을 것 같은 이 두 입장이 서로 맞닿아 있는 소위 문제적인 지점이 존재한다는 것이다. 예컨대 소쉬르의 구조주의 언어기호학 사상의 핵심이라고 할 수 있는 가치 개념이나 그의 뒤를 이어 구조주의 음운론에 방법론적 토대를 제공한 야콥슨Roman Jakobson의 변별자질 개념 속에 이른바 차이의 철학이 사유하고자 한 힘들과 역량들이 드러나는 지점, 즉 감추어지고 억압된 차이 자체가 꿈틀거리는 지점이 자리 잡고 있다는 것이다. 이것은 놀랍게도 앞서 들뢰즈가 언급한 반-헤겔주의적 조짐에 다름 아니다. 이제부터 우리가 시도하고자 하는 것은 구조주의 언어학에 배태되어 있던 이러한 조짐을 소쉬르에서 야콥슨으로, 야콥슨에서 다시 소쉬르로 이동하는 이중의 왕복운동을 통해 역사적으로, 그리고 텍스트적으로 진단하고, 그 안에서 차이의 철학과 부딪치고 겹쳐지는 부분을 구체적으로 짚어보는 일이 될 것이다.

가치라는 개념으로 대변되는 소쉬르의 차이 개념을 살펴보기 전에 잠시 이 글의 들머리에서 언급했던 들뢰즈의 차이에 대한 구분을 다시 한 번 떠올려 보자. 들뢰즈가 말하길, 차이에는 두 가지 유형이 있는데 하나는 반복된 차이이고, 다른 하나는 재현된 차이라는 사실이 기억나는가? 그런데 사실상 이 두 차이의 차이에 대한 이야기는 어떤 기원에 관한 것이다. 들뢰즈가 반-헤겔주의로 집약한 시대의 조짐 가운데 하나인 이른바 구조주의의 실천의 기원, 달리 말해 차이의 기원에 스위스 언어학자 페르디낭 드 소쉬르의 이름이 있고, 그와 더불어 그가 쓰려고 했으나 쓰지 않은, 그러나 결국 그의 이름으로 출간된 한 권의 책이 놓여 있다. 20세기 지성사에 커다란 족적을 남기고 이미 고전의 반열에 오른 소쉬르의 『일반언어학 강의』*Cours de linguistique générale*는 오늘날에도 여전히 모든 의미가 수렴되는 작가의 치명적이고 결정적인 부재 속에서 해석의 효과만이 발휘되는 해체적 텍스트의 교본으로, 신비한 텍스트로, 대단히 의심스러운 기원으로 남아 있다. 오염된 차이와 순수한 차이라는 두 차이의 차이를, 이들 사이에 존재하는 억압적 혹은 전복적 관계를, 그리고 이 관계가 문제로 드러나는 감추어진 지점을 살펴보기 위해서는 다시 기원으로, 그러니까 소쉬르로, 곧 그의 텍스트로 돌아갈 수밖에 없다. 이런 점에서 소쉬르로의 회귀는 운명적으로 영원회귀이다.

소쉬르는 『일반언어학 강의』 2부 「공시언어학」 제4장 「언어 가치」에서 가치의 문제 전체를 밝힐 수 있는 적절한 사례로 다름 아닌 문자체계를 언급한다. 그런데 소쉬르 자신이 음에 대한 "문자의 횡포"를 언급하고 있듯(『일반언어학 강의』, 43쪽)이 현대적 의미의 언어학이 탄생하기 위해서는 문자écriture의 자리가 축소되거나 억압되어야 했던 것이 사실이다. 그런 상황에서 소쉬르가 언어학의 가장 기초적인 원리에 해당하는 가치 개념을 설명하기 위해 문자체계를 예로 들고 있는 것은 상당히 흥미롭고 역설적인 것이라 할 수 있겠다. 그의 말을 들어보자.

> 문자체계라는 또 다른 기호체계에서 동일한 상태가 확인되므로 우리는 이를 비교 사항으로 삼아서 문제 전체를 밝혀 보겠다. 사실,
>
> 1. 문자체계의 기호는 자의적이다. 예를 들어 문자 t와 이것이 지적하는 소리 사이에는 아무 관계도 없다.
> 2. 문자의 가치는 순전히 부정적이고 차이적이다. 가령 한 사람이 t를 쓸 때 다음과 같은 변이형들로 쓸 수 있는 것이다. 단지 중요한 것

은 그의 필체에서 이 기호가 l, d 등의 기호와 혼동되면 안 된다는 것이다.

t *T* **t**

3. 문자체계의 가치들은 규정된 체계 내에서 그들 상호간의 대립에 의해서만 작용하는데, 이 체계는 한정된 수의 문자들로 구성되어 있다. 이 특성은 제2의 특성과 동일하지 않으나 그것과 밀접한 관계가 있는데, 그 이유는 두 특성이 모두 제1의 특성에 의존하기 때문이다. 서기기호는 자의적이므로 그 형태는 거의 중요하지 않거나 혹은 더 적절히 표현하면 체계가 부과하는 한계 내에서만 중요하다.
4. 기호의 생산수단은 전혀 문제가 되지 않는데, 이는 체계와 아무 상관이 없기 때문이다. (이 점 역시 제1의 특성에서 비롯된다). 문자를 흰색으로 쓰건 검은색으로 쓰건, 음각으로 하건 양각으로 하건, 펜으로 쓰건 끌로 파건 그 의미에는 아무 상관이 없다는 것이다(『일반언어학강의』, 142쪽).

문자체계에 대한 네 가지 기호학적 테제를 정식화하고 있는 위의 인용문은 사실상 소쉬르의 언어기호학 사상의 핵심을 요약하고 있는 것으로 볼 수 있다. 가치에 관한 "문제 전체"를 밝힐 목적으로 제시된 이 테제들은 그런 이유에서 문자체계뿐만 아니라 일반 기호체계에도 적용 가능하다. 이제 상기 네 가지 테제를 하나씩 차근차근 구체적으로 풀어보자.

첫 번째 테제는 자의성의 테제이다. 즉 "문자 t", 즉 시니피앙과 "이것이 지적하는 소리", 즉 시니피에 사이의 관계, 요컨대 "서기기호"는 언어기호와 마찬가지로 자의적이라는 것이다. 서기기호 혹은 언어기호가 자의적이라는 말은 무슨 의미인가? 언어학 교본을 보다 보면 때로 자의적이라는 용어가 관습적이라는 용어와 동의어인 양 간주되는 경우가 있는데, 엄밀히 말해 두 용어는 구분되어 사용되어야 한다. 자의적이라는 것은 관습적인 것에 비해 훨씬 본질적이고, 근원적이며, 극단적인 관계를 표현한다. 좀 더 구체적으로 설명해 보자. 어떤 것이 관습적이라고 할 때 그것은 무엇보다 자연적이거나 필연적이지 않다는 말로 이해될 수 있다. 이를테면 동양에서는 목례로, 서양에서는 악수로 인사를 주고받는데, 이는 동양인과 서양인이 인종학적으로 서로 달라서가 아니라 단지 이들의 관습이 다르기 때문이다. 그런데 자연적이거나 필연적이지 않다고 해서 사회적 합의를 전제하는 관습이라는 개념을 단순히 비합리적인 것으로 폄훼할 수는 없다. 예컨대 사회계약론은 계약에 참여하는 자율적인 주체의 합리적이고 논리적인 판단을 전제로 삼아야 하는데, 가령 이러한 전제가 없다면 자연상태에서 정치공동체로의 이행을 설명하는 계몽주의적 모델은 결코 성립될 수 없을 것이다. 반면 어떤 것이 자의적이라고 할 때는 관습적인 것과는 달리 자연적이거나 필연적이지 않은 것은 물론 합리적이거나 논리적이지도 않다는 사실을 함축한다. 이런 점에서 자의성은 관습성보다 더욱 극단적인 테제가 된다. 예를 들어 홍길동이 아버지를 아버지라고 부르지 못하는 데에는 어떤 이유가 존재하지만 아버지를 영어로는 'father'로, 프랑스어로는

'père'라고 부르는데 한국어로 '아버지'라고 부르는 것에는 어떤 합리적이거나 필연적이거나 자연적이거나 논리적인 이유가 존재하지 않는다는 것이다. 즉 소쉬르의 단언처럼 "문자 t와 이것이 지적하는 소리 사이에는 아무 관계도 없다." 기호는 바로 이 무(無)바탕 위에 그 바탕을 두고 있다. 무바탕으로서의 바탕, 이것이 바로 소쉬르의 자의성 테제가 궁극적으로 의미하는 바이다.

두 번째 테제는 차이의 테제이다. A는 오직 –A와의 관계 속에서만, 즉 차이 속에서만 존재existster, 즉 외존ex-ister한다. 이를테면 녹색 신호등의 가치는 오직 빨강 신호등과의 차이 속에서만 존재한다는 말이다. 소쉬르가 보기에 두 번째 테제는 첫 번째 테제의 논리적인 귀결에 불과한 것이다. 첫 번째 테제가 의미하는 바대로 기호의 바탕이 무바탕이라고 한다면 기호는 자기 자신의 내적인 본성이 아니라, 오직 다른 기호들과의 외적인 관계 속에서만 스스로를 규정할 수 있다. 말하자면 신호등은 그들이 지닌 녹색이나 빨강이라는 물리적인 속성이 아니라 다른 신호등, 즉 녹색 신호등은 빨강 신호등과의, 빨강 신호등은 녹색 신호등과의 관계 속에서만 어떤 의미를 지니는 것이다. 기호의 내부가 텅 비어 있다면 기호의 가치는 외부에 의해 규정될 수밖에 없다. 이처럼 자의성의 테제가 내부를 철저히 부정함으로써 스스로를 비우는 것이라고 할 때, 이러한 극단적인 조건 하에서 제시된 차이의 테제는 어떤 의미에서 외부에 대한 절대적 호소로 이해될 수 있다. 소쉬르는 앞서의 인용문에서 이 텅 빈 기호들 간의 외적인 관계, 이들의 외존, 이른바 편위를 "순전히 부정적이며 차이적"인 것으로, 요컨대 "순전한" 차이로 묘사한다. 즉 t의 가치는 t를 쓰는 사람의 "필체"가 아니라 단지 "l, d와 혼동"되지 않는다는 조건 하에서만, 달리 말해 다른 서기기호들과의 차이에 의해서만 결정되는 것이다. 그런데 소쉬르의 주장처럼 기호의 바탕이 본질적으로 무바탕이고 오직 외부와의 관계, 즉 차이 속에서만 기호가 외존한다면 끊임없이 지속적으로 차이를 짓는, 차이화의 이러한 무한한 과정 속에서 어떻게 하나의 기호의 가치가 결정될 수 있는가라는 질문이 필연적으로 제기될 수밖에 없다. 달리 질문하자면 차이화가 끊임없이 일어나는 가운데 어떻게 어느 순간에 한 기호의 가치를 확정할 수 있단 말인가?

이렇게 제기된 난제에 대해 소쉬르는 세 번째 테제, 즉 체계성의 테제를 통해 구조주의적인 해법을 제시하고 있다. 체계성의 테제란 무엇인가? 이는 t와 l과 d 사이에 존재하는 "순전히 부정적이고 차이적"인 관계를 "규정된 체계 안"에서, 좀 더 구체적으로는 알파벳 문자체계 안에서 "작용하는" 것으로 규정하고 한정지으며 통제하고 제한하는 것이다. 하나의 차이를 어떤 의미를 갖는 대립으로 변환시키기 위해서는 차이화의 무한한 과정을 과감하게 중단시키는 개입, 즉 모종의 강제력이 필요하다. 체계는 이러한 개입의 한 양식이다. 즉 체계를 구성하는 서기기호들의 수를 임의로 한정함으로써, 바꿔 말해 체계의 문을 과감히 닫아버림으로써 수많은 단순한 차이들이 단번에 체계적 차이들로, 대립들로 변환되어 버린 것이다. 체계는 이처럼 무한한 차이를 포섭하는 장치로서 작동한다. 바꿔서 들뢰즈식으로 표현하자면 체계는 "차이를 동일자에 종속"시킨다. 우리가 앞에서 길게 논의했던 신호등의 예를 다시 상기해 보자. 신호등 체계에서 녹색 신호등은 오직 빨강 신호등과의 관계 속에서 그 가치가 결정된다. 이는 녹색 신호등이 자신의 고유한 속성에 의해 어떤 가치를 부여받는 것이 아니라 자신이 아닌 다른 것과의 차이, 즉 빨강 신호등과의 부정적·차별적·대립적 관계에 의해 특정한 가치, 이 경우에 '가다'라는 의미를 획득한다는 말이다. 그런데 차이에 의해 이런저런 가치가 결정될 수 있기 위해서는 해당하는 항들이 특정한 체계의 항들이어야만 한다는 사실은 앞에서도 충분히 언급한 바 있다. 반복하자면 녹색 신호등은 빨강 신호등과 단순히 다르기만 해서는 안되고, 신호등 체계를 구성하는 하나의 항으로서 서로 달라야 한다는 것이다. 이렇게 볼 때 가치 결정의 선험적 조건은 순전한 차이가 아니라 체계적 차이가 된다. 다시 말하건대 체계는 여기서 항들 간의 차이를 대립으로 변환시키는 것, 즉 이들의 단순하고 순수한 차이를 차이의 체계, 체계적 차이로 강제로 소환하는 이른바 장치(푸코)로서의, 경사면(들뢰즈)으로서의 역할을 담당한다. 들뢰즈가 동일성에 의해 포획된 차이라고 비판하는 차이가 바로 이 "대립"으로서의 체계 속에서 재현된 차이이다. 반면 "차이 자체" 혹은 "즉자적 차이"는 이러한 대립과 모순으로 환원되지 않은 "재현 아래서 꿈틀거리는" 순수한 차이를 가리킨다. 이런 관점에서 보자면 체계는 차이의 순수함에 폭력을 가하는 장치이며, 체계의 폭력은 결국 차이의 무한한 증식을 억제하는 동일자의 폭력에 다름 아닌 것이다.

소쉬르가 제시한 네 번째이자 마지막 테제는 형식성의 테제이다. 이 테제는 기호의 바탕이 무바탕이기 때문에 기호의 생산수단이 무엇이든지 간에 기호의 작용방식에는 아무런 영향을 미칠 수 없다는 주장을 골자로 하고 있다. 소쉬르가 말하듯이 t를 "흰색으로 쓰건 검은색으로 쓰건, 음각으로 하건 양각으로 하건, 펜으로 쓰건 끌로 파건 그 의미에는 아무 상관이 없다는 것이다." 여기서 "의미"란 체계 안에서 임의로 할당된 t의 위치와 기능을 가리킨다. 바로 이 위치와 기능이 t의 가치를 규정하고 정의하는 것일 뿐, t를 기입하는 다양한 방식, 즉 "생산수단"은 이와는 철저하게 무관하다는 말이다. 장기를 둘 때 장기 말이 무엇으로 만들어진 것이든 각각의 말에 주어진 역할에는 변함이 없고, 축구의 규칙에 따라 공을 차기만 하면 몇 년 전 중국에서 만들어져 기네스북에도 올랐다는 200캐럿짜리 다이아몬드 축구공이 됐든, 월드컵 공인구가 됐든, 깡통이 됐든, 찢어진 봉지를 묶어 만든 임시변통의 물건이 됐든 똑같이 공의 역할을 하는 것과 마찬가지이다. 요컨대 이는 기호의 형태가 오직 "체계가 부과하는 한계 내에서만 중요한" 것이라는 주장에 다름 아니며, 이를 통해 체계성의 테제는 더욱 강화된다.

자, 지금까지 네 가지 테제를 중심으로 살펴본 소쉬르의 언어기호학적 사상의 핵심으로부터 우리가 끌어낼 수 있는 이야기는 이런 것이 될 것이다. 기호가 무바탕 위에 바탕을 두고 있다면 기호는 필연적으로 다른 기호들과의 외적인 관계 속에, 기호들 사이에 부유하며, 그 결과 차이화의 무한한 과정을 반복할 수밖에 없을 것이다. 말하자면 기호학적 존재론은 사이-존재론이다. 이러한 조건 하에서 기호체계가 커뮤니케이션의 수단으로 작동하기 위해서는 차이의 무한한 증식을 억제하고 통제할 수 있는 모종의 장치가 마련되어야만 했다. 그것이 바로 앞서 살펴본 세 번째 테제, 즉 체계성의 테제에서 다루어진 내용이다. 그런데 체계성의 테제는 푸코적 의미에서 볼 때 장치에 관한 것에 다름 아니다. 푸코적으로 말하자면 문자체계는 차이의 무한한 증식을 촉진하는 개인의 "필체"를, 주체의 흔적을 과감히 차단하고 제어 및 통제하며, 거기에 동원되는 다양한 생산수단—"흰색으로 쓰건 검은색으로 쓰건, 음각으로 하건 양각으로 하건, 펜으로 쓰건 끌로 파건"—을 오직 체계의 목적에만 복무시키는 일종의 강제력으로서 이른바 권력의 장치로서 작용한다. 이렇게 볼 때 소쉬르의 가치 이론은 비록 무바탕으로서의 바탕이라는 자의성 테제에서 출발하기는 했지만 하나의 순전한, 순수한 차이를 체계성과 형식성의 틀 속에 가두어 버림으로써 차이의 순수성을, 곧 "차이 자체"를 사유하는 데는 실패했다고 볼 수 있다. 달리 말해 소쉬르는 자의적인 기호를 차이의 놀이로 정의하면서도 그와 동시에 이 놀이의 범위를 체계 안으로 한정함으로써 결과적으로 동일성의 우위를 선언하게 되었다. 하지만 그럼에도 불구하고 체계성의 테제가 근본적으로 자의성의 테제에 의존하는 것이라고 할 때, 자의적인 기호들이 벌이는 순수한 차이들의 놀이가 지닌 잠재적 역량을 과소평가해서는 안 될 것이다. 이런 점에서 소쉬르의 이론적 기획 속에서 주목해야 할 가장 흥미로운 지점은 무엇보다 자의성과 체계성이 불화를 일으키는 지점이 되리라는 것이 우리의 생각이다.

그런데 구조주의 언어학의 계보에서 우리가 상정한 이 흥미로운 지점을 드러내는 데 알맞은 언어학자가 있는데 그가 바로 이름하여 로만 야콥슨이다. 야콥슨은 소쉬르가 문자체계를 하나의 사례로 제시했던 가치 개념이 꽃을 피우게 된 구조주의 음운론을 대표하는 언어학자이다. 그는 『일반언어학 시론 2』*Essais de linguistique générale 2* 제2부 「랑그의 궁극적 요소 : 변별자질」에 실린 「자음의 음운론적 분류에 대한 관찰」이라는 제하의 논문에서 구조주의 언어학이 향후 근본적인 테제로 삼게 될 소쉬르의 정식을 다음과 같이 요약한다.

> 우리는 음운론의 근본적인 테제를 페르디낭 드 소쉬르의 고전적인 정식을 인용하는 것보다 더 잘 정의할 수 없을 것이다. "음소는 무엇보다도 대립적이고 관계적이며 부정적이다." 우리는 언연쇄 속에서 단어의 의미를 차별화할 수 있는 가장 작은 음성조작들을 재단함으로써 주어진 랑그의 음소들을 획정하게 된다(『일반언어학 시론 2』, 123쪽).

야콥슨이 제시하고자 하는 "음운론의 근본적인 테제"에 기초를 제공하는 "소쉬르의 고전적인 정식"은 무엇보다 "대립적이고 관계적이며 부정적인" 관계를 가리키는데, 이는 앞에서 살펴본 소쉬르의 가치 이론을 간략하게 요약한 것이다. 위의 인용문이 보여주듯 야콥슨의 구조언어학 사상에서 중요한 것은 '차이'가 아니라 '대립'이다. 이러한 대립의 개념에서 출발하여 야콥슨은 보편적인 음운론적 체계를 구축하는 데 이른다. 그의 주장을 조금 더 가까이 들여다 보자.

> 언어의 유형학에 대한 좀 더 심도 있는 검토는 언어들의 음운구조의 기초가 되는 보편적인 또는 거의 보편적인 함축 법칙들뿐만 아니라 모든 또는 거의 모든 세계의 언어들에 공통적인 많은 자질들을 드러낸다. 이를테면 모음/비모음, 자음/비자음, 밀집compact/확산diffus(최소한 모음체계에서는 보편적으로 나타남), 저음grave/고음aigu(자음체계와 [또는] 모음체계에서 나타나는데 전자에서는 거의 보편적임), 비음/비비음(자음체계에서 거의 보편적임)이라는 대립이 그것이다. 궁극적으로 비교분석은 자음과 모음으로 이루어진 음절에서처럼 음운결합의 보편적인 모델을 드러낸다(『일반언어학 시론 2』, 162쪽).

세계 대부분의 언어들의 음운구조가 대략 위에서 언급된 다섯 가지 유형의 대립에 기초한다는 야콥슨의 테제는 보편성을 지향하는 상당히 강력한 주장이라고 할 수 있다. 야콥슨이 보기에 "최소한의 구분은 등가적인 또는 대립적인 이원주의에 기초하며, 제3의 항이란 존재하지 않는다"(『일반언어학 시론 2』, 139쪽). 이처럼 대립 개념에 기초한 야콥슨의 음운체계는 거의 보편적이라고 할 수 있다. 야콥슨에 따르면 "상위의 언어학적 단위들을 변별자질들로 철저히 분해하는 것은 비단 완전히 실현 가능할 뿐만 아니라 필수불가결한 것이다. 이는 음운체계의 구조적 법칙의 열쇠를 제공한다"(『일반언어학 시론 2』, 150쪽). 아울러 야콥슨은 이러한 이분법적인 접근방식을 "구조적 방법"(『일반언어학 시론 2』, 134쪽)이라고 명명하고, 이를 단순히 음운구조뿐만 아니라 언어의 모든 위계적 구조에 확대 적용할 것을 제안한다. "이러한 이분법은 언어의 문법구조의 기초가 되는 것으로, 근본적으로는 동일한 논리적 원리를 따른다"(『일반언어학 시론 2』, 143쪽). 어디 그뿐인가. 두 요소 사이의 대립을 통해 모든 것을 설명하고자 하는 야콥슨에게는 단지 문법구조만이 아니라 의미구조 또한 근본적으로 이분법적이다.

> 우리는 전적으로 마르티네와 동의한다. "현재의 이원주의는 상관관계의 체계적인 확장으로 매우 잘 설명된다." 두 항은 "하나의 존재가 필연적으로 다른 하나의 존재를 상정할 때" 진정으로 상관적인 것이 된다. 그런데 그는 이 기준을 자신의 예에 적용할 때 신중하지 못했다. 그는 "아버지와 아들이라는 단어는 상관적인데, 왜냐하면 아버지는 아들의 존재를 전제하고 그 역도 마찬가지이기 때문"이라고 선

언한다. 그러나 사실 아버지라는 개념(소렌슨의 정의에 따르면 1차원적인 남성 조상)은 필연적으로 자식(1차원적인 후손)의 존재만을 함축할 뿐 남성인 자식을 함축하지는 않는다(『일반언어학 시론 2』, 149쪽).

여기에서 야콥슨은 이원주의에 기초한 언어학자 마르티네André Martinet의 설명에 전적인 동의를 표명한다. 물론 마르티네가 들고 있는 아버지와 아들 사이의 대립관계에 대해 사실상 대립적인 것은 아버지와 아들이 아니라 아버지와 자식이라고 반박을 하고는 있지만, 그렇다고 해서 야콥슨이 마르티네의 이원주의 자체를 문제 삼는 것은 전혀 아니다. 오히려 야콥슨은 현재의 이원주의가 언어의 모든 구조―음운, 통사, 의미 등―에 체계적으로 확대 적용되어야 할 필요가 있다고 역설한다. 다만 이러한 작업에는 신중함이라는 미덕이 수반되어야 할 필요가 있을 따름이다.

그런데 마르티네와 마찬가지로 대립 개념에 토대를 두고 있는 야콥슨의 이원주의는 좀 더 명시적으로, 말하자면 논리적으로 더욱 치밀하게 재정의될 필요가 있어 보인다. 왜냐하면 야콥슨이 제시한 다섯 가지 대립쌍은 논리적인 관점에서 볼 때 같은 범주에 속하는 것이 아니기 때문이다. 예컨대 /모음/과 /비모음/이라는 대립과 /밀집/과 /확산/이라는 대립은 분명 동일한 대립유형이라고 볼 수 없다. 야콥슨 역시 이러한 비판의 가능성을 모르지 않았을 것이다. 이 문제에 대한 그의 대답은 다음과 같다.

오스만리의 모든 모음체계와 일반적으로 모든 모음체계는 이분법의 원리에 복종하고 이원대립을 형성하는 음운론적 자질들의 제한된 수로 환원된다. 논리학은 두 종류의 대립을 구분한다. 첫 번째 유형은 모순적인 항들의 대립으로 동일한 요소의 현존과 부재의 관계이다. 예를 들어 장모음과 비(非)장모음의 대립이 그러하다. 두 번째 유형은 반대항들의 대립으로 "동일한 종류에 속하면서도 그들 사이에 가장 차이가 벌어지는, 혹은 정도가 다른 특수한 성격을 보이면서 각각 최대치와 최소치를 지니고 있는" 두 요소 사이의 관계이다. 예를 들어 고모음이 저모음과 대립하는 경우이다(『일반언어학 시론 2』, 124쪽).

야콥슨의 설명에 따르면 논리적 관점에서 대립은 크게 두 가지 유형으로 나뉘는데, 하나는 모순관계이고 다른 하나는 반대관계이다. 모순은 '장모음'과 '비(非)장모음'과 같은 대립을 말한다. 이는 말하자면 한 항을 두고 이 항이 현존하느냐 아니면 부재하느냐의 문제와 관련되어 있다. 반면에 반대는 두 항 사이의 관계를 일컫는데, 이들은 모두 동일한 종류에 속하면서도 가장 큰 차이를 내는 것이어야 한다. 예컨대 '고모음'과 '저모음'이 이에 해당한다. 이들은 모두 '높이' 라는 동일한 종류에 속하면서도 고(高)와 저(低)라고 하는 가장 큰 차이를 내보이며 대립하기 때문이다. 야콥슨은 바로 이러한 논리적인 대립관계에 따라 변별자질들을 정의하고, 이에 의거해 음소의 유형을 식별하고 결정할 것을 제안한다. 요컨대 그는 먼저 소쉬르의 '차이'를 '대립'으로 번역한 다음, 이 '대립'을 다시 논리적으로 재해석함으로써 보편적인 구조의 실체를 드러내고자 한 것이다.

> 언어의 구조에 내재적인 변별적 대립에 대한 나의 반복적인 테제는 실제적인 현상에 대한 문자적이고 본질적인 기술로 간주되는 것이지 가상적이고 은유적인 표현방식이 아니다(『일반언어학 시론 2』, 155쪽).

야콥슨의 변별자질들은 실제로 존재하는 것들로서, 이를테면 "언어적 의사소통의 참여자들에 의해 획득되고, 사용되고, 지각되고 해석되는 것"들(『일반언어학 시론 2』, 155쪽)이다. 말하자면 이들은 방법론적인 보편소들이 아니라 실재론적인 보편소들이다. 언어학적 논의 속에서 길을 잃지 않으려면 차이와 관련하여 소쉬르와 야콥슨의 관계를 한번쯤 정리하고 넘어가야 할 필요가 있겠다. 야콥슨의 구조주의 음운론에서 소쉬르의 구조주의적 유산은 어떻게 되었는가? 한마디로 야콥슨은 소쉬르의 체계 개념을 가져와 그것의 구조적인 목적을 강조함으로써 상대적으로 소쉬르가 제시한 또 다른 주요 테제, 즉 자의성의 테제를 약화시킨다. 야콥슨에게서는 오직 체계성의 테제만이 차이를 정의하는 유일한 수단이며, 이렇게 정의된 차이가 소위 변별자질이다. 환원하자면 소쉬르가 차이의 무한한 증식을 체계성의 테제로 통제하려 한 반면, 야콥슨은 "변별적 대립"이라는 테제로 이러한 통제의 완벽한 구현을 의도했던 것이다. 그 결과 차이의 언어학 속에서 하나의 차이는 체계에 의해 포획되고 통제되며, 오직 체계의 목적에만 복무하는 기능적인 차이로 전락하고 만 것이다.

여기서 우리의 논의와 관련하여 하나의 질문을 던져볼 수 있겠다. 그렇다면 과연 긍정적이면서도 체계적이지 않은 차이라는 것은 아예 존재하지 않는 것일까? 어쩌면 앞서 살펴본 소쉬르와 야콥슨의 차이의 언어학 속에 그들이 얘기했던, 겉으로 드러난 재현된 차이만이 아니라 체계에 의해 억압된 차이, 이른바 '차이 자체'도 함께 존재하는 것이 아닐까? 물론 보이지 않고 숨어 있는 상태라 해도 말이다. 억압된 차이가 꿈틀거리는 문제적인 지점의 가능성을 살펴보기 위해서 다시 한 번 야콥슨과 소쉬르로 돌아가 보자. 앞서 살펴본 대로 야콥슨은 변별자질이라는 개념을 모순과 반대관계로 정의한다. 그런데 사실 문제는 여기서부터 발생한다. 기호학에서 모순과 반대는 논리적으로 명확하게 구분되는 개념들이다. 그러니까 야콥슨은 논리적으로 구분되는 두 개념을 하나의 동일한 범주, 즉 대립적 관계로 엮어놓은 것이다. 야콥슨의 이론이 지닌 많은 장점에도 불구하고, 그리고 그가 이러한 문제제기에 대해 내놓은 앞서의 해명에도 불구하고 가장 기본적인 이론적 전제에서 나타나는 이러한 오류는 그의 이론에 대한 타당성을 의심하게 만드는 것이 사실이다.

여기서 앞으로의 논의를 위해 독자들을 다소 지루하게 만들 위험성을 무릅쓰고 모순과 반대의 차이를 다시 한 번 설명해 보자. 모순과 반대의 차이는 우선 모든 항에 모순항이 존재하지만 모든 항에 반대항이 존재하는 것은 아니라는 사실에 근거한다. 예를 들어 '남자'라는 항에 대해 그것의 모순항은 '비(非)남자'이고 반대항은 '여자'인 것이 맞지만 '책상'의 경우에는 '비(非)책상'이라는 모순항만 존재할 뿐, 그 반대항은 존재하지 않는 것이다. 한마디로 A에 대해 –A라고 하는 모순관계는 보편적으로 적용되지만 반대관계는 그렇지 않다. 모순과 반대의 또 다른 차이는 체계의 형성과 관련하여 나타난다. 모순관계는 그 자체만으로 하나의 체계를 형성하지 못한다. '책상'과 '비(非)책상'이 하나의 범주를 구성하지 못한다는 말이다. 하지만 반대관계의 경우는 사정이 다르다. 예컨대 '남자'와 '여자'라고 하는 두 항은 '성'이라고 하는 하나의 체계 속에서 반대관계를 형성한다. 야콥슨이 반대항들을 "동일한 종류"에 속하는 것으로 간주하는 이유가 바로 여기에 있다. A와 B는 동시에 하나의 체계에 속하면서도 가장 큰 차이를 보이는 것이라는 점에서 이들이 대립적 관계를 형성하는 것은 자연스러운 일이다.

야콥슨은 이러한 대립관계에 기초해 음운체계 속에서 실제로 작동하고 있는 변별자질들을 구분해냄으로써 자신의 구조주의 음운론의 토대를 마련했다. 그렇지만 우리가 보건대 야콥슨의 이론적 체계에서는 오직 반대관계만이 하나의 종류, 하나의 체계를 전제하면서 체계의 체계성을 구축할 뿐, 모순관계는 이러한 체계성을 위해 복무한다기보다 오히려 그 한계의 지점을 노출하는 논리적인 조작에 가까운 것이 사실이다. 모순관계가 체계의 한계 지점을 노출한다는 것이 무슨 말인가? 간단한 예를 들어보자. 서로 반대관계를 형성하는 '남성'과 '여성' 이라는 항에 부정의 조작을 가해 모순항을 만들게 되면 각각 '비남성' 과 '비여성'이라는 항이 만들어진다. 이때 '남성'의 모순항인 '비남성' 은 필연적으로 '여성'을 뜻하지 않으며, 마찬가지로 '여성'의 모순항인 '비여성'이 필연적으로 '남성'을 뜻하는 것도 아니다. 또한 '남성'과 '여성'이라는 두 항이 반대관계를 형성하는 것과는 달리 '비남성'과 '비여성'이라는 두 항은 서로 반대관계에 놓이지 않는다. 오히려 '비남성' 과 '비여성'의 복합항은 '남성'과 '여성'이라는 대립항들로 표현되지 못하는, 그들에 의해 미처 점유되지 못한 비어 있는 하나의 지점을 열어보인다고 할 수 있다. 우리는 앞서 1부 2장, 즉 '교차모순의 기호논리학'이라는 제목을 달고 있는 장에서 예컨대 '남성'과 '여성'이라는 두 반대항이 동시에 부정되는 변증법을 교차모순이라 부를 것을 제안한 바 있다. 반복컨대 A와 B의 대립이라는 반대관계가 하나의 체계를 전제한다면 이 두 항을 동시에 부정하는 교차모순, 즉 –A와 –B의 복합항을 산출하는 이중부정의 변증법을 통해 이 체계의 한계가 분명히 드러난다. 즉 교차모순의 움직임을 통해 그동안 체계의 체계성에 의해 억압되었던 '비남성'과 '비여성'의 복합항에 속한 제3항, 제4항, 제5항 등이 서서히 그 모습을 드러낼 수 있는 것이다. 구조주의적인 체계의 언어학자 야콥슨은 이원주의를 구성하는 두 개의 항외에 "제3의 항이란 존재하지 않는다"(『일반언어학 시론 2』, 139쪽)고 자신 있게 단언한 바 있다. 그것은 그가 순전한 차이를 체계적 차이로 완벽하게 번역하려는 야심이 있었기 때문이다. 그런데 처음부터 모순관계를 반대관계와 똑같은 대립관계로 상정한 것이 문제였을까? 이러한 저자의 단언에도 불구하고 야콥슨의 구조주의 음운론은 자신의 이론체계 속에 체계로 환원되지 않는 부분을 이미 포함하고 있는데, 그것이 바로 우리가 지금부터 살펴볼 "잉여자질"(『일반언어학 시론』, 109쪽) 개념이다.

야콥슨은 자신의 구조주의 음운론에서 변별자질이라는 개념 외에 잉여자질이라는 개념을 상정하고 있다. 그에 따르면 "잉여자질은 변별적이든 구성적이든 인접해 있거나 동시적인 하나의 자질(혹은 자질들의 결합)을 식별하는 데 도움을 준다." 예를 들어 영어 단어 'pence/peňs/'와 'pens/pen:z/'의 경우와 같이 종성에 위치한 두 음소, 즉 S와 Z를 식별해내기 위해서는 이들이 지니고 있는 변별자질이 아니라 이들에 선행하는 음소들이 지닌 물리적인 자질, 이를테면 장음이냐 단음이냐가 중요하다는 것이다. 잉여자질은 이처럼 음소를 식별하는 데 보조적으로 중요한 역할을 수행하기는 하지만, 그렇다고 해서 이른바 변별자질로는 정의될 수 없는 자질을 지칭한다. 위의 예에서는 "장음"이냐 "단음"이냐가 잉여자질에 해당한다. 잉여자질은 긍정적인 속성을 지니고 있지만 변별자질처럼 체계적이지는 않다는 점에서 독특한 자질이라고 할 수 있겠다. 야콥슨은 분포주의 음운론을 비판하면서 음소를 단지 통합적 관계에 입각해 정의하는 것이 이론적으로 타당하지 않다고 지적한 바 있다. 그에 따르면 음소는 계열적 관계에 따라 정의되어야 하고, 더 나아가 변별자질들의 관계로 환원될 수 있어야 한다. 그런데 이와 관련하여 흥미로운 것은 위의 예가 야콥슨 자신의 주장에 반하는 반례가 될 수 있다는 사실이다. 무슨 말인가? 위의 예에서 야콥슨은 변별자질이 변별적 기능을 수행하기 위해서는 잉여자질의 도움을 받아야 한다고 주장하고 있다. 문제는 이 자질이 야콥슨의 주장과 달리 해당하는 음소, 즉 S나 Z와 계열적 관계를 이루고 있는 것이 아니라 통합적 관계를 이루고 있다는 것이다. 왜 통합적 관계인고 하니, 체계 밖에 존재하는 잉여자질이 체계 안에 존재하는 변별자질의 체계적인 작동을 위해 소환되고 있다는 점에서 그러하다. 이를 우리 식으로 달리 표현해 보자. 장음과 단음이라는 잉여자질은 사실상 어떤 의미에서 순수한 차이, 즉 강도를 표현하는 것으로서 오직 반복의 역량으로만 발현된다. 또한 지금쯤 독자들이 꽤나 익숙하게 느끼고 있을 기호 사각형을 동원해서 말하자면 이러한 잉여자질들은 A와 B의 모순항, 즉 –A와 –B의 복합항으로 정의되는, 체계에 의해 포획되지 않은 어느 한 지점에 위치한다고 말할 수 있겠다. 그런데 야콥슨이 보기에 이 잉여자질들은 효과적인 커뮤니케이

션을 위해 꼭 필요한 요소들이다. 이는 필경 야콥슨의 의도와는 달리 어쩌면 그와는 무관하게도 하나의 체계가 체계적으로 작동하기 위해서는 체계의 체계성에 의해 포획되지 않은 잉여, 즉 비체계적 요소가 어딘가에 반드시 존재해야 한다는 역설적인 사실을 증명하는 것이라 할 수 있겠다. 변별자질이 제대로 변별적인 기능을 수행할 수 있는 것이 오직 그 체계 밖에 위치하는 잉여자질 덕분이라니 참으로 아이러니한 이야기가 아닌가.

이제 다시 차이의 기원으로, 그리고 소쉬르로 되돌아가 상술한 교차모순의 지점에서 꿈틀거리는 순수한 차이의 놀이를 좀 더 자세히 살펴보기로 하자. 우리는 앞서 하나의 체계 속에는 체계의 체계성에 의해 포획되지 않은, 달리 말해 긍정적이지만 체계적이지 않은 차이들이 존재한다는 사실을 확인했다. 이제 소쉬르의 인용문을 다시 읽게 되면 앞서 구조주의적인 해석에서는 보이지 않았던 이러한 차이들의 존재가 쉽게 눈에 들어오는 것을 느낄 수 있을 것이다. 이를테면 "가령 한 사람이 t를 쓸 때" 출현하는 다양한 "변이형들", 예컨대 "t *T* *t*" 등이 바로 그러한 차이들이다. t가 l과 d와 다른 것처럼 t는 *T*와 *t*와 다르다. 또한 t가 l과 d와 다른 것처럼 "흰색으로 쓴" t와 "검은색으로 쓴" t가 다르며, "음각으로 한" t와 "양각으로 한" t가 다르고, "펜으로 쓴" t와 "끌로 판" t가 다르다. 앞서의 예를 다시 든다면 상아로 만든 장기의 말과 나무로 만든 말, 플라스틱 말이 다르며, 다이아몬드 축구공과 월드컵 공인구, 깡통은 같은 공의 역할을 하고 있지만 실상은 서로 다른 것이다. 이때 이들의 차이는 부정적인 것이 아니라 긍정적이다. 이들은 그냥 '순수하게' 다를 뿐이다. 뿐만 아니라 체계적이지도 않다. 이들은 그야말로 순수한 강도상의 차이만을 나타낸다. t와 l과 d의 계열이 체계에 속한 차이, 즉 체계적 차이라면 t와 *T*와 *t*의 계열은 체계에 속하지 않은, 장치에 의해 포획되지 않은 필체상의 차이만을, 생산수단에서 비롯된 실체상의 차이만을 표지할 뿐이다. 어떤 의미에서 이들은 자신이 속한 현재의 계열이 아닌 또 다른 계열에서 어떤 새로운 대립항으로서의 가치를 획득할 수 있는, 이른바 잠재적인 역량을 지닌 순수한 수단으로서의 차이들인 것이다.

지젝은 『실재계 사막으로의 환대』*Welcom to the desert of the real*에서 순수한 수단으로서 글자의 색깔이 지닌 이데올로기적 역량에 주목한 바 있다. 이것은 지젝이 여기저기서 자주 언급한 바 있는 구동독의 농담과 관련된 것으로, 지젝에 관한 국내의 해설서에도 빠짐 없이 등장하는 에피소드이다. 어쩌면 다소 식상할 독자도 있겠지만 차이에 관한 우리의 논의에 꼭 필요한 적절한 예라는 점에서 여기에 다시 한 번 그 내용을 옮겨 적기로 한다.

> 사라진 옛 독일의 오래된 농담 가운데 어떤 독일 노동자가 시베리아에 일자리를 얻는다. 검열관이 모든 우편물을 읽게 되리라는 것을 잘 알고 있어서 그는 친구들한테 이렇게 말해둔다 : "우리 암호를 하나 만들어 놓자. 나한테 받은 편지가 흔히 쓰는 파란 잉크로 쓰여 있으면 진실한 거구, 빨간 잉크로 쓰여 있으면 거짓이야." 한 달 후에 그의 친구들은 파란 잉크로 쓴 첫 번째 편지를 받게 된다. "여기서는 모든 것이 훌륭해. 가게에는 상품들이 가득하고, 음식이 풍부하며, 아파트는 크고 난방도 적절해. 영화관에서는 서양영화를 보여주고 관

심을 끌 만한 아가씨도 많고—자네들이 얻을 수 없는 것, 단 하나는 빨간 잉크야"(『실재계 사막으로의 환대』, 1쪽).

이 농담이 우리의 관심을 끄는 이유는 다름 아니라 텍스트가 어떤 메시지를 담고 있느냐가 아니라 이 텍스트가 "빨간 잉크"로 쓰여졌느냐 아니면 "파란 잉크"로 쓰여졌느냐가, 다시 말해 생산수단으로서의 글자의 색깔이 메시지의 진리를, 다시 말해 생사의 문제를 결정하는 중요한 역할을 담당한다는 사실이다. 모두 다 짐작할 수 있는 바처럼 여기서 구동독의 노동자는 자신의 메시지 속에 하나의 "암호"를, 즉 "빨간 잉크의 부재"를 삽입함으로써 메시지가 전달하는 내용을 스스로 부정하게 하는 기만의 전략을 통해 전체주의적 검열상황을 교묘하게 비켜나가고 있다. 그렇다면 이 노동자의 편지 속에서 변별적 기능을 수행하는 것은 분명 소쉬르의 주장과는 달리 글자가 아니라 글자의 색깔이며, 체계적 차이가 아니라 순수한 차이가 아닌가?

사실 기호의 내부, 예컨대 t의 내부는 텅 비어 있는 것이 아니라 글자의 색깔, 형태, 질감, 구도 등 조형적이고 감각적이며 강도적인 차이들로 우글거린다. 예를 들어 다소 기울어진 *H*와 똑바른 선 H는 모두 동일한 알파벳 h를 가리키지만 자동차 브랜드와 관련해서 본다면 전혀 다른 상황이 나타난다. 알다시피 전자는 현대자동차의 마크이고 후자는 혼다자동차의 마크이다. 모든 체계적 차이 속에는 이처럼 순수한 차이들이, 강도적 차이들이 필체로서, 주체의 흔적으로서, 브랜드로서, 고유명사로서, 근원적인 기입으로 존재한다. 그렇기에 언제든 서로 대립적이지 않은 순수한 차이들, 즉 t, $\mathcal{T}$, *t* 등이 스스로의 차이를, 즉자적 차이를 드러내면서 표면 위로 부상하는 순간이 도래할 수 있는 것이다. 들뢰즈는 차이가 차이를 만들면서 꿈틀대는 이러한 해방의 몸짓을 "괴물 같은 면"이라는 말로 묘사하고 있다.

> 두 사물 사이의 '차이'는 단지 경험적인 차이에 불과하고, 그에 상응하는 보통의 규정들은 외생적 규정들에 불과하다. 그러나 다른 사물과 구별되는 사물 대신 이런 사물을 상상해 보자. 이 사물은 자신을 어떤 사물과 구별하려고 하는데, 그 어떤 사물은 자신을 이 사물과 구별하지 않는다. 예를 들면 번개는 검은 하늘로부터 떨어져 나오려 하지만 결국 그 하늘을 같이 끌고 가야만 한다. 이는 마치 떨어지지 않으려는 것으로부터 떨어져 나오려는 것 같다. 말하자면 바탕이 바탕이기를 그치지 않으면서 표면으로 올라오고 있는 것이다(『차이와 반복』, 86쪽).

앞서 소쉬르의 예에서 t가 l과 d와 구별되는 것은 "단지 경험적인 차이에 불과하고, 그에 상응하는 보통의 규정들은 외생적 규정들", 즉 알파벳 체계가 부여한 대립들에 불과하다. 반면 t, $\mathcal{T}$, *t* 등은 자신을 t와 구별하려고 하는데, 정작 이 t는 자신을 이들과 구별하지 않는다. 이때 t, $\mathcal{T}$, *t* 등은 달리 말해 "바탕이기를 그치지 않으면서 표면 위로 올라오고" 있는 것이다. 이 차이야말로 들뢰즈가 말했던 '차이 지으면서 나아가는 차이'이며, 바로 이 차이의 개념 위에 그의 "초월적 경험론"이 세워진다.

따라서 사물은 결코 동일자일 수 없다. 오히려 보고 있는 주체의 동일성과 마찬가지로 보이고 있는 대상의 동일성이 모두 소멸해 버리는 어떤 차이 안에서 사분오열되어야 한다. 차이는 요소, 궁극적 단위가 되어야 하며, 따라서 배후에 있는 다른 차이들과 관계해야 한다. 이 배후의 다른 차이들에 의해서 차이는 결코 동일한 정체성 안에 빠지지는 않으며 다만 분화의 길로 들어선다. 한 계열의 각 항은 이미 차이를 띠므로 다른 항들과 가변적인 관계에 놓여야 하고, 이로써 중심과 수렴이 없는 다른 계열들을 구성해야 한다. 계열 안에서조차 발산과 중심 이탈을 긍정해야 한다. 차이들 중의 한 차이에 불과한 각각의 사물, 각각의 존재자는 차이가 자신의 고유한 동일성을 삼키고 있는 모습을 지켜보아야 한다. 차이가 '차이 지으면서' 나아가는 차이임을 보여주어야 한다. 잘 알려져 있는 바와 같이 현대 예술작품은 이런 조건들을 현실화하는 경향을 보여주고 있다. 즉 작품은 이런 의미에서 변신과 치환들로 이루어지는 어떤 진정한 '연극'이 된다. 그것은 고정된 것이라곤 전혀 없는 연극 혹은 실이 없는 미로가 된다. (아리아드네는 스스로 목매달았다.) 예술작품은 재현의 영역을 떠나고 있다. '체험'이 되기 위해서, 초월론적 경험론이나 감성적인 것에 대한 학문이 되기 위해서 떠나는 것이다(『차이와 반복』, 144–145쪽).

체계에 의해 포획되지 않은 차이, 동일한 정체성 안에 빠지지 않으면서 오히려 자신의 고유한 동일성을 삼키는 차이, 달리 말해 모든 것의 배후에 있으면서도 정작 그 자신의 배후에는 아무것도 없는 무바탕의 차이가 들뢰즈의 "초월론적 경험론"을 구축한다. 오늘날 정념의 기호학이 "감성적인 것에 대한 학문"이 되고자 가치의 선조건으로 정식화한 발랑스Valence라는 개념은 바로 이 순수한 차이의 역량을 표현한 것이다. 요컨대 체계 안에는 체계가 부과하는 한계에 저항하고, 이를 넘어서고자 하며, 체계와 지속적인 긴장을 유지하는, 체계적 차이와는 다른 또 다른 형태의 차이가 항상 잠재되어 있는 것이다.

이제 지금까지의 논의를 요약적으로 마무리할 때이다. 이를 위해 다시 한 번 들뢰즈가 언급한 반-헤겔주의로 돌아가 보자. 우리가 보기에 헤겔의 변증법이 양의 질화를 일으키는, 말하자면 '차이'를 체계에 포착된 '대립'으로 이끄는 모순의 운동이라면 반-헤겔주의를 표방하는 들뢰즈의 변증법은 거꾸로 질의 양화를 도모하는, 즉 대립을 순수한 차이들로 되돌리는 교차모순의 역동이다. 차이의 언어학이 억압한 차이 자체를 차이의 철학은 다음과 같이 완전하게 복원시키고 있다.

> 차이는 대립을 가정하지 않는다. 대립을 가정하는 것이 차이가 아니라 차이를 가정하는 것이 대립이다. 그리고 대립은 차이를 해소하기는커녕, 다시 말해서 근거로까지 끌고 가기는커녕 차이를 왜곡하고 변질시킨다. 우리는 즉자적 차이 그 자체가 '이미' 모순이 아님을 말하는 것으로 그치지 않는다. 나아가 차이는 모순으로 환원되거나 소급되는 것이 아님을 또한 말하고 있다. 모순은 깊이가 얕고 차이만큼 깊지 않기 때문이다. 어떤 조건에서 차이는 어떤 평면적 공간으로 인도되고 그 평면에 투사되는가? 정확히 그것은 차이가 미리 설정된 어떤 동일성 안에, 동일자의 경사면 위에 강제로 놓일 때이다. 이 경사면에 의해 차이는 필연적으로 동일성이 원하는 곳으로 끌려가게 되

고 동일성이 원하는 곳 안에, 다시 말해서 부정적인 것 안에 반영된다(『차이와 반복』, 134-135쪽).

20세기 인문학 전 분야에서 강력한 영향력을 행사한 사상운동이라 말할 수 있는 구조주의와 후기 구조주의는 흥미롭게도 '차이'라는 공통된 테마를 공유한다. 그런데 우리가 살펴보았듯이 이들이 다루는 차이는 동일한 차이가 아니니다. 말하자면 이 두 사조는 공통적으로 차이에 대해 사유하지만 실제로는 오직 차이만을, 좀 더 정확히 말해 차이의 차이만을 분유(分有)할 뿐이다. 구조주의가 차이의 체계, 즉 "동일자의 경사면 위에 강제로 놓인", "왜곡되고 변질된" 체계적 차이라고 할 수 있는 대립과 모순에 대해서만 천착한다면 후기 구조주의는 그와는 달리 "차이 자체", "즉자적 차이", "순수한 차이", 한마디로 깊이가 얕지 않고 "깊은" 차이에 관심을 기울인다. 그렇다면 결국 구조주의에서 후기 구조주의로 이행되는 과정에서, 다시 말해 "얕은" 차이에서 "깊은" 차이로의 해체적 움직임 속에서 오직 '차이'만이 '반복'된 것은 아닐까. 달리 말하자면 소쉬르를 넘어서기 위해 다시 소쉬르로 돌아오는 차이의 반복이라고 할 수 있지 않을까. 동일성의 경사면에 의해 기울어지지 않고 차이 자체들이 항상 제자리로 돌아오는 지점, 차이가 반복되면서 영원회귀하는 이 지점은 어쩌면 라캉식으로 모든 상징화에 저항하는 외상으로서의 '실재'가 있는, 아니 있어야 할 곳이기도 하다. 모순과 대립의 "얕은 차이"가 체계의 장치에 포획되어 재현되는 것이라면 "깊은 차이"는 체계의 실재, 즉 한계를 폭로하면서 항상 자기 자리로 돌아오는 실재의 주름이라고 할 수 있다. "언어에는 오직 차이들만이 존재한다"는 소쉬르의 테제가 야콥슨으로 대변되는 차이의 언어학에 의해 동일자에 포섭된 체계적 차이들로 환원되었다면, 차이의 철학은 이 테제를 반복의 역량을 지닌 순수한 차이들로 재해석하여 체계의 한계를 드러내 보인다. 자, 그럼 체계의 한계를 폭로하는 실재의 주름은 과연 어떤 모양새를 띠고 있을까? 이 질문에 대한 대답을 찾아보기 위해 이제부터 체계의 한계가 드러난 곳에 존재하는 실재의 자리로 함께 떠나보자.

## 2. 실재의 자리

우리는 앞서 순수한 차이들이 유희하는 역량의 공간을 살펴보았다. 이제 우리가 논의할 실재의 자리는 상징화에 끊임없이 저항한다는 점에서 비결정성의 공간이라고 할 수 있다. 다시 교차모순의 공간에 대한 이야기를 이어보자.

우리는 들뢰즈의 초월적 경험론의 바탕을 구성하는 "차이 그 자체", "즉자적 차이", "순수한 차이", 즉 깊은 차이가 반복되며 영원회귀하는 지점을 가리켜 실재의 주름이라 칭한 바 있다. 실재는 여기서 체계의 장치에 의해 포획되지 않으며 동일성의 경사면에 의해 기울어지지 않은 자리이자 상징화의 음모에, 말하자면 체계의 체계성에 끊임없이 저항하는 지점을 의미한다. 눈치 빠른 독자라면 이미 여기서 실재의 자리가 상징화된 체계와 서로 대립을 이루고 있음을 파악했을 것이다. 그렇다. 우리가 여기서 논의하고자 하는 실재의 자리는 이른바 라캉의 정신분석학에서 인간 존재의 현실을 구성하는 세 가지 차원, 곧 상징계,the symbolic 상상계,the imaginary 실재the real 가운데서 실재와 관련된 것이다. 흔히 실재R, 상징계S, 상상계I의 머리글자를 따서 'RSI 삼항조'라고도 불리는 이 세 가지 개념은 그 자체로 이해하기 쉬운 것은 아니지만, 요즘 나오는 영화 비평은 물론이고 일반적인 대중들을 대상으로 하는 영화 저널리즘에서도 별다른 설명 없이 등장하는 것을 보면 더 이상 특정 영역에만 한정된 전문적인 용어라고 보기는 어려울 듯하다. 실제로 이 용어들은 본인 스스로 현대 철학의 흐름을 주도하는 대표적 철학자이면서도 라캉의 전도사이자 해설자의 역할을 자처하고 있는 슬라보예 지젝의 라캉 입문서 『HOW TO READ 라캉』*How to read Lacan*을 비롯해 『실재계 사막으로의 환대』와 같은 저작들을 통해 빠르게 대중화된 면이 없지 않다. 국내에도 여러 종류의 라캉 해설서와 함께 지젝의 저서들이 두루 번역되어 있는데, 지난 2011년 출간된 로쟈 이현우의 지젝 입문서 『로쟈와 함께 읽는 지젝』의 경우 'RSI 삼항조'에 대한 설명을 비교적 자세히, 친절하고 알기 쉽게 담아놓고 있다.

그러면 우리의 논의를 시작하기 전에 간단하게 이 세 가지 용어에 대한 지젝의 설명을 환기해 보자. 주지하다시피 지젝은 『HOW TO READ 라캉』에서 라캉의 상징계, 상상계, 실재를 체스 게임, 우리나라로 치면 장기놀이에 빗대어 소개하고 있다. 우선 상징계란 체스 혹은 장기를 두기 위해 경기자가 따라야 하는 규칙 정해진 룰이라고 할 수 있다. 예컨대 체스 게임의 비숍이나 장기놀이의 포와 차는 이렇게 저렇게 움직인다는 규칙 같은 것 말이다. 일반적으로 체스나 장기놀이에서 현실을 관장하는 것은 바로 이 상징계에 속한 것들이다. 상상계란 체스나 장기놀이에 사용되는 말의 생김새나 이름 같은 것들을 지칭한다. 체스 게임에서 왕이나 왕비, 기사 혹은 장기놀이에서 졸 같은 명칭은 꼭 그런 이름을 가질 필요가 없는 것이다. 체스 게임에 사용되는 말들의 생김새도 물론 마찬가지로 꼭 그런 형태를 띨 필요가 없다. 상상계는 그러니까 각각의 말들이 단지 체스나 장기판의 말이 아니라 각자 특유의 형태를 가지며, 특별한 이름과 함께 개별화되는 세계이다. 또한 게임을 하는 사람들이 정해진 규칙과는 상관없이 말들을 자기 맘대로 움직일 수 있으면 좋겠다고 생각하는 것 역시 상상계에 해당한다고 할 수 있겠다. 이에 비해 실재란 체스나 장기놀이의 진행에 영향을 줄 수 있는 것들의 총체를 말한다. 여기에는 두 가지 요인이 있는데, 하나는 장기를 두는 사람의 실력과 같은 내적 요인이고 다른 하나는 갑자기 예기치 않은 일이 생겨 장기 두는 일을 그만 두게 되는 상황, 즉 외적인 요인이 그것이다. 말하자면 어른들이 진지하고 심각하게 장기를 두고 있는데 갑자기 아이가 뛰어오다가 장기판에 부딪쳐 장기판을 뒤집어 엎어버리는 상황 같은 것 말이다. 우리에게 익숙한 신호등 체계를 빗대어 다시 설명해 보자. 신호등에서 허용과 금지로 이루어진 규칙이 상징계에 해당한다면 빨강이나 노랑, 원이나 화살표 등과 같은 조형적 요소들이 신호등 체계의 상상계를 형성한다. 한편 신호등 체계의 실재는 운전자의 개입으로 인해 이 체계의 작동에 영향을 미치게 되는 예기치 않은 어떤 상황이 될 수 있겠다. 예컨대 길 가던 트럭이 넘어지면서 실려 있던 짐들이 길 위로 쏟아져내리는 바람에 신호등과 상관없이 모든 차들이 오도 가도 못하는 상황 같은 경우 말이다. 그런 면에서 실재는 이현우의 말처럼 "상징계에 구멍을 내는 송곳이며, 그 구멍 자체" 이다(『로쟈와 함께 읽는 지젝』, 23쪽).

지젝에 따르면 실재란 그 정의상 "외상적/과도한 특성"을 지닌 것으로, "우리의 현실(로서 우리가 경험하는 바) 속으로 통합" 될 수 없다(『실재계 사막으로의 환대』, 52쪽). 실재는 우리의 현실 안으로 완전하게 통합되지 않는 것으로, 우리의 현실을 관장하고 조정하며 관리하는 익숙하고 편안한 장치들로 완벽하게 포착되지 않는다. 실재란 이처럼 뭔가 낯설고 대면하기 거북하고 두려운 어떤 것, 이른바 "괴물"이자 "사물 자체" 이다. 이런 이유로 많은 경우 사람들은 자신들이 살아가고 있는 현실을 법과 질서(상징계)와 환상(상상계)으로 국한하고 실재와의 대면을, 실재의 진실을 애써 외면하고자 한다. 하지만 아무리 외면하고 회피하고 부인하려 해봐도 실재는 언제나 주체의 삶에 침투할 수 있다. 실재는 예기치 않은 순간에 어떤 예고도 없이 상상계의 틈이나 상징계의 틈을 파고들면서 자신의 얼굴을 들이민다. 2012년 인기리에 방영되었던 픽션 사극 드라마 〈해를 품은 달〉에는 상징계의 균열을 틈타고 상상계의 한계를 드러내는 흥미로운 사례가 등장한다. 이 드라마에서 왕과 중전은 철저하게 상징적으로 조직된 관계만을 유지한다. 왕은 중전에게 항상 왕으로서만 다가가고 중전은 왕에게 항상 중전으로서만 비춰진다. 다시 말해 각자 상징적인 자리에 머물러 있는 것이다. 그런데 왕이 왕으로서의 책무를 다하기 위해 합방을 결정하고 이를 실행에 옮기려는 순간 왕이 졸도하고 만다. 왕이 졸도한 이유는 왕과 중전이 연출한 상징적 무대에 어떤 균열이 존재함을 방증한다. 사실 왕은 마음에 다른 여인을 품고 있었던 것이다. 어린 시절 연모했던 연우라는 여인이다. 이 여인은 죽었지만—실제로는 기억을 잃었다가 살아서 월이라는 무녀로 다시 태어났지만 왕은 아직 이 사실을 모른다—여전히 외상적 기억으로 왕의 마음 한 구석에 자리를 틀고 있다. 이것이 바로 합방의 순간 상징계의 틈을 비집고 자신의 얼굴을 들이민 실재의 얼굴이다. 한편 쇠약해진 왕을 돌보기 위해 왕의 처소에 들어오게 된 무녀 월(기억을 잃은 연우)은 연우와의 닮은 모습으로 왕을 혼란과 착각에 빠트린다. 왕에게 연우를 떠올리게 하는 월은 상상계에 속한 인물이다. 하지만 이 상상은 실재를 대리하는 데 실패하고 곧 깨어지게 된다. 이러한 실재의 침투는 이 드라마에서 보듯 비단 개인에게만 해당되는 것이 아니다. 예컨대 모두에게 일상이 되어버린 인터넷 뱅킹 시스템이 어느 날 해커의 침입으로 아니면 단순한 관리 소홀로 순식간에 완전히 먹통이 되어버리는 경우를 생각해 보자. 혹은 어느 도시에서 실제로 있었던 사건처럼 역사에 놓여 있던 폭발물로 보이는 검정색 봉투 하나 때문에 폴리스 라인이 만들어지고 폭발물 탐지견까지 동원되어 수색을 벌이느라 기차운행이 여러 시간 동안 멈춰지는 일은 또 어떤가. 이런 의미에서 미국의 심장부를 강타한 9·11 테러 사건은 지젝이 여러 차례 언급했듯 자본주의라는 상징계에 구멍을 뚫은 실재의 침입에 다름 아닌 것이다. 그렇다면 이러한 실재, 즉 상상계와 상징계의 틈을 비집고 들어오는 실재의 자리는 과연 어디인가? 이것이 바로 우리가 이제부터 중점적으로 풀어나갈 이야기의 핵심이다.

자, 지금까지 소위 'RSI 삼항조'를 설명하느라 숨고르기를 하면서 잠시 돌아왔으니 이제 본격적으로 실재의 자리에 대한 우리의 논의를 시작해 보자. 그러려면 앞서 이 글의 맨 처음에 제기했던 문제의 지점에서부터 다시 시작하는 것이 좋겠다. 들뢰즈가 말하는 "초월적 경험론"의 세계는 실재의 세계이자 세계의 실재이다. 라캉이 욕망의 주체 이론과 관련해서 상징화에 저항하는 요소를 남겨두지 않은 상징화는 불가능하다고 말할 때, 바로 이 불가능이 실재이다. 다시 말해 실재는 체계의 장치에 포획되지 않으며 상징화의 음모와 체계의 체계성에 끊임없이 저항하는 것이다. 달리 보자면 어떠한 체계화의 요구도 거부한다는 의미에서 실재는 우리가 이 책에서 노랑 신호등으로 형상화한 지점에 해당한다. 실재는 모든 강제적인 체계화의 요구에도 불구하고 그냥 그대로 있는 것, 아니 있어야 하는 것의 이름이다. 역설적이게도 이름 없는 것의 이름이랄까.

그런데 무엇이 있다는 것 또는 무엇이 없다는 것은 무슨 의미인가? 이 질문은 언뜻 쉬운 듯 보이지만 대답을 하기 위해서는 깊이 있는 사유를 요구한다. 이러한 존재론적 물음에 대한 라캉의 대답은? 놀랍게도 라캉이 내놓은 답변은 있는 것이 있는 것이고 없는 것이 없는 것이라는 단순하기 그지없는 대답이었다. 마치 "산은 산이요, 물은 물이로다"라는 성철 스님의 유명한 법어처럼 뭔가 있는 것은 분명한데 일반 대중의 소견으로는 딱히 잡히는 것이 없는, 다소 맥 빠지게 하는 그런 류의 대답 말이다. 아무튼 라캉의 답변으로 미루어 위의 존재론적 물음은 정신분석학적 관점에서 볼 때에는 그다지 중요한 것이 아니었으리라는 추측이 가능하다. 그렇다면 그와 유사하지만 조금 다른 관점에서 물음을 다시 제기해 보자. 무엇인가가 그냥 있는 것이 아니라 '자기 자리'에 있다는 것은 무엇을 뜻하는가? 이 물음 역시 라캉에게는 비교적 간단하게 대답할 수 있는 것이었지만, 이와 관련해 다소 긴 논의를 펼치고 있는 것을 보면 다행히도 앞의 물음보다는 이 물음이 정신분석학적 관점에서 더 흥미로운 것이었던 모양이다. 라캉은 이렇게 묻는다. 여기서 '자기 자리', 곧 마땅히 있어야 할 자리란 어떤 곳인가? 이 물음은 곧바로 다른 물음으로 이어진다. "무엇인가가 자기 자리에 있지 않을 수 있으며 있지 않은 자리에 있지 않을 수 있다"는 것은 무엇을 뜻하는가? 여러분은 이 질문의 의미를 파악했는가? 사실 한국어로 써 있는데도 한 번 읽어서는 대체 무슨 말인지 도통 알 수가 없는 해괴한 문장이라는 생각이 드는 것이 사실이다. 따라서 이 문장 속에 담긴 라캉의 의도를 파악하려면 이 수수께끼 같은 질문을 꼭 붙잡고 가야 할 필요가 있다. 독자를 난처한 입장에 빠뜨리는 지극히 난해한 이 질문에 대해 먼저 생각해야 할 것은 이 물음이 단지 있느냐 없느냐와 관련된 존재론적 질서에 속한 것이 아니라, 전적으로 상징적인 질서에 속한 것이라는 사실이다. 무슨 말인가? 무엇이 자기 자리에 없다는 것, 달리 말해 어떤 대상이 결여되어 있다는 것에 관한 물음이 상징적 질서에 속한다는 말은 거기서 문제가 되고 있는 상실된 '무엇', 즉 결여의 '대상'이 전적으로 상징적 질서와의 관계 속에서 존재한다는 말이다. 실재와 관련된 라캉의 존재론적 견해가 비교적 명확히 잘 드러나는 부분이 바로 이러한 물음이 제기된 맥락의 지점이다.

> 이것은 매우 명백하다. 어떻게 무엇인가가 자신의 자리에 있지 않을 수 있으며 있지 않은 어떤 자리에 있지 않을 수 있는가? 실재의 관점에서 그것은 절대적으로 아무것도 의미하지 않는다. 실재적인 모든 것은 그것을 흐트러지게 할 때조차 항상 그리고 의무적으로 자기 자리에 있다. 실재는 자신의 구두의 밑창에 자신의 자리를 가지고 있는 특징이 있다. 당신은 당신이 원하는 만큼 실재를 뒤집어엎을 수 있을 것이다. 원자폭탄이 폭발한 이후에도 여전히 우리의 조각난 몸은 그 자리에, 자신의 자리에 있을 것이다. 무엇인가가 실재 속에 부재한다는 것은 순전히 상징적일 뿐이다. 우리가 법으로 그것이 그곳에 있어야 할 것으로 정의하는 만큼 어떤 대상이 자신의 자리에 없다. 다음의 사례보다 더 나은 것은 없다. 어떤 도서관에서 책 한 권을 요구할 때 발생하는 일을 생각해 보자. 사서가 당신에게 그것이 그 자리에 없다고 말한다. 그것은 바로 옆에 있을 수 있다. 원칙적으로 그것은 자신의 자리에 없는 것이며 보이지 않는 것이다. 이는 도서관이 전적으로 상징계 속에 존재한다는 것을 말한다. 우리가 상실에 대해 말할 때 다른 것이 아니라 상징적 대상이 문제인 것이다(*Le Sémimaire IV*, 1994, 38쪽).

라캉은 실재를 그냥 있는 것으로, "항상 그리고 의무적으로" 자기 자리에 있는 것으로 정의한다. 라캉은 이러한 실재의 개념이 일반적으로 사람들이 실재라는 단어에 부여하고 있는 바로 그런 의미에서의 실재 개념에 해당한다고 말하면서 이를 마치 자명한 것인 양 여러 차례에 걸쳐 되풀이하여 강조한 바 있다. 예컨대 라캉이 말하길 "사람들이 실재에 부여하는 의미는 다음과 같다. 사람들이 그곳에 있든지 없든지 실재란 항상 같은 자리에 있는 것이다"(*Le Séminaire II*, 1978, 342쪽). 또한 "실재적인 것은 항상 같은 장소에 다시 나타는 것이다"(*Le Séminaire XI*, 1973, 49쪽). 이렇게 볼 때 있는 것은 실제로 있는 것이고, "자기 자리"에 "항상 그리고 의무적으로" 있는 것이다. 원자폭탄이 폭발해도 여전히 그 자리에 있는 것, 조각조각 분해되어 있다고 하더라도 그 자리에 여전히 있는 것, 아니 있어야만 하는 것이 바로 실재이다. 원자폭탄이 폭발해서 몸뚱이가 산산조각이 나고 사방으로 흩어졌어도, 몸뚱이는 형체 없이도 여전히 몸뚱이의 잔해로 그 자리에 있지 않은가. 폭탄을 맞은 형체 없는 몸뚱이의 이미지가 말해주듯 라캉의 실재론은 그야말로 극단적인 실재론, 실재론의 극단을 보여준다.

이 극단에 '있는' 것은 '일반적으로는', 달리 말해 현실 속에서 사람들이 일반적으로 생각하는 방식으로는 '있다'고 볼 수 없는 것이 실제로는 '있는' 것이다. 라캉이 들고 있는 도서관의 풍경은 이러한 상황에 대한 탁월한 예가 아닐 수 없다. 어느 도서관을 가든 도서관에는 책들이 특정한 도서 분류방식에 따라 자기 자리에 놓여 있다. 누군가가 책을 꺼내 참조한 후 짓궂게도 원래의 자리가 아니라 엉뚱한 곳에 꽂아두었다고 치자. 라캉의 물음은 여기에서 나온다. 이 책은 도서관에 있는가? 실재적 관점에서 이 질문에 대한 대답은 '그렇다'이다. 하지만 상징적 관점에서는, 다시 말해 '일반적으로는' '아니오'가 된다. 이처럼 실재는 "항상 그리고 의무적으로" 자기 자리에 있어야 하는 것인 반면에 상징적인 것은 "자기 자리에 있지 않을 수 있으며", "있지 않은 어떤 자리에 있지 않을 수 있는" 것이다. 말하자면 상징적인 것은 존재할 수도 부재할 수도 있다. 즉 자기 자리가 배정되어 있지만 이 자리에서 상실될 수도 있음을 동시에 의미하는 것이다. 이런 의미에서 결여된 것으로서의, 상실의 대상으로서의 책은 상징적이다. 요약하자면 상징적인 것은 있을 수도 없을 수도 있다는 점에서 가능의 논리에, 실재는 "항상 그리고 의무적으로" 있어야 한다는 점에서 당위의 논리에 종속되어 있다.

그런데 라캉의 논의를 조금 더 따라가다 보면 실재와 관련된 당위의 논리가 그렇게 당연한 것처럼 보이지 않는다.

> 부정적인 형태로 제시되는 모든 기능과 마찬가지로 불가능한 것의 기능은 신중하게 다루어져야 한다. 나는 단지 여러분에게 이 개념을 다루는 가장 좋은 방법이 이를 부정적으로 다루는 것이 아님을 제안하려 한다. 이 방법은 가능한 것에 대한 문제로 우리를 이끌고 간다. 불가능한 것은 가능한 것의 반대가 아니다. 가능한 것과 대립하는 것은 분명히 실재적인 것이기 때문에 우리는 실재적인 것을 불가능한 것으로 정의한다(*Le Séminaire XI*, 1973, 152쪽).

상기 인용문에서 라캉은 불가능한 것의 기능을 다루고 그 의미를 포착하기 위해서는 불가능한 것의 개념을 부정적으로 다루지 말아야 한다고 각별한 당부를 하고 있다. 불가능한 것을 부정적으로 다루게 되면 불가능의 의미를 가능한 것과의 관계 속에서 포착해야 하는데, 이 경우 불가능한 것은 가능한 것의 반대가 된다. 그런데 바로 여기에 문제가 있다. 라캉에 따르면 가능한 것과 대립하는 것은 불가능이 아니라 실재적인 것이다. 그의 논의를 우리식으로 재구성해 보자. 앞서 여러 차례 되풀이해서 강조했듯이 '실재'의 반대는 '비실재'가 아니다. 양태적 관점에서 볼 때 '실재'와 대립하는 것은 '가능'이라고 할 수 있다. '가능한 것'이 '실재'로 실현될 수 있다는 점에서 이러한 대립의 설정은 충분히 가능하며 타당하기까지 하다. 그런데 그러한 대립을 설정함으로써 얻게 되는 결과는 다소 놀랍고 충격적인 것이 된다. 어떤 의미에서 그런가? 논의를 조금 더 진행시켜 보면 그 이유를 알게 될 것이다. '가능'이 '실재'의 반대라면 논리적으로 이 '실재'는 결국 '불가능'이 되어버린다. 그런데 여기서 '불가능'은 실현이 불가능한 것을 의미한다. 즉 실재는 불가능으로서의 실재가 되고, 그 결과 실현이 가능하지 않은 것을 가리키게 되는 것이다. 놀랍게도 라캉은 이처럼 사람들이 알고 있는 대단히 상식적인 실재 개념에서 출발해서 어쩌면 가장 비상식적인 개념, 즉 실현이 불가능한 비실재로서의 실재 개념에 도달한다. 비실재로서의 실재라는 라캉의 개념에 대한 지젝의 설명을 인용해 보자.

> 이것은 모사와 실재의 변증법이 다음과 같은 다소 기본적인 사실로 환원될 수 없음을 의미한다. 우리의 일상적인 삶의 가상화, 즉 우리가 더욱 더 인위적으로 구성된 세계에서 살아가고 있다는 경험이 "실재로 회귀하려는" 억누를 길 없는 충동을 일으키는데, 그것은 어떤 "실

재적인 현실"에 굳건한 기반을 재획득하려는 것이다. 회귀하려는 실재는 하나의 (다른) 모사의 지위를 갖게 된다. 정확히 그것이 실재적인 것이라는 이유 때문에, 그의 외상적/과도한 특성 때문에 우리는 우리의 현실(로서 우리가 경험하는 바) 속으로 그것을 통합시킬 수 없으며, 따라서 우리는 그것을 악몽 같은 출현으로 경험할 수밖에 없는 것이다. 이것은 WTC 빌딩 붕괴의 위압적인 이미지가 되었던 바로 그것이다. 즉 그와 동시에 "물자체"를 가져왔던 하나의 이미지, 하나의 모사, 하나의 "효과"였다. 이런 "실재의 효과"는 롤랑 바르트가 1960년대로 거슬러올라가 "실재의 효과"라 불렀던 것과 동일한 것이 아니다. 그것은 오히려 그와 정반대로서 "비실재적인 것의 효과"이다. 다시 말해서 텍스트가 우리로 하여금 그것의 허구적인 생산물을 "현실적인" 것으로 받아들이게끔 만드는 바르트식의 "실재의 효과"와는 대조적으로, 여기서 실재 그 자체는 유지되기 위하여 악몽 같은 비실재적인 허깨비로 인식되기 마련인 것이다(『실재계 사막으로의 환대』, 52쪽).

위에서 지젝이 언급하고 있듯 바르트Roland Barthes가 말한 "실재의 효과"에서 실재는 무엇보다 텍스트 세계의 허구성을 마치 현실로 착각하게 만드는 것이라는 의미에서의 실재이다. 반면 라캉의 실재는 현실을 마치 허구적인 것으로 보이게 하는, 하나의 허깨비로 보이게 하는 비실재적 효과를 발휘하는 것이다. 앞장에서 우리는 들뢰즈의 순수한 차이, 차이 그 자체, 즉자적 차이가 부정적인 것이 아니라 긍정적인 차이임을 살펴보았다. 마찬가지로 여기서 라캉의 불가능은 부정적인 것이 아니라 실재이다. 바로 이 지점에서 라캉의 실재 개념은 순박한, 아니 어쩌면 너무나도 자명한(?) 경험론이 아니라 초월적 경험론으로 향해가는 분기점으로 들어서게 되는 것이다.

불가능이 실재라고 하는 것은 무슨 말인가? 이 말은 실재가 오직 불가능 속에서만 자신의 모습을 드러낸다는 것을 의미한다. 가능한 것이 현실로, 그러니까 상징적인 형태로 실현되는 것이라면 불가능으로서의 실재는 자기 자리를 "항상 그리고 의무적으로" 지키기 위해 상징화에 끊임없이 저항하며 실현을 거부한다. 실재는 상징적 장치, 즉 있을 수도 없을 수도 있는 존재와 부재의 놀이에 포획된 대상이 아니라 이 놀이에, 이 장치에 맞서고 저항함으로써 자기의 자리를 굳게, 아니 더 나아가 "절대적으로" 지키는 것이다.

> 실재적인 것 혹은 그렇게 지각된 것은 상징화에 절대적으로 저항하는 것이다(*Le Séminaire I*, 1975, 80쪽).

다시 한 번 반복해 보자. 가능이 구체적인 현실의 모습으로 재현되고 상징적인 것으로 실현될 수 있는 것이라면 가능의 반대인 불가능은 실현될 수 없는 것, 실현에 저항하는 실재의 힘으로 드러난다. 물론 여기서 실재는 단순히 불가능한 것이 아니라 표상이 불가능한 것이고, 상징화가 불가능한 것이며, 문자화가 불가능한 것이다. 실재는 단순히 있는 것이 아니라 있어야 하는 것이며, "항상 같은 장소에 다시 나타나는 것"이다. 말하자면 이는 부재의 불가능성에 다름 아니며, 재현에, 상징화에 저항하는 불가능의 절대적인 힘인 것이다.

여기서 잠시 RSI 모델로 돌아가 보자. 기호 사각형으로 이 모델을

풀이하자면 먼저 상징계는 서로 대립하는 A와 –B의 복합항, 즉 A 중의 A나 B와 –A의 복합항, 즉 B 중의 B로, 이어 상상계는 반대관계에 놓인 A와 B의 복합항으로, 실재는 교차모순의 지점이라고 할 수 있는 –A와 –B의 복합항으로 간주될 수 있다.

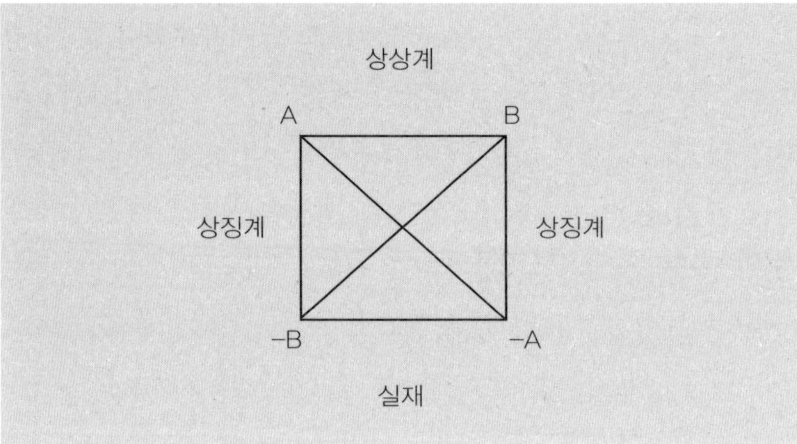


예컨대 서로 사랑하는 두 남녀가 있다고 치자. 이들이 사랑을 통해, 달리 말해 서로의 결여를 채워주면서 마침내 둘이 하나가 되었다고 생각하는 것은 착각에 불과하다. 이 착각이 발생하는 지점이 바로 서로 다른 두 극점, 즉 A와 B의 복합항으로 이루어진 상상계이다. 한편 상징계의 작동 원리는 각 극점에, 즉 A는 A에, B는 B에 머물면서 서로의 결여를 서로에게 되돌려주는 것, 다시 말해 A는 B의 자리—즉 결여—를 인정하고, B는 A의 자리—즉 결여—를 인정하는 것이다. 반면 실재는 서로의 결여가 뭉개진, 그래서 결여를 상상적으로 채울 수도 서로의 결여를 되돌려 줄 수도 없는, 말하자면 A도 아니고 B도 아닌 지점에 위치한다. 노랑 신호등으로 형상화된 이 실재의 자리는 의미론적으로 불투명하지만 화용론적으로 강제력이 발효되는 교차모순의 지점으로 어떤 역량, 잠재적 역량을 감추고 있다고 할 수 있다. 라캉은 '질료'Stoff로서의 실재 개념을 배격하고 작용하는 힘Wirkung으로서의 '실재'Wirklichkeit 개념을 옹호한다. 여기서 작용하는 힘이란 한마디로 상징화에 대한, 다시 말해 모든 의미론적 기획과 시도에 대한 저항력을 뜻한다. 이렇게 본다면 실재는 모든 지시를 결여한 채 오직 발화력만이 발휘되는 공간이다. 아무런 의미내용 없이 효력만이 발휘되는—노랑 신호등으로 형상화되는—지점, 아니 문턱이자 가장자리, 한계야말로 라캉이 의미하고자 하는 불가능성으로서의 실재가 아닐까. 실재는 고로 존재함 자체가 아니라 존재함의 역량이다. 언젠가는 세계가 돌아가야 할 역량의 세계, 이는 세계의 끝이자 사막이다. 실재의 사막이랄까.

『실재계 사막으로의 환대』에서 지젝은 이렇게 말한 바 있다. 19세기의 열정이 "유토피아적인 혹은 과학적인 프로젝트와 이상들, 즉 미래에 대한 계획들"에 기반을 두고 있었다면, 20세기의 열정은 "일상적인 사회적 현실과는 대조되는 실재의 직적접인 경험"에 대한 것이라고(『실재계 사막으로의 환대』, 30쪽). 그러면서 지젝이 "실재에 대한 열정"의 전형적인 사례로 들고 있는 것은 1953년 독일의 극작가 브레히트Bertolt Brecht가 거리에서 경험하게 된 우연한 사건이다. 얘기인즉슨 어느 날 브레히트가 집에서 나와 극장으로 가는 길에 노동자들의 폭동을 진압하는 소비에트 탱크들과 맞닥뜨리게 됐는데, 이 가혹한 폭력 진압장면을 목격한 그가 그 순간 결코 공산당 당원이 아니었음에도 공산당에 가입하고 싶은 유혹을 느꼈으며, 심지어 무자비한 폭력을 행사하는 탱크를 향해 손을 흔들어 보이기까지 했다는 것이다. 브레히트가 과연 왜 그런 행동을 했을까? 당시의 브레히트가 소비에트 공산주의에 희망을 걸고 미래의 번영을 위해 현재 벌어지는 폭력의 잔학성쯤은 참고 견뎌야 한다고 생각했기 때문일까? 지젝은 전혀 그렇지 않다고 얘기한다. 지젝에 따르면 브레히트가 순간적으로 그런 행동을 한 것은 그 순간 그가 목격한 폭력의 가혹함이 어떤 진실성의 신호로서 여겨졌기 때문이라는 것이다. 지젝이 보기에 실재의 직접적인 경험에 대한 열정은 이처럼 일상적인 사회적 현실과 대조되는 것이며, 실재의 경험은 어쩌면 "현실의 현혹적인 껍질 층들을 벗겨낸 작업"에 대한 대가로 지불해야 하는 "극단적인 폭력"을 필연적으로 동반해야 하는 것인지도 모른다. 말하자면 세계의 끝인 사막에 대한 열정이자 종말론적 열정이라고나 할까.

사실 실재에 대한, 혹은 "실재의 직접적인 경험"에 대한 열정은 오늘날 우리 삶의 전 영역에서 확인되고 있다. 비단 정치적인 영역만이 아니라 성의 영역에서도 이러한 실재가, 말하자면 "에로틱한 매력"이 사라지고 "살의 실재"만이 무대화되는 극단적 경험이 열정과 욕망의 대상이 되고 있다. 지젝은 이를 1976년에 나온 오시마 나기사Oshima Nagisa 감독의 영화 〈감각의 제국〉의 예를 들어 설명한다.

> 성 그 자체의 영역에서는 이러한 "실재에 대한 열정"의 아이콘이 오시마 감독의 〈감각의 제국〉인데, 이 영화는 1970년대에 나온 일본의 컬트 영화다. 한 쌍의 사랑하는 관계는 죽음에 이를 때까지 서로를 고문할 정도로 과격해진다. 그렇다면 실재에 대한 열정의 궁극적인 모습이 하드코어 웹사이트에서 우리가 고른 선택이 아닐까? 그 웹사

이트에서는 침투시키는 모조 음경의 끝에 부착된 소형 카메라의 유리한 위치로부터 여성의 질 내부를 관찰하게 된다. 이런 극단적인 지점에서 어떤 변화가 일어난다. 즉 우리가 욕망된 대상에게로 너무 가까이 다가가게 되면 에로틱한 매력은 드러낸 살의 실재에 대한 혐오로 바뀌어 버린다(『실재계 사막으로의 환대』, 31쪽).

잘 알려져 있다시피 1936년에 일어난 아베 사다 사건 실화를 소재로 하여 만들어진 〈감각의 제국〉은 두 연인의 성애관계가 서로를 고문할 정도로 과격해지다가 결국에는 여자가 남자의 성기를 절단하여 사망에 이르게 하고, 그 과정에서 남자 또한 암묵적으로 이를 허락하는 이야기를 다루고 있다. 다소 엽기적이기조차 한 파격적인 스토리만큼이나 포르노그라피를 방불케 하는 행위들을 가감 없이 스크린 위에 담았다는 점에서 이 영화는 개봉된 이후부터 끊임없이 예술이냐 외설이냐의 논란에 시달려 왔다. 영화계에서는 일반적으로 예술로 승화된 포르노그라피라는 평가가 우세한 듯 보이지만 영화가 나온 지 40여 년 가까이 지난 지금까지도 혹평과 찬사 사이에서 호불호가 극명하게 갈리고 있는 걸 보면 이 영화가 준 충격과 파장은 거의 메가톤급이라고 할 수 있겠다. 어쨌거나 너무나 사랑해서 결국은 사랑하는 사람을 죽음에 이르게 할 정도로 과격해진 사랑, 이런 것이 바로 지젝이 말하는 실재에 대한 열정이다. 그리고 그것을 궁극적으로 형상화한 것이 바로 여성의 성기 내부를 보여주는 하드코어 웹사이트이다.

이처럼 실재의 직접적인 경험이 이루어지는 극단의 지점에서 우리는 에로틱한 모든 매력이 사라진 "성 그 자체", "살" 그 자체, 물(物) 그 자체의 영역으로 들어서게 된다. 라캉은 실재가 존재하는 이 극단의 지점을 "우리들의 경험의 한계"(*Le Séminaire IV*, 1994, 31쪽)로 명명한다. 그리고 이 경험의 한계에서, 그 문턱에서, 그 가장자리에서 실재는 한계의 경험으로서 예기치 않은 어떤 변화를 일으키게 된다. 즉 매력은 더 이상 참을 수 없는 혐오로 바뀌어 버리게 되는 것이다. 그런데 성 그 자체의 영역에 드러난 살이, 벌거벗겨진 살이 실재한다면 삶 그 자체의 영역에는 이른바 "벌거벗은 생명"(벤야민)이 거주한다. 실재의 사막에 실재하는, 현시는 하지만 재현되지 않은, 요컨대 상징화의 기획에서 배제된 단순한 생명. 그것이 바로 우리가 다음 절에서 살펴볼 호모 사케르의 형상이다.

## 3. 수용소와 호모 사케르

호모 사케르가 위치하는 수용소는 예외상태의 공간이자 경계의 공간이다. 순수한 차이들의 자유로운 유희가 펼쳐지는 역량의 공간이 미학적이고, 상징화에 저항하는 비결정적인 실재의 자리가 의미론적이라면, 주권적 권력이 강제하는 경계의 공간으로서 수용소는 화행론적이다. 이야기의 끈을 다시 이어보자.

주지하다시피 '호모 사케르'는 아감벤의 저작 『호모 사케르』와 뒤이은 연작들을 통해 통용되기 시작한 용어이다. 호모 사케르를 글자 그대로 번역하자면 '신성한 인간'이라고 할 수 있을 것이다. 그런데 종교적 관점에서 볼 때 '사케르'라는 단어에는 '신성한' 혹은 '성스러운'이라는 의미 외에 '불결한', '혐오스러운', '저주받은' 등의 정반대의 의미가 추가된다. 아감벤은 『호모 사케르』에서 이러한 종교적 어원보다도 더 오래된 이 단어의 법적 · 정치적 의미를 문헌학적으로, 인식론적으로 되물으며 깊이 천착한다. 로마법에 등장하는 호모 사케르는 요컨대 "희생물로 바칠 수는 없지만 죽여도 되는 생명"(『호모 사케르』, 175쪽)을 가리킨다. 희생물로 바칠 수 없기 때문에 신의 법에 적용되지 않고 면책 살해가 가능하기 때문에 인간의 법에도 적용되지 않는 생명이 이른바 호모 사케르이다(『호모 사케르』, 160쪽). 이처럼 법의 예외적 적용에 의해서만 정의된다는 점에서 이 생명은 역설적으로, 하지만 근본적으로 법적이다. 아감벤에 따르면 오직 주권권력만이 이러한 '벌거벗은 생명'들을 자의적으로 '산출'—'출산'이라기보다—할 수 있으며, 이들이 거주하는 공간—예컨대 수용소—을 임의로 구획할 수 있다. 이런 점에서

이 생명은 궁극적으로는 정치적이다. 오늘날 포스트모던의 비평이 주목해야 하는 지점이 바로 이 '성스러운', 즉 '저주받은' 법적 · 정치적 공간이다.

그런데 『호모 사케르』에 대한 아감벤의 야심찬 기획을 이처럼 정치철학에만 한정짓는 것은 아마도 그의 인문학적 성찰의 넓이와 통찰의 깊이를 제대로 헤아리지 못하는 일이 될 것이다. 그의 기획이 향하고 있는 곳은 다름 아닌 "서양 형이상학의 진정한 근본적인 구조"이기 때문이다.

> 이렇게 놓고 볼 때 정치란 생명체와 로고스 사이의 접합이 이루어지고 있는 경계선이라는 점에서 정치는 서양 형이상학의 진정한 근본적인 구조처럼 보인다. 벌거벗은 생명의 '정치화'란 그것을 통해 생명을 지닌 인간의 인간다움이 결정된다는 의미에서 특히 형이상학적인 과제라고 할 수 있다. 근대(성)는 이 과제를 떠맡으며 그저 자신이 형이상학적 전통의 본질적인 구조에 충실하다는 점을 천명하고 있을 뿐이다. 서양 정치의 근본적인 대당 범주는 동지-적이 아니라 벌거벗은 생명-정치적 존재, 조에-비오스, 배제-포함이라는 범주쌍이다. 정치가 존재하는 것은 인간이 언어를 통해 자신에게서 벌거벗은 생명을 분리해내며, 그것을 자신과 대립시키는 동시에 그것과의 포함적 배제관계를 유지하는 생명체이기 때문이다(『호모 사케르』, 45쪽).

아감벤에 따르면 서양 정치의 근본적인 대당 범주는 "동지-적"이 아니라 "생명체와 로고스 사이의 접합이 이루어지고 있는 경계선"이다.

바로 이 경계선에서 생명-정치적 존재, 조에-비오스, 배제-포함과 같은 범주쌍들이 형성되는데, 이들이 곧 비결정성의 지대로, 비식별으로 빠져들게 된다. 우리가 보기에 벌거벗은 생명의 정치화로 요약될 수 있는 이러한 과정은 기호학적 관점에서 새롭게 조명될 수 있는 흥미로운 지점을 포함하고 있다.

아감벤의 저작 『호모 사케르』는 모두 3장으로 구성되어 있는데, 1장은 「주권의 논리」에, 2장은 「호모 사케르」에, 3장은 「근대 생명정치 패러다임으로서 수용소」에 각각 할애되어 있다. 그는 『호모 사케르』의 결론에 해당하는 「경계영역」에서 이 기념비적 저술에서 수행한 연구의 성과를 세 가지 테제로 요약한다.

> 이 연구과정에서 다음의 세 가지 테제가 잠정적인 결론으로 도출되었다.
>
> 1. 근원적인 정치적 관계는 추방령(외부와 내부, 배제와 포함 사이의 비식별역으로서의 예외상태)이다.
> 2. 주권권력의 근본적인 행위는 벌거벗은 생명을 근원적인 정치적 요소이자 자연과 문화, 조에와 비오스 사이의 결합의 비식별역으로 산출하는 것이다.
> 3. 오늘날 서양의 생명정치적 패러다임은 국가 공동체가 아니라 수용소이다.
>
> 첫 번째 테제는 국가권력은 계약에서 기원한다는 모든 이론을, 이와 더불어 정치적 공동체(그것이 인구, 국가, 종교 혹은 여타의 정체성을 토대로 삼고 있는지 여부에 관계없이)의 기반에 '귀속'에 해당하는 무엇을 부여하려

> 는 모든 시도를 의문시한다. 두 번째 테제는 서양의 정치는 애초부터 생명정치였으며, 따라서 정치적 자유의 기초를 시민권 속에 두려는 모든 시도는 헛수고라는 의미를 함축하고 있다. 마지막으로 세 번째 테제는 여러 인문과학, 사회학, 도시계획, 건축학이 그것의 핵심에는 (비록 외면상으로는 다소 인간적인 형태를 취하고는 있지만) 20세기의 거대 전체주의 국가들의 생명정치를 규정하는 벌거벗은 생명이 한결같이 자리 잡고 있다는 사실은 분명하게 깨닫지 못한 채 오늘날 전 세계 도시들의 공적 공간을 사유하고 조직하기 위해 사용하는 모델들에게 불길한 그림자를 드리우고 있다(『호모 사케르』, 341-342쪽).

위의 세 가지 테제는 다름 아닌 각 장의 주장을 요약한 것이다. 여기서 더 나아가 각 장의 핵심 단어를 뽑아낸다면 아마도 예외상태, 벌거벗은 생명/호모 사케르, 수용소가 될 터이다. 우리의 작업은 그러니까 기본적으로 이 세 가지 핵심어를 중심으로 아감벤의 논리를 따라가면서 이를 기호학적 관점에서 새롭게 모델링하는 일이 될 것이다. 본격적인 분석을 시작해 보자.

첫 번째 테제는 예외상태에 관한 것이다. 아감벤에 따르면 추방령으로 정의되는 근원적인 정치적 관계는 예외상태라고 하는 독특한 위상학적 구조로 이루어져 있다. 예외상태란 내부에서 배제되어 단순히 외부로 추방된 것이 아니라, 외부로 내몰리면서도 이러한 추방령에 의해 여전히 내부에 포함되어 있는 상태를 가리킨다. 이른바 배제하면서 포함한다는 역설의 논리라고 할까.

예외가 규칙에서 벗어나는 것이 아니라 오히려 규칙이 스스로의 효력을 정지시킴으로써 예외를 창출한다. 즉 예외와의 관계를 유지함으로써만 비로소 자신을 규칙으로 만들 수 있는 것이다. 법 특유의 '효력'이란 바로 외부와의 관계를 유지할 수 있는 이러한 능력에서 비롯된다. 무엇인가를 배제시킴으로써만 그것을 포함하는 이러한 극단적인 형태의 관계를 예외관계라고 부르도록 하자(『호모 사케르』, 61쪽).

예외는 단순히 규칙에서 벗어나는 것이 아니라, 규칙이 스스로의 효력을 정지시킴으로써 창출되는 것이다. 예컨대 우리가 외국어를 배울 때 제일 먼저 찾게 되는 문법책을 떠올려 보자. 새로운 언어를 배울 때 모든 것이 규칙에 따라 이루어진다면 좋으련만 규칙을 외워 적용하려고 시도하는 순간 늘 빠지지 않고 등장하는 예외 때문에 골머리를 썩인 적이 많을 것이다. 이때 문법책에 실려 있는 수많은 예외들은 아감벤의 논리에 따르자면 다음과 같이 설명될 수 있다. 즉 문법책의 예외는 단순히 문법의 규칙으로 설명할 수 없기 때문에 문법의 외부로 배제된 것이 아니라, 오히려 예외로 규정됨으로써 문법의 테두리 안에 여전히 포함되어 있다. 흥미롭게도 법이라는 것은 오직 이러한 "예외와의 관계를 유지함으로써만 비로소 자신의 규칙을 만들" 수 있다는 것이다. 이는 달리 말해 예외가 법에 의해 규정되는 것이 아니라, 오히려 반대로 법이 예외를 통해서만 정의된다는 사실을 의미한다.

법이 지니는 특유한 위상학적 구조를 설명하기 위해 기호학의 도움을 빌려보자. 이 공간적 구조는 법의 효력이 미치는 내부, 즉 '노모스'와 그렇지 않은 외부, 즉 '퓌시스'로 이루어져 있다. 우선 내부와 외부, 즉 노모스와 퓌시스 사이의 반대관계를 설정한다. 이어서 이들 각각에 모순의 논리를 적용하게 되면 내부(노모스)의 모순은 비내부(비노모스), 그리고 외부(퓌시스)의 모순은 비외부(비퓌시스)가 된다. 추방령으로 정의되는 법은 무엇을 내부로 포함시키고 무엇을 외부로 배제하느냐라는 이른바 포함과 배제의 변증법으로 구성된다. 아감벤에 따르면 이 변증법에 의해 '예'의 논리와 '예외'의 논리가 서로 구분된다.

그의 논의를 좀 더 자세히 따라가면서 이를 기호 사각형 모델로 풀이해 보자. 무엇을 배제한다는 것은 '내부'의 어떤 요소를 '비내부적' 인 것으로 규정하고 '외부' 로 내모는 것을 말한다. 이런 점에서 배제가 적용되는 장소는 기호 사각형에서 '비내부'와 '외부'의 복합항으로 정의될 수 있다. 반면 무엇을 포함한다는 것은 '외부'의 어떤 요소를 '비외부'적인 것으로 규정하고 '내부'로 포섭한다는 것이다. 이러한 포함의 작용이 행해지는 장소는 배제의 반대편인 '비외부'와 '내부'의 복합항이 된다. 그런데 아감벤이 얘기하는 예외상태는 내부에도 외부에도 속하지 않은 것이다. 이런 점에서 예외는 내부도 아니고 외부도 아닌 곳, 말하자면 '비외부'와 '비내부'의 복합항에 위치하게 된다. 이곳은 달리 말해 '외부 → 비외부 → 내부'로 움직이는 포함과 '내부 → 비내부 → 외부' 로 움직이는 배제가 상호 교차하는 이른바 교차모순의 지점에 다름 아니다. 아감벤은 이러한 예외를 "배제적 포함"으로 정의한다.

한편 예외와 달리 예는 "포함적 배제"로 정의된다(『호모 사케르』, 66-68쪽). 요컨대 "포함적 배제"로서 예는 "배제적 포함"으로서의 예외의 거울상이다.

이러한 관점에서 보면 예외는 예와 대칭적 위치에 있으며, 그것과 함께 체계를 이루고 있는 것을 알 수 있다(『호모 사케르』, 66쪽).

배제와 포함이 대립하듯 예와 예외가 맞대응한다. 앞서 언급했던 문법책의 예를 상기해 보자. 문법책에서 예의 역할이 '사실상' 외부에 있는 것을 임의로 내부로 인용하는 것이라면 예외의 기능은 '사실상' 내부에 있는 것을 자의로 외부로 추방하는 것이다. 예컨대 '나는 너를 사랑한다'라는 예문을 떠올려 보자. 문법책에서 흔히 마주칠 법한 이 예문은 우리 눈에 익숙하지만 실제 생활에서 이런 방식으로 말해지는 경우는 흔치 않다. 드라마나 영화 속 대사에서 일부러 고백체의 어투로 말하지 않는 이상 자연스러운 일상 대화에서 이런 예문을 말하거나 들을 일은 거의 없다. 사람들은 보통 "사랑해"라고 말하지 "나는 너를 사랑한다"라고 말하지 않는다. 이처럼 문법책의 예문은 대개 실제로는 사용되지 않은 문장들이다. 그럼에도 위의 경우처럼 예문은 주어, 동사, 목적어 등의 문법적 관계를 설명하기에 매우 적절한 사례이기 때문에 이를테면 내부 중의 내부로 인용된다. 반면 예외란 문법에 맞지 않은 것으로 간주되어 내부에서 외부로 배제되면서 동시에 포함된 것을 가리킨다. 예를 들어 프랑스어 동사 분류에서 3군 동사에 해당하는 소위 '불규칙' 동사들은 규칙으로는 설명되지 않는 것이지만 그렇다고 해서 실제로 사용되지 않는 것은 아니다. 예외로 규정된 순수한 사실들은 문법 규칙으로 설명하기에는 곤란하지만 실제로 관찰되는 엄연한 언어적 현상인 것이다. 더구나 프랑스어에서는 앞서 언급한 불규칙 동사들의 다수가 일상생활에서 일어나는 일들을 표현하는 데 쓰이는 가장 기본적인 동사들이기도 하다. 이렇게 볼 때 어쩌면 문법으로 설명될 수 없는 가장 비문법적인 것이 가장 모국어적인 것이요, 가장 비내부적인 것이 가장 내부적인 것이라는 베르만Antoine Berman의 말이 맞는 건지도 모르겠다(『번역과 문자 : 먼 것의 거처』, 219쪽).

여기서 다시 기호 사각형 모델로 돌아가 보자. 앞서 우리는 '배제적 포함'으로서 예외가 '비외부'와 '비내부'의 복합항으로 이루어져 있다는 사실을 언급한 바 있다. 그와는 반대로 '포함적 배제'로서의 예는 앞서 살펴보았듯이 전적으로 외부에 있는 것이 내부의 한복판으로 인용된다는 점에서 '내부'와 '외부'의 복합항으로 설명될 수 있을 것이다. 예외가 예와 "대칭적 위치"에 있다는 아감벤의 주장은 이와 같은 설명을 뒷받침해 준다. 부연하자면 '비외부'와 '비내부'의 복합항인 예외가 상징화에, 문법화에 저항하는 실재라는 점에서 항상 실재적이라면, '내부'와 '외부'의 복합항인 예는 문법의 사례로서만 존재하는 상상적 존재라는 점에서 신화적이다. 이를테면 예의 존재론적 지위가 신화적인데 반해 예외의 존재론적 지위는 실재적이라는 것이다. 상술한 내용을 바탕으로 예외의 기호 사각형을 만들어 보면 다음과 같다.

다음의 기호 사각형을 통해 드러나는 것처럼 아감벤의 변증법은 모든 변증법적 지양운동을 중지시킴으로써 교차모순을 실행하는 예외 상태의 변증법이다. 이른바 무엇인가를 배제시킴으로써만 그것을 포함한다는 예외의 역설은 내부와 외부, 노모스와 퓌시스가 분리 불가능한 비식별역에서 적용되며, '비외부'와 '비내부'의 복합항이라는 일종의 "극단적인 형태"를 출현시킨다.

[예외 사각형]

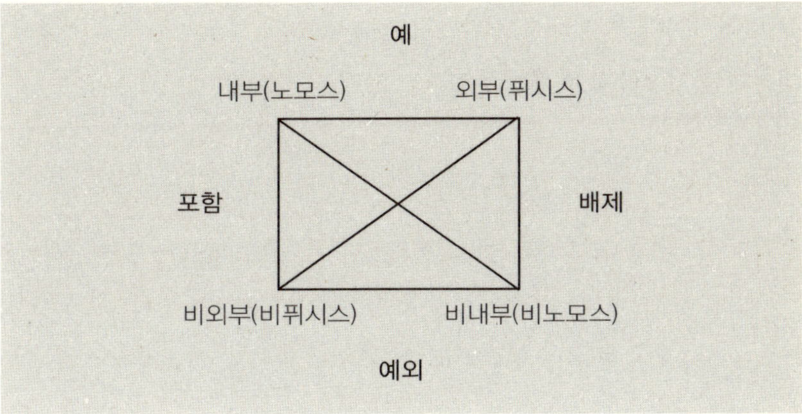


(…) 주권권력이란 바로 이처럼 외부와 내부, 자연과 예외, 퓌시스와 노모스의 구분 불가능성 그 자체를 말한다. 따라서 예외상태란 시공간적인 정지라기보다는 복합적인 위상학적 형상으로서 예외와 규칙뿐만 아니라 자연 상태와 법, 외부와 내부가 서로 관통한다. 우리는 바로 이러한 위상학적 식별 불가능 지대—그것은 정의의 눈에는 반드시 은폐된 채로 있어야만 했다—에 우리의 시선을 고정시켜야만 한다(『호모 사케르』, 97쪽).

아감벤이 우리에게 시선을 고정시킬 것을 주문한 곳, 말하자면 오늘날 포스트모던 비평이 주목해야 하는 이곳은 "예외와 규칙뿐만 아니라 자연상태와 법, 외부와 내부가 서로 관통"하는, 말하자면 위상학적으로 어떠한 식별도 불가능한 비식별역의 지대이다. 더불어 주권권력이 이러한 예외상태를 산출하는 추방령으로만 정의될 수 있다는 것이

『호모 사케르』의 첫 번째 테제인 것이다. 바로 이 테제에 입각해 아감벤은 정치적 관계를 사회적 계약이라는 토대 위에 세우고자 했던 계몽주의적인 정치철학적 기획에 결정적인 타격을 가한다.

> 여기서는 계약이나 협약 따위의, 자연으로부터 국가로의 이행을 명료하고 결정적으로 표시해 주는 근원적인 정치적 행위의 표상들을 모두 가차없이 내버려야만 한다. 그러면 대신 노모스와 퓌시스가 구분되지 않는 훨씬 더 복잡한 비식별역이 남게 될 텐데, 추방령의 형태를 갖는 국가의 속박은 항상 이미 비국가성이자 유사-자연이며, 또한 자연 역시 항상 노모스와 예외상태의 모습을 취한다(『호모 사케르』, 222-223쪽).

이제 두 번째 테제를 살펴볼 차례이다. 두 번째 테제는 바로 책의 제목이기도 한 호모 사케르에 관한 것이다. 앞의 테제에서 우리는 주권권력이 추방령을 통해 내부와 외부, 노모스와 퓌시스 사이의 식별 불가능한 공간을 창출한다는 것을 보았다. 그런데 주권권력은 비단 비식별역이라는 하나의 지대만이 아니라 더 나아가 이 공간에서 "문화와 자연", "비오스bios와 조에zoe" 사이의 식별 불가능한 생명, 즉 호모 사케르를 "산출"한다.

> 주권의 영역은 살인죄를 저지르지 않고도, 또 희생제의를 성대히 치르지 않고도 살해가 가능한 영역이며, 신성한 생명, 즉 살해할 수 있지만 희생물로 바칠 수는 없는 생명이란 바로 이러한 영역에 포섭되

어 있는 생명을 말한다(『호모 사케르』, 176–177쪽).

이 글의 서두에서 언급했듯이 신성한 생명은 "살해할 수 있지만 희생물로 바칠 수는 없는 생명"으로 정의된다. 아감벤의 질문을 되풀이해 보자. 그렇다면 대체 "그러한 호모 사케르의 생명이란 도대체 무엇이란 말인가?"(『호모 사케르』, 160쪽) 아감벤은 이 질문에 대한 대답을 찾기 위해 먼저 삶(생명)이라는 단어의 어원을 캐묻는다. 이 작업을 통해 그는 의미론적으로나 어형적으로나 서로 구분되는 두 가지 용어, 즉 조에와 비오스의 대립에 주목한다.

> 조에는 모든 생명체(동물, 인간 혹은 신)에 공통된 것으로 살아 있음이라는 단순한 사실을 가리켰다. 반면 비오스란 어떤 개인이나 집단에 특유한 삶의 형태나 방식을 가리켰다(『호모 사케르』, 33쪽).

무슨 말인가? 이를테면 비오스의 생명이 문화적이고 노모스적이라면 조에의 생명은 자연적이고 퓌시스적이라는 말이다. 이를 다시 앞에서 제시한 기호 사각형에 적용하여 해석해 보자. 그럴 경우 비오스는 법의 '내부'와 '비외부'의 복합항으로서 자연적 요소가 철저히 배제된 생명을 가리키는 데 반해, 조에는 법의 '외부'와 '비내부'의 복합항으로서 문화적 요소가 철저히 배제된 생명으로 정의될 수 있을 것이다. 그렇다면 호모 사케르는? 정의상 호모 사케르는 내부도 외부도 아닌 비식별역에 위치한다. 호모 사케르는 비오스에도 조에에도 속하지 않는, 소위 예외상태에 처한 "벌거벗은 생명"이다. 이런 점에서 호모 사케르는 위의 기호 사각형에서 '비외부'와 '비내부'의 복합항으로 정의될 수 있을 것이다.

> 오히려 결정적인 것은 모든 곳에서 예외가 규칙이 되는 과정과 더불어 원래 법질서의 주변부에 위치해 있던 벌거벗은 생명의 공간이 서서히 정치 공간과 일치하기 시작하며, 이런 식으로 배제와 포함, 외부와 내부, 비오스와 조에, 법과 사실이 무엇으로도 환원되지 않은 비식별역으로 빠져드는 것이라고 할 수 있다(『호모 사케르』, 46쪽).

비오스와 조에, 호모 사케르를 각각 자기의 자리에 위치시킨 지금 기호 사각형에는 딱 하나의 자리, 즉 내부와 외부의 복합항만이 빈자리로 남아 있다. 빈자리에 들어갈 형상을 찾는 과정에서 우리가 주목하게 된 것은 다름 아닌 주권권력이다. 예외상태를 선포할 수 있는 것은 주권권력이다. 슈미트Carl Schmitt의 정치신학의 전통 하에서 주권권력은 예외상태에 처한 벌거벗은 생명으로서의 호모 사케르를 산출해낼 수 있는 권력으로 규정되어 왔다. 이렇게 볼 때 예외상태와 호모 사케르는 주권권력과의 관계 속에서만 정의되며, 이런 점에서 이른바 "정치적 공간"을 구성하는 중요한 요소가 된다. 아감벤은 슈미트의 주권 이론에서 출발하여 주권권력의 역설을 다음과 같이 정식화한다.

> 주권의 역설은 이렇게 표현된다. "주권자는 법질서의 외부와 내부에 동시에 존재한다(『호모 사케르』, 55쪽).

아감벤은 여기서 주권권력의 위상학적 위치를 설명하기 위해 '동시에'라는 명확한 표현을 사용한 것이 결코 사소한 일이 아니라는 점을 강조한다. 그리고 우리는 반갑게도 결코 사소하지 않은 이 표현에서 앞서 언급한 기호 사각형의 빈자리를 메울 형상을 발견하게 된다. "법질서의 외부와 내부에 동시에 존재하는"이라는 표현을 글자 그대로 해석하게 되면, 주권자는 기호학적으로 볼 때 자연스럽게 내부와 외부의 복합항으로 정의되는 공간에 위치하게 된다. 더구나 흥미롭게도 아감벤이 예외상태를 선포할 수 있고 호모 사케르를 산출해낼 수 있는 주권자를 호모 사케르의 "대칭적인 형상"으로 제시하고 있다는 점은 우리의 분석에 힘을 실어주는 고무적인 일이 아닐 수 없다.

> 주권자와 호모 사케르는 법질서의 양 극단에 위치한 두 가지 대칭적인 형상들로서 동일한 구조를 갖고 있으며, 서로 결합되어 있다. 여기서 모든 사람을 잠재적인 호모 사케르들로 간주하는 자가 바로 주권자이며, 또 그를 향해 모든 사람들이 주권자로 행사하는 자가 바로 호모 사케르이다.
> 주권자와 호모 사케르는 자신을 인간의 법과 신의 법, 그리고 노모스와 퓌시스 모두로부터 예외화하지만 그럼에도 어떤 의미에서는 종교의 영역과 세속의 영역, 자연의 질서와 정상적인 법질서 모두와 구분되는 최초의 본래적인 의미의 정치적 공간을 구획한다는 점에서는 동일하다(『호모 사케르』, 178–179쪽).

사실 주권자와 호모 사케르는 "양 극단에 위치한 두 가지 대칭적인 형상들"이기는 하지만 이들 모두 자신을 "예외화"한다는 점에서 "종교적 영역과 세속의 영역, 자연의 질서와 정상적인 법질서 모두와 구분되는" 비식별역에 존재한다고 할 수 있다. 말하자면 이들은 "동일한 구조"를 갖고 있는 것이다. 그럼에도 불구하고 이들이 서로 "대칭적"이라는 아감벤의 주장을 어떻게 해석해야 할까? 실제로 이 질문은 아감벤의 『호모 사케르』를 꼼꼼히 읽고 나서도 대답하기가 쉽지 않은 실로 어려운 질문 중의 하나이다. 물론 아감벤이 즐겨 사용하는 수사, 그러니까 내부이면서 동시에 외부라거나 내부도 외부도 아니라는 역설적인 표현들이 이해를 어렵게 만드는 요인인 것은 분명하지만, 보다 근본적인 이유는 아마도 아감벤 자신이 동일한 구조를 가지면서도 서로 대칭적인 이 두 형상들을 구분하려는 시도에 그리 적극적이지 않았다는 데 있을 것이다.

그렇다면 과연 기호학적인 방법론을 가지고 접근할 경우 이 문제에 대해 어떤 답변을 내놓을 수 있을까? 우리는 이미 그 답변을 제시하였다. 기호학적 관점에서 볼 때 내부와 외부의 복합항과 비외부와 비내부의 복합항은 서로 엄연히 구분된다. 전자가 진리의 영역에 속한다면 후자는 거짓의 영역에 해당한다. 여기서 대립하는 항들 간의 평화적 공존을 모색하는 진리의 영역을 신화적이라고 할 수 있다면, 거짓의 영역은 체계의 비체계성을 드러내는 체계의 한계이자 실재라고 할 수 있다. 여기까지는 쉽게 이해가 될 것이다. 그런데 관점을 조금 달리 해서 보게 되면 조금 색다른 결론이 도출될 수 있다. 즉 신화적이든 실재적이든 진리항과 거짓항은 내부와 외부의 뚜렷한 구분을 흐릿하게 만든다는 점에서 둘 다 일종의 비식별역에 위치하는 것이 아닐까 하는 것이 그것이다. 물론 이때에도 여전히 진리의 비식별역은 신화적으로, 거짓의 비식별역은 실재적으로 남아 있다는 조건 하에서 말이다.

이러한 관점을 염두에 두고 앞의 문제를 다시 한 번 살펴보자. 내부와 외부에 동시에 거주할 수 있는 주권자는 내부에도 외부에도 속하지 않은 호모 사케르와 마찬가지로 동일하게 비식별역에 존재한다. 하지만 주권자는 신화적 존재인 데 반해 호모 사케르는 실재의 구역에 존재하는 벌거벗은 생명이다. 이를 좀 더 자세히 풀어보자. 비오스도 조에도 아닌, 내부에도 외부에도 속하지 않은 호모 사케르는 '비외부'와 '비내부'의 복합항으로 이루어진 비식별역에 위치한다. 이 공간은 모든 법적 공간의 한계이자 실재이다. 여기서 실재란 자연과는 구별되는 법적·정치적 공간임을 강조할 필요가 있겠다. 아감벤은 이를 삶의 역량이 감추어져 있는 잠재면으로 정의한다. 반면 호모 사케르의 "대칭적 형상"으로서 주권자는 '내부'와 '외부'의 복합항으로 이루어진 비식별역에 위치한다. 내부와 외부를 "동시에" 포함하는 이 공간은 상상적이며, 근본적으로 신화적이다. 요컨대 주권권력을 지닌 주권자는 신화적 공간에 위치하면서 호모 사케르가 거주하는 예외상태에 신화적 권력을 행사한다. 상술한 내용을 바탕으로 호모 사케르의 사각형을 구축해 보면 다음과 같은 형태가 된다.

여기서 주권자는 순수하게 신화적인 존재이고 호모 사케르는 순수하게 실재적인 존재이다. 전자는 재현되지만 현시하지 않은, 달리 말해 대표성, 즉 상징성 자체만이 중요할 뿐 실제로 그가 누구인지는 중요하지 않은 존재이다. 예컨대 국왕이나 황제라는 칭호로 불리는 자리가 중요한 것이지 그 자리를 누가 차지하든 그것이 문제는 아니라는 말이다.

[호모 사케르 사각형]

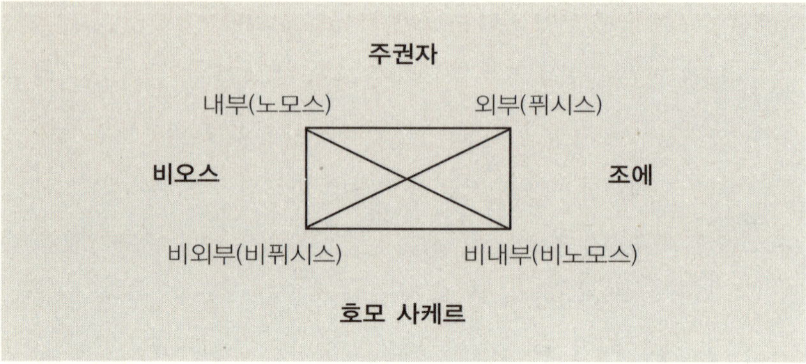


반면 후자는 현시하지만 재현되지 않은 존재이다. 이는 실제로 살아 있고 존재하지만 아무런 대표성이 담보되지 않은 오직 생명뿐인 존재라고 할 수 있다. 아감벤은 두 번째 테제를 통해 이 단순한 생명이 항상 서양 정치의 대상이었음을 피력한다.

> 정치적 영역을 시민권, 자유의지 및 사회계약이라는 관점에서 규정하는 근대적 관습과는 반대로 주권의 관점에서 본다면 오로지 벌거벗은 생명만이 진정으로 정치적이다(『호모 사케르』, 217쪽).

마지막으로 살펴볼 아감벤의 세 번째 테제는 수용소에 관한 것이다. 아감벤은 수용소가 "법과 사실의 혼합물로서, 그곳에서는 이 두 용어가 서로 구별되지 않는다"(『호모 사케르』, 322쪽)고 단언하며 수용소를 "예외적 공간"으로 정의한다.

> 예외적 공간이라는 수용소의 역설적인 지위에 대해 고찰해 보아야만 할 것이다. 수용소는 정상적인 법질서 외부에 위치한 조그마한 영토이지만 그렇다고 단지 외부 공간에 불과한 것은 아니다. 수용소로 추방된다는 것은, 예외라는 용어의 어원상의 의미—'외부에 포함되다'—를 따른다면, 자신의 배제를 통해 포함되는 것을 가리킨다. 하지만 가장 먼저 법질서 속에 포함되는 것은 바로 예외상태 그 자체이다. 예외상태가 '모두가 소망한' 것인 한, 그것은 규칙이 예외와 구별되지 않는 새로운 법적·정치적 패러다임을 도입한다. 따라서 수용소는 예외상태—주권권력은 그것에 대한 결정 가능성 바로 그것에 기반한다—가 규범적으로 실현되는 구조이다(『호모 사케르』, 321쪽).

위의 인용문에서 보듯 아감벤은 먼저 수용소가 가지는 역설적인 지위에 대해 주의를 환기시킨다. 이 역설은 다름 아닌 예외상태의 역설이다. 수용소는 법질서의 외부에 위치하면서도 외부의 공간이 아니라 가장 먼저 법질서 속에 포함된 예외적 공간의 형태로 존재한다. 수용소는 배제를 통해 포함하는 추방령에 의해, 다시 말해 법적 질서의 기원으로서 행사되는 주권권력에 의해 사로잡힌 공간이다.

> 수용소는 이처럼 사실과 법, 규범과 적용, 예외와 규칙 사이에서 어느 한쪽으로 결정하는 것이 절대적으로 불가능한 공간이면서, 그럼에도 불구하고 그것들 사이에서 끊임없이 결정을 내리는 공간이다. 수용소의 감시요원이나 관리들이 직면한 것은 국가사회주의적 규칙의 차별적 조치를 적용해야 하는 어떤 초법적인 사실(생물학적으로 유대

인종에 속하는 개인)이 아니었다. 반대로 수용소 내에서의 모든 동작과 사건은 가장 사소한 것에서부터 가장 예외적인 것에 이르기까지 모두 벌거벗은 생명에 대한 결정이며, 독일인의 생명정치적 신체는 이를 통해 실현된다. 유대인의 신체를 분리하는 일은 곧장 독일인 고유의 신체를 생산하는 일인데, 이는 규칙의 적용이 곧 규칙의 생산과 다를 바 없다(『호모 사케르』, 327–328쪽).

수용소에서는 지시내용이 점차 흐려지면서 사실인지 법인지, 규범인지 적용인지, 예외인지 규칙인지 알 수 없게 되고, 오직 결정의 필연성만이 강제하는 힘으로 남는다. 이런 면에서 수용소는 예외의 위상학적 구조와 동형적이다. 그렇다면 기호학적 차원에서 수용소는 예외와 마찬가지로 비내부와 비외부의 복합항으로 규정되는, 즉 내부와 외부도 아닌 비식별역에 위치하게 된다. 여기서부터 출발해서 수용소의 기호 사각형을 만들어 보자. 기호 사각형의 아래쪽, 그러니까 비내부와 비외부의 복합항에 수용소가 위치한다면 기호 사각형의 왼쪽, 즉 내부와 비외부의 복합항에는 법이 효력을 발휘하는 공간으로서 법적 질서가 놓일 수 있다. 반대로 법적 효력이 미치지 않는 공간은 사실의 질서에 속하며, 이는 기호 사각형의 오른쪽, 즉 외부와 비내부의 복합항에 위치한다. 마지막으로 내부와 외부의 복합항만이 남았는데, 이 빈자리를 채우기 위해서는 앞에서 제시한 호모 사케르 기호 사각형을 참조할 필요가 있겠다. 호모 사케르 사각형에서 내부와 외부의 복합항을 차지하는 것이 바로 주권자가 위치하는 신화적 공간이라는 사실을 기억하는가? 이를 수용소의 기호 사각형으로 대치하게 되면 주권자가 위치하는 신화적 공간에 "국민-국가-영토의 삼위일체"로서의 근대국가가 들어설 수 있다. 그 이유는 다음과 같다. 아감벤에 따르면 이 삼위일체는 "근대 주권의 허구성"이 창출해낸 것에 다름 아니며, 그 대립항에 놓인 수용소는 말하자면 이 근대국가의 허구적 기반이 흔들리면서 등장하게 된 공간이라는 것이다.

> 수용소는 국가-국민(출생)-영토라는 과거의 삼위일체에 추가되면서 그것을 파괴시켜 버린 제4의 불가분의 요소이다(『호모 사케르』, 330-331쪽).

이렇게 구축된 수용소의 기호 사각형은 다음과 같이 나타난다.

[수용소 사각형]

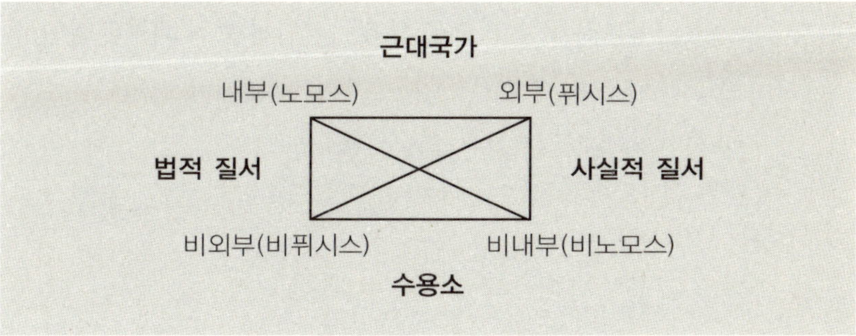


논의를 마치기 전에 아감벤이 말한 수용소의 역설적인 지위가 좀 더 복잡한 형태를 띤다는 사실을 한 번 더 강조할 필요가 있겠다. 아감벤은 위의 인용문에서 수용소를 "예외상태가 규범적으로 실현된 구조"로 설명한다. 아감벤의 또 다른 정의를 따르자면 수용소는 "예외상태가 규칙이 되기 시작할 때 열리는 공간"(『호모 사케르』, 319쪽)이기도 하다. 이 말은 수용소가 단지 예외상태인 것이 아니라, 이 예외상태가 구체적인 형태로 그 모습을 드러낸 공간이라는 것을 의미한다. 그런데 여기서 예외상태가 규범적으로 실현되고 규칙이 되기 시작한다는 말을 단지 예외상태가 법적 질서 안으로 편입된다는 것으로 이해해서는 안 된다. 예외상태의 규범화 또는 규칙화는 오늘날 예외상태가 점차 보편화되고 있는 상황을 가리킬 뿐만 아니라, 이로 인해 그동안 근대국가의 확고한 기반으로 간주되어 왔던 국민-국가-영토라는 허구적인 삼위일체가 근본에서부터 흔들리기 시작했음을 함의하고 있다. 아감벤의 말을 빌리자면 수용소는 "인간과 시민, 출생과 국적 간의 연속성을 깨뜨림으로써 근대 주권의 근원적인 허구성을 문제 삼는다"(『호모 사케르』, 256쪽). 요컨대 수용소는 내부와 외부의 대립을 허구적으로 화해시키는 것이 아니라, 이 대립의 의미론적 구조 자체를 와해시키면서 오직 화행론적인 강제력만을 발휘하게 하는 곳으로, 모든 변증법적 운동이 정지하는 교차 모순의 역동이 가장 잘 드러나는 지점인 것이다.

# PART 03
# 비평

지금까지 우리가 해온 것이

'~도 아니고 ~도 아닌'이라는 이중부정으로 특징지어지는 교차모순의 지점을 찾아내고 그 특성을 드러내기 위해 다양한 철학 텍스트들을 메타비평한 것이라면, 이제부터 우리가 시도하고자 하는 것은 앞서 이론적 메타비평 작업을 통해 드러난 교차모순의 지점을 도구로 삼아 몇몇 영화와 문학 텍스트를 직접 분석해 보는 비평작업이라고 할 수 있다. '비평'이라 명명된 3부에서 다루게 될 작품은 모두 네 편으로, 이해준 감독의 영화 〈김씨표류기〉, 김기덕 감독의 영화 〈빈집〉, 장훈 감독의 영화 〈고지전〉과 코맥 매카시Cormac McCarthy의 소설 『더 로드』*The Road*—코맥 매카시의 소설은 존 힐코트Cormac McCarthy 감독에 의해 영화화되어 2010년 개봉되었지만 영화가 원작을 담아내기엔 너무도 역부족이었다는 생각에 소설 원작을 분석 대상으로 삼았다—가 그것이다. 이들 작품은 비록 임의로 선택된 것이긴 하지만 네 편 모두 우리가 교차모순이라 부르고자 하는 포스트모던 비평의 지점을 그 어떤 말보다 분명하게 보여줄 뿐만 아니라 미학적으로 잘 형상화하고 있다. 영화 〈김씨표류기〉는 바우만이 진단한 글로벌 소비사회에서 쌓여가는 잉여와 인간 쓰레기라는 불편한 진실을 마주 대하게 해주었고, 누가 뭐라고 해도 단연코 김기덕 감독의 최대 수작임에 틀림없는 〈빈집〉은 감독이 과연 이 모든 것을 알고 찍었을까라는 의심이 들 정도로 포스트모던 철학의 핵심적 주제를 말없이—실제로 영화의 주인공인 태석과 선화는 영화가 진행되는 내내 말이 없다—관통하고 있다. 한편 2011년 개봉된 〈고지전〉은 처음부터 끝까지 전쟁터를 보여주면서도 왜 싸워야 하는지는 잊은 채 싸워야 하는 당위만이 강제하는 공간 속에서 이루어지는 "실재의 직접적인 경험"을 오롯이 형상화해냄으로써 전쟁영화의 새로운 패러다임을 열어보인다. 마지막으로 세계의 종말 그 이후를 보여주는 매카시의 『더 로드』는 세상 전부가 잿빛으로 변해버린 실재의 사막에 남은 벌거벗은 인간들의 삶에 주목한다. 과연 세계의 종말 이후에도 인간은 인간으로 남을 수 있을 것인가? 어떻게?

때로는 수천 마디 말보다 단 한 장의 그림이나 사진이, 혹은 수천 페이지의 심오한 이론서보다 소설이나 영화 한 편이 훨씬 더 많은 말을 하고 훨씬 더 큰 울림을 주기도 하는 법이다. 이런 평범한 진실을 이 작품들을 통해 다시 한 번 깨닫게 되었다. 고백컨대 이들 작품에서 얻은 영감 덕분에 교차모순에 대한 우리의 사유가 보다 깊어지고 풍요로워질 수 있었다. 이 자리를 빌려 예술을 통해 인문학적 사유의 영감을 얻게 해준 이들 작품의 창조주들에게 진심으로 감사의 마음을 전한다.

CHAPTER _ 05

# 현대 글로벌 소비사회의 사회학적 보고서 : 〈김씨표류기〉

2009년 개봉된 이해준 감독의 영화 〈김씨표류기〉는 대한민국에서 가장 흔한 성을 지닌 두 남녀의 매우 드문 일상을 영상화한 작품이다. 영화 속에 등장하는 남자 김씨는 빚 때문에 파산하여 신용불량자가 된 뒤 한강에 투신자살을 시도했다가 무인도인 밤섬으로 흘러들어 표류하고, 여자 김씨는 오랜 따돌림으로 상처받고 방안에 틀어박혀 오로지 미니홈피 관리로 소일하는 이른바 은둔형 외톨이의 삶을 살아간다. 오늘날 한국 사회에서 이른바 '루저'로 지칭되는 주인공들이 전면에 등장하는 이 영화는 개봉 당시 때로는 로맨스와 소통의 이야기를 담은 이야기로, 때로는 아무것도 가진 것이 없지만 희망의 끈을 놓지 않는 두 인물의 연대를 통해 관객에게도 모종의 희망을 전하는 이야기로 소개된 바 있다. 그런데 비평가 혹은 관객에 따라 영화가 주는 메시지를 '희망'으로 보든 '소통'으로 보든, 아니면 영화의 비극적 현실을 강조하든 희극적 코믹함을 강조하든 간에 이 영화가 자본주의 시장논리와 인터넷 이상주의가 팽배한 오늘날 한국 사회가 안고 있는 문제점을 드러내고, 그와 관련된 불편한 진실에 대해 생각하게 만드는 문제작이라는 데는 이견이 없어 보인다.

실제로 이 영화는 시종일관 코믹한 희극적 색채를 유지하고 있지만, 그 희극적 웃음의 기저에는 분명 현대 글로벌 소비사회에서 잉여로 분류되는 "인간 쓰레기", 좀 더 정확하게 바우만의 용어로 말하자면 쓰레기가 된 인간들의 비참한 삶이 놓여 있다는 것을 부인하기는 어렵다. 바우만은 그의 저서 『쓰레기가 되는 삶들』*Wasted Lives Modernity and its Outcasts* 에서 오늘날 글로벌 자본주의 사회에서 무한경쟁은 더 이상 선택이 아닌 필연이 되어버린 삶의 조건임을 직시하면서 쓰레기 생산을 이러한 현대화 과정의 불가피한 산물로 제시한다. "여분의, 불필요한, 쓸모없는 것을 잘라내 버림으로써 아름답고 조화로우며 만족스럽고 좋은 것들이 나타나게 된다는"(『쓰레기가 되는 삶들』, 50쪽) 믿음을 맹신하는 현대 글로벌 소비사회에서는 소비자에게 만족을 주지 못하는 상품은 즉시 쓰레기로 분류 폐기되는데, 바우만에 따르면 인간 역시도 여기에서 예외가 될 수 없다. 즉 무한경쟁 체제에서 어떤 이유로든 도태되어 "여분의, 불필요한, 쓸모없는 것"으로 낙인찍히는 순간 인간의 삶 역시도 바로 쓰레기로 전락하게 된다는 것이다. 이런 관점에서 볼 때 경쟁 시스템에서 배제되어 자기들만의 외딴 공간에 틀어박히게 된 루저들의 이야기인 〈김씨표류기〉는 바우만이 '유동하는 근대'로 정의한 현대 글로벌 소비사회에서 용도 폐기된 표류하는 삶의 훌륭한 사회학적 보고서로 읽힐 수 있다. 실제로 처음부터 끝까지 영화에 지속적으로 등장하는 소품이자 배경 그 자체인 쓰레기 더미와, 각각 쓰레기 더미에 묻혀 살아가는 두 남녀 김씨의 삶이야말로 바우만이 말한 '쓰레기가 되는 삶들'의 이미지를 그 어떤 설명보다도 직접적으로, 그리고 사실적으로 형상화하고 있지 않은가. 그렇다면 비평가의 입장에서 우리가 해야 할 일은 아마도 〈김씨표류기〉라는 영상 보고서를 읽어가면서 "우리 시대의 가장 괴로운 문제인 동시에 가장 철저하게 지켜지는 비밀"(『쓰레기가 되는 삶들』, 58쪽)을 파헤치고 드러냄으로써 그동안 의도적으로 혹은 암묵적으로 배제되고 가려진 목소리들을 들리게 하고 보이지 않던 것을 보이게 하는 것이 되어야 하지 않을까? 자, 이제부터 본격적으로 영화 속으로 함께 떠나보자.

### 1. 현대화의 또 다른 얼굴

영화 속에 등장하는 여자 김씨가 사이버 세계에 갇혀 지내면서 철저하게 부모의 경제력에 의존하는 이른바 캥거루족이라면, 카드 빚에 쫓겨 결국 밤섬으로 떠밀려온 남자 김씨는 이 섬으로 떠내려 온 도시의 쓰레기 덕에 연명하는 내버려진 존재이다. 두 남녀 김씨는 각자의 방과 섬에서 고립된 채 고독하고 불필요한 잉여의 삶을 영위한다. 이들의 일상이 증언하는 표류하는 삶의 고독한 몸짓은 경쟁 시스템으로 작동하고 배제 시스템으로 유지되는 현대 글로벌 소비사회에서 결국 뒤처지고 버림받고 홀로 몸부림쳐야 하는 다수의 실제적 혹은 잠재적 '잉여인간' 혹은 '쓰레기가 되어가는 삶들'에게 그다지 낯설지 않은 모습일 것이다. 실제로 백소영의 말처럼 승자독식의 무한경쟁 체제 하에서 양극화가 고착화되고 있는 한국 사회에서는 이미 "대략 80%의 젊음은 잉여"로 전락했으며, 이는 개인의 노력 여하에 상관없이 "구조적으로" 그렇게 된 것이다(「잠재성을 잉여라 부르는 세상」, 35쪽). 그런데 여기서 한 가지 언급하고 넘어가야 할 것은 오늘날 부정적 의미로 사용되는 '잉여'라는 말이 처음부터 부정적 시선의 대상은 아니었다는 사실이다. 실제로 최초의 인류가 채집과 수렵으로 살아가던 시절에는 먹고 남은 잉여가 겨울철에 요긴하게 쓰이도록 잘 관리하고 저장해야 할 식량이었을 테고, 고대 농경사회에서라면 잉여의 곡물이 다른 생필품과 맞바꾸거나 금전화할 수 있는 쓸모 있는 것이었을 테니 말이다. 물론 그 이후 잉여의 과잉분이 점차 많아지고 특정 계층에게 편중되면서 잉여를 차지하기 위한 인간들의 싸움이 시작되었겠지만, 그때에도 여전히 잉여는 쓰레기와는 거리가 먼 것이었다. 그렇다면 애초에 부정적 의미를 지니지 않았던 잉여가 쓰레기가 되고 급기야는 인간에게까지 적용되기 시작한 것을 어떻게 설명할 수 있을까?

바우만에 따르면, 오늘날 버려진 삶들이 쓰레기로 '쌓이게' 된 원인은 근본적으로 르네상스로 거슬러 올라가는 현대성에서 기인한다. 즉 그가 보기에 현대성이란 "설계 강박증과 설계 중독에 빠진 상태"로 정의될 수 있는데, 불행히도 그리고 운명적으로 "설계가 있는 곳에 쓰레기도 있다"(『쓰레기가 되는 삶들』, 64쪽). 이 말은 대리석판 한 개를 골라 불필요한 부분을 모두 깎아내면 아름다운 조각품이 완성되고, 그와 동시에 깎여나간 불필요한 부분은 불가피하게 쓰레기로 쌓인다는 르네상스의 대가 미켈란젤로의 고백을 떠올리게 한다. 말하자면 설계는 불필요한 부분을 깎아냄으로써 아름다운 윤곽을 드러내는 작업이다. 질서를 세우기 위해서는 먼저 무질서로 간주되는 것을 허물어야 하며, 규칙을 만들기 위해서는 먼저 무법상태로 간주되는 것을 배제하고 금해야 하는 것이다. 이는 한마디로 파괴함으로써 창조한다는 역설의 논리라고 할 수 있다. 이렇게 본다면 근대인들을 사로잡았던 설계 강박증이란 결국 쓰레기 혐오증에 다름 아니다.

그런데 여기서도 마찬가지로 처음부터 불필요한 것이 불필요한 것으로, 무질서가 무질서로, 무법상태가 무법상태로, 쓰레기가 쓰레기로 존재했던 것은 아니다.

> 있는 그대로 드러난 세계, 이야기의 각광도 받지 못하고 디자이너의 가봉도 받기 전의 세계는 질서가 있지도 혼란스럽지도 않으며 또 깨끗하지도 더럽지도 않다. 질서의 전망과 더불어 무질서를, 깨끗함의 기획과 더불어 더러움을 한데 불러 모으는 것은 인간이 그리는 설계도다(『쓰레기가 되는 삶들』, 46쪽).

위의 인용문에 따르면 질서도 무질서도, 법도 무법도, 깨끗함도 더러움도, 필요도 불필요도 그냥 주어진 것이 아니라 "질서의 전망"과 더불어, "깨끗함의 기획"과 함께, 요컨대 "인간이 그리는 설계도"에 따라 정의되는 것일 뿐이다. 말하자면 모든 것을 결정하는 것은 바로 어떤 전망을 품고 있느냐, 어떤 기획을 수행하고자 하느냐, 어떤 설계도를 그리려고 하느냐 하는 것이다. 즉 채택된 전망, 기획, 설계도에 따라 무질서,

무법, 더러움, 불필요가 분리 · 수거되고 제거되는 것일 뿐, "있는 그대로 드러난 세계"는 모든 가치에 대해 중립적이다. 본질적으로 아는 것이 선택하는 것이라면 질서에 대한 전망을 세우고 설계도를 작성하는 일은 하등의 문제될 것이 없는 인간의 보편적인 인식활동이라고 할 수 있다. 인간이 지속적으로 앎을 추구하는 한 소위 현대화의 과정은 불가피한 것이기 때문이다. 문제는 이러한 "질서구축"이라는 현대성 개념이 인간에게 본격적으로 적용되기 시작하면서부터 발생한다. 인간을 대상으로 질서를 구축한다는 것은 다시 말해 "새롭고 전보다 향상된 인간적 결속의 형태를 설계"한다는 것이다. 이는 신분이나 출신에 따라 인간의 위계가 숙명적으로 결정되는 것이 아니라, 설계도에 따라 인간의 유용성이 합리적으로 판단된다는 것을 뜻한다. 이런 상황에서 질서구축의 설계도에 맞지 않거나 위배되는 사람들은 주권권력에 의해 의도적으로, 의식적으로 배제되어 쓰레기로 내몰리게 된다. 그들이 아니었다면 멋지고 평온했을 풍경에 오점을 남기는 존재인 흠 있는 자들, 이들은 그 흔적을 없애거나 지워버림으로써만 설계된 형태가 보다 일관되고 조화롭고 안전하게 기능할 수 있는 존재들로 이른바 호모 사케르에 다름 아니다. 생각해 보라. 쓰레기 더미에 묻힌 불결한 삶은 수용소에 갇힌 호모 사케르의 삶과 매우 닮아 있지 않은가.

한편 근대 산업사회부터 후기 자본주의 사회에 이르는 현대화 과정은 경제발전의 역사이기도 하다. 경제발전은 질서구축과 마찬가지로 필연적으로 창조적 파괴의 과정을 동반하는데, 그로부터 쓰레기가 발생하는 것은 당연한 귀결이다. 다만 앞서의 질서구축 과정의 희생자들과 비교해 볼 때 경제발전의 부산물, 즉 바우만이 "잉여인구"라 명명한 인간 쓰레기들은 경제발전에 따라 피치 못하게 생겨난, 말하자면 의도되지도 않고 계획되지도 않은 부수적 희생자들이라는 점에서 차이가 있을 뿐이다. 그런데 여기서 문제가 되는 것은 현대화 과정의 필연적 부산물이자 현대성에 불가피하게 수반되는 쓰레기가 지나치게 많아지면서 오늘날 현대 사회 전체를 위협하는 심각한 골칫거리가 되었다는 점이다. 바우만은 오늘날 인간 쓰레기가 전(全) 지구적으로 양산되고 있으며, 이것이야말로 역설적으로 현대성의 전 지구적 승리가 낳은 치명적인 위기라는 사실을 환기시킨다.

> 그러나 지구는 지금 만원이다. 이것은 다른 무엇보다 질서구축과 경제발전 같은 전형적인 현대화 과정이 모든 곳에서 일어나고, 그에 따라 모든 곳에서 '인간 쓰레기'가 점점 더 많이 생산되지만 이번에는 그러한 쓰레기의 저장과 잠재적 재활용을 위해 필요한 '자연적' 쓰레기 처리장이 존재하지 않는다는 것을 의미한다. 룩셈부르크가 한 세기 전에 예견했던 과정(사회적인 용어로 분명히 기술하기보다는 주로 경제적인 용어로 기술했지만)이 궁극적 한계에 도달한 것이다(『쓰레기가 되는 삶들』, 130쪽).

로자 룩셈부르크Rosa Luxemburg가 한 세기 전에 예견했던 과정은 다름 아닌 오늘날 우리가 목격하고 있는 자본주의의 전 지구화이다. 그에 따르면 "자본주의는 발전을 위한 환경으로 비자본주의적 사회조직들을 필요로 하지만 자본주의 자체의 존속을 유일하게 보장할 수 있는 바로 그러한 조건을 먹어치움으로써 전진한다"(『쓰레기가 되는 삶들』, 130쪽).

마치 자기 꼬리를 먹고 사는 뱀처럼 자본주의는 자신의 존속에 필요한 비자본화된 영토를 "먹어치움으로써" 어리석게도 자신의 존재기반을 스스로 파괴하며 "전진"하는데, 글로벌 소비사회에 이르러 더 이상 "전진"할 곳을 찾지 못하자 "궁극적인 한계"에 도달해 버린 것이다. 바꿔 말하자면 현대사의 상당 기간 동안 자본주의 체제가 자신의 설계과정에서 불가피하게 생겨나는 쓰레기를 자본화된 영토 '밖'으로 내다버리는 일이 가능했던 데 반해, 이른바 현대화 과정이 전 지구적으로 이루어지고 있는 오늘날에는 더 이상 쓰레기를 버릴 '밖'이, 비자본화된 영토가 존재하지 않게 된 것이다. "지구는 지금 만원이다"이라는 바우만의 정치 · 사회학적 명제는 자본화된 지구촌에 더 이상 '밖'이 존재하지 않게 되면서 잉여인구의 배출로가 차단된 상황에서 모두가 인간 쓰레기가 될 수 있다는 잠재적 전망의 대상이 되었음을 함의한다.

## 2. 소비자의 윤리

영화 〈김씨표류기〉는 더 이상 밖이 존재하지 않게 된 사회 속에서 쓰레기 더미에 묻혀 살아가면서 자신들도 쓰레기가 되어버린 두 김씨의 삶의 형태를 아이러니하게, 다시 말해 비극적이고도 희극적인 방식으로 조명한다. 이 영화가 그리는 한국 사회는 영화의 초반부에 등장하는 대출회사 직원의 "쇼핑처럼 쉽고 빠른 대출"이라는 멘트처럼 모든 것을 쉽게 사고팔며 빠르게 소비하고 버리는 소비 자체가 미덕이 되어버린 사회, 또한 사회의 전 구성원이 무엇보다도 소비자로서 기능해야 할 필요성에 의해 지배를 받는 소비자 사회의 전형적인 모습이다. 이것은 물론 허구가 아니라 우리가 사는 한국 사회의 현실이기도 하다. 바우만에 따르면 이전 형태의 근대 사회, 즉 생산자 사회가 사회의 구성원들을 일차적으로 생산자로 간주했다면 후기 근대, 2차 근대, 포스트모던의 소비자 사회를 지배하는 규율은 "누구든 특별한 무엇이 된다는 생각을 하기 전에 먼저 소비자가 되어야 한다"(『새로운 빈곤』, 47쪽)는 사실이다. 이러한 사회에서는 판에 박은 행동을 하지 않고 끊임없이 선택하는 미덕을 지닌 이른바 "성숙한" 소비자만이 제대로 환대받고 대접받을 수 있으며, 불완전하고 능력 없는 소비자에게는 어떠한 자리와 역할도 할당되지 않는다.

> 생산자 사회(생산 라인으로부터 잠시 '떠나 있는 사람들'을 포함해)에서는 아무리 실업자들이 불쌍하고 비참하다고 하더라도 사회에서의 그들의 자리는 의심할 바 없이 확고했다. 필요할 때 언제든 투입될 수 있는 강력한 예비군의 필요성을 생산 전선에 있는 어느 누가 부인하겠는가? 소비자 사회에서 미완의 소비자는 이러한 확신을 가질 수 없다. 이들이 확신할 수 있는 단 한 가지는 도시에서 벌어지고 있는 유일한 게임에서 탈락하면 더 이상 선수로 뛸 수 없으며, 따라서 더 이상 필요하지도 않게 된다는 것이다. 한때는 잠재적 생산자라는 것만으로도 생산자 집단에 들어갈 수 있는 조건을 충족시키기에 충분했다. 하지만 부지런한 소비자가 되겠다는 약속과 소비자 지위를 차지하고 있다는 주장만으로는 소비자 집단에 들어가기에 충분하지 않다. 소비자 사회에는 흠이 있고, 불완전하고, 미완인 소비자들을 위한 자리는 없다(『쓰레기가 되는 삶들』, 35쪽).

이전 생산자 사회에서 실업자는 재취업의 기회를 엿보면서 생산 라인으로부터 잠시 떠나 있는 "강력한 예비군"으로 간주되었고, 이 사회에서 이들의 자리는 의심의 여지없이 확고했다. 이들은 모두 "잠재적 생산자"로 인식되었던 것이다. 하지만 후기 근대 소비자 사회에 들어서면서 상황은 완전히 달라진다. 소비자 사회는 말하자면 소비의, 소비를 위한, 소비에 의한 사회이다. 이 사회를 지배하는 것은 사용되기 위해 제작된 물건이 아니라 소비되기 위해 만들어진 상품이다. 여기서는 더 이상 필요가 아니라 유혹이, 본질이 아니라 외관이 구매를 결정하며, 따라서 상품은 소비자의 눈길을 끌기 위해 잠시라도 그들이 지루하지 않도록 늘 새롭게 변화해야 한다. 이탈로 칼비노Italo Calvino의 소설 『보이지 않는 도시들』*Le città invisibili*에 등장하는 도시 레오니아에서처럼 소비자 사회의 구성원들은 매일 최신형 냉장고에서 아직 뚜껑을 따지 않은 캔들을 꺼내며 최신 모델의 라디오에서 흘러나오는 최근 소식을 듣고 새롭고 다양한 물건들을 즐기는 것에 열정을 쏟으며 살아간다(『보이지 않는 도시들』, 148쪽). 굳이 소설 속 허구의 도시 레오니아까지 들먹이지 않더라도 매일같이 더 높아진 사양에, 소비자를 깜짝 놀라게 하는 매혹적인 최신형 디자인으로 무장한 새로운 모델들이 쏟아져 나오는 한국 사회에서 적당한 주기마다 휴대폰을, 자동차를, 전자기기를 바꾸지 않고 살아가기란 쉬운 일이 아니다. 게다가 이 교체주기는 점점 더 빨라지고 있으며, 멀쩡한 물건을 놔두고 왜 새것을 또 사야 하느냐는 주장은 뭔가 세상 물정 모르는 사람의 케케묵은 고릿적 잔소리쯤으로 치부되기 마련이다. 이런 세상에서는 오직 새것만이 아름답고 매력적인 것으로 간주되며, 오래된 것은 추하고 혐오스러운 것으로 즉각적인 폐기의 대상이 된다. 철저하게 미와 추의 기준에 따라 설계된 사회, 그것이 바로 소비자 사회이다. 그런데 이 사회에서는 진열대에 전시된 물건만이 아니라, 소비대상으로 전락한 인간마저도 미와 추의 기준에 따라 상품이냐 쓰레기냐가 결정된다. 어느 새 세계 최대 성형대국이 되어버린 한국에서 아름다움은 그 자체로 상품가치이자 무기가 된다. 소비자 사회는 또한 소비할 능력을 갖춘 소비자들만을 위한 사회이기도 하다. 따라서 불완전하고 미완인 소비자들을 위한 자리는 이곳에 없다. 소비자로서의 자격을 박탈당하는 즉시 그곳에서 영원히 추방되기 때문이다. 요컨대 매력적인 상품과 이를 구매할 수 있는 능력을 갖춘 소비자만을 위한 사회, 이것이 오늘날 소비자 사회의 본질인 것이다.

이렇게 '미와 추', '능력과 무능력'이라는 두 가지 "질서의 전망"에 따라 설계된 소비자 사회는 불가피하게 쓰레기를 양산하게 된다. 소비되고 버려진, 또는 소비되기 전에 버려진 추한 상품 쓰레기들과 소비능력, 이른바 구매력을 상실하거나 애초부터 이 능력을 갖지 못한 인간 쓰레기들이 그것이다. 그러나 현대 소비자 사회에서 용도 폐기된 상품과 게임에서 방출된 자격미달의 소비자들은 쓰레기로 분류되는 순간 아무도 관심을 두지 않는, 존재하지만 보이지 않는 감추어진 것이 된다.

> 우리를 둘러싸고 있는 이야기, 그리고 우리가 함께 살고 있는 이야기는 쓰레기에 관심이 없다. 그것이 관심을 갖는 것은 생산물이지 쓰레기가 아니다. 두 종류의 트럭이 날마다 공장을 떠난다. 하나는 창고와 백화점으로, 다른 하나는 쓰레기장으로 우리를 둘러싼 이야기는 첫 번째 종류의 트럭만 주목하라고 (중시하고 가치를 두고, 관심을 가지라고)

> 우리를 훈련시켜 왔다. 반면 두 번째 종류의 트럭에 대해서 우리는 쓰레기 더미가 눈사태처럼 쓰레기 산으로부터 무너져내려와 우리 뒷마당을 둘러싼 울타리를 뚫고 침범하는 경우(다행히 아직은 날마다 일어나지 않지만)에만 생각한다. 험한 지역, 더러운 거리, 도시 빈민굴, 망명자 수용소 그리고 그 밖의 다른 제한구역과 마찬가지로 우리는 그런 쓰레기 산들을 현실에서든 생각에서든 찾지 않는다. 관광할 때 들떠서 모험을 하는 중에도 그런 지역들은 조심스럽게 피해다닌다(또는 그런 곳을 피하도록 인도된다). 우리는 극히 근본적이고 효과적인 방법으로 쓰레기를 처리한다. 즉 쓰레기를 보지 않음으로써 보이지 않게, 생각하지 않음으로써 생각할 수 없도록 만든다. 일상의 기본적인 방어막이 무너지고 예방책이 실패했을 때만, 이러한 방어막이 보호해야 할 생활세계의 안락하고 몽환적인 폐쇄성이 위험에 직면했을 때만 쓰레기에 대해 걱정한다(『쓰레기가 되는 삶들』, 58–59쪽).

이것이 바로 우리가 현대 소비자 사회의 사회학적 보고서라 칭한 영화 〈김씨표류기〉가 카메라를 통해 적나라하게 드러내고 있는, 보이지 않게 숨겨져 있던 불편한 진실인 것이다.

### 3. 잉여의 불량 소비자

〈김씨표류기〉의 주인공 남녀 김씨는 각각 현대 소비자 사회의 관점에서 볼 때 부적합 판정을 받은 불량 소비자이다. 캥거루족인 여자 김씨가 자신의 수입이나 능력 없이 부모의 경제력에만 의존하는 과잉의 소비자라면, 대출원금에 이자까지 모두 "1억 1,030만 8천 원"을 갚지 못해 신용불량자가 된 남자 김씨는 결핍의 소비자이다. 과잉이든 결핍이든 간에 이들은 모두 도시에서 벌어지고 있는 유일한 게임을 도저히 혼자서 감당할 수 없는 불완전하고 미완인 소비자들에 지나지 않는다. 소비 게임에서 패배했거나 배제당한 이들은 게임의 폐기물에 지나지 않으며, 이 사회에서 불필요하고 무용한 잉여적인 여분의 존재들이 되었다.

> '잉여'란 여분, 불필요함, 무용함을 의미한다.—유용성과 필수불가결함의 기준을 설정하는 필요와 유용성이 무엇이든 말이다. 다른 사람들은 당신을 필요로 하지 않으며, 당신 없이도 잘할 수 있고, 당신이 없으면 더 잘할 수 있다. 당신이 거기 있어야 할 어떤 자명한 이유도 없고, 당신이 거기 있어야 한다고 주장할 만한 어떤 뚜렷한 정당성도 없다. 잉여로 규정된다는 것은 버려져도 무방하기 때문에 버려졌다는 것을 의미한다.—마치 환불해 주지 않는 빈 플라스틱 병이나 일회용 주사기, 그다지 매력적이지 않아 아무도 사지 않는 상품, 조립 라인에서 품질 검사관이 버리는 바람에 한 번도 사용된 적 없는 기준 미달 제품이나 불량품처럼 말이다. '잉여'는 '불합격품', '불량품', '폐기물', '찌꺼기'—와 그리고 쓰레기—와 의미론상의 공간을 공유하고 있다. '실업자', '노동 예비군'의 목적지는 다시 노동현장으로 돌아가는 것이었다. 그러나 쓰레기의 목적지는 쓰레기장, 쓰레기 더미이다(『쓰레기가 되는 삶들』, 32쪽).

쓰레기가 되는 삶들은 잉여로 내몰린 삶들이다. 이 삶은 잠시 정상에서 벗어난 상태를 암시하고 있는 실업unemployment과는 근본적으로 다른 것이다. 실업은 재취업의 가시권 안에 들어 있지만 잉여로서의 삶은 그렇지가 않다. 바우만은 이러한 잉여의 개념이 "'비정상', 질서로부터의 일탈, 현재 불행의 일시적 본성"과 전혀 관계가 없다는 점에 주의를 환기시킨다. 잉여는 남아도는 것, 과잉, 불필요한 것이며, 경제는 그들이 없어야 더 나아지고, 그런 의미에서 "그들은 경제활동에서 배제되어야 한다"(『새로운 빈곤』, 127쪽). 한마디로 실업자의 최종 목적지가 "노동현장"이라면 잉여적 삶의 최종 목적지는 "쓰레기장"이다. 잉여는 "버려져도 무방한", 더 이상 쓸모없게 된 쓰레기가 되는 삶들로, 이들은 종국에는 가시권 밖의 보이지 않는 곳으로 내몰릴 운명에 처해있다.

앞서 언급했듯이 소비자 사회에서는 이른바 인간적 결속의 형태를 미와 추 그리고 능력과 무능력으로 과감하게 재단한다. 이런 상황에서 아름다운 사람은 능력 있는 사람이고 추한 사람은 무능력한 사람이다. 역으로 능력 있는 사람이 아름다운 사람이고 무능력한 사람이 추한 사람이다. 그런데 영화에서 여자 김씨는 이마에 크게 난 화상의 상처는 물론이고 아름다운 곳이란 하나도 찾아볼 수 없는 추한 모습으로 그려진다.

> 탁탁탁 … 책상. 컴퓨터 키보드를 두들기고 있는 누군가의 뒷모습이 보인다. 허리까지 오는 푸석한 긴 머리 … 손톱에 잔뜩 껴있는 손톱때 … 며칠 째 씻지 않은 꼬질꼬질한 목덜미 … 성별도 알 수 없는 그 모습은 … 로빈슨 크루소보다 더 로빈슨 크루소 같다. 마침내 긴 머리 사이로 드러나는 얼굴은 … 20대 초반으로 보이는 … 핏기 없는 하얀

얼굴의 여자. 긴 머리를 늘어뜨려 아직은 확실히 볼 수 없으나 … 짧은 순간 잠깐씩 드러나는 … 일그러진 이마 … 화상으로 인한 상처. 긴 앞머리는 아마도 그 상처를 가리기 위한 것인 듯(〈김씨표류기〉 대본 #29).

여자 김씨가 외부와 단절하고 골방에 칩거한 것은 자신의 추한 모습을 감추기 위해서이다. 능력과 외모로 모든 것을 평가받는 현대 소비자 사회에서 추한 외모란 특히 20대 젊은 여성에게 치명적인 약점으로 작용할 수 있다. 다행인지 불행인지 여자 김씨에게 자신의 추한 모습을 감추고 아름답게 가장할 수 있는 곳이 존재하는데, 그곳은 바로 그녀가 활보하고 다니는 사이버 세계이다. 그런데 이곳에서도 문제가 발생한다. 가짜 홈피를 만들어 돌로레스라는 이름으로 행세한 여자 김씨는 유행을 선도하는 아름답고 매력적인 여성으로 만인의 추앙을 받았지만, 네티즌들에 의해 실체가 밝혀지는 순간 악의적 댓글들로 인해 사이버 세계에서도 완전히 배제되는 상황이 발생하게 된 것이다. 현실에서는 캥거루족의 신세를 벗어나지 못하고 가상에서는 신상이 털린 여자 김씨는 종국에는 "불합격품, 불량품, 폐기물, 찌꺼기"로 전락하고 만다.

그녀의 홈피가 가짜라는 사실을 알아버린 네티즌들의 무지막지한 악플들. 흔들리는 그녀의 표정. 거칠게 스크롤을 하면 악플은 끝도 없이 이어져 있다. 헉헉헉 … 거칠어지는 그녀의 호흡 … 떨리는 손 때문에 마우스조차 제대로 집지 못하고 … 공포에 떨던 그녀가 퍽! 모니터의 전원을 꺼버린다(〈김씨표류기〉 대본 #105).

이처럼 여자 김씨가 미와 추의 기준에 의해 네티즌들에게 난도질 당하고 인간 쓰레기로 취급되었다면 남자 김씨는 능력과 무능력의 기준에 의해 인간 쓰레기로 내몰린다. 신용불량자로 낙인찍힌 남자 김씨는 재취업의 가능성이 없다기보다는 다시 소비자가 될 가능성이 없는 불완전한 미완의 소비자이다. 밤섬에 고립된 후 공포감에 살고자 다시 강변으로 건너가려 하지만 수영을 하지 못하는 그에게 도시와 밤섬 사이의 거리는 너무도 멀고 한강물은 너무나 깊다. 몇 번을 물속에 빠져 발버둥치는 남자에게 떠오르는 일련의 기억들은 불량 소비자가 되어 게임에서 방출된 그의 처지를 상기시킨다. 어린 시절 아버지는 수영을 못하고 허우적대는 남자를 도와주기는커녕 윽박지르기만 했고, 애인은 무능력한 것이 나쁜 것보다 더 나쁘다는 소비자 사회의 진리를 내세워 당당히 그를 차버렸으며, 재취업을 위한 면접 자리에서 면접관들은 그의 나이와 토익 점수를 들먹이며 자격미달의 후보라는 사실을 넌지시 비춘다.

면접관 1 : (서류 넘기며) 재취업이긴 해도…… 나이가 좀 있으시네요?…… .

면접관 2 : 토익이 700도 안 되네…… .

면접관 3 : 회사는 왜 그만두셨어요? (〈김씨표류기〉 대본 #9)

이러한 에피소드들을 떠올리며 남자는 기대를 접고 망연자실하다가 다시 깊지도 않은 강물 속으로 빠져든다. 이 장면은 그가 다시 원래의 자리로 돌아가는 일이 쉽지 않을 것임을, 아니 사실은 거의 불가능할 것임을 암시한다. 아름답고 능력 있는 온전한 소비자들만을 위한 사회에서 두 남녀 김씨를 위한 자리는 없다. 이들은 "강력한 예비군"이 아니라 소비의 게임에서 탈락하여 "더 이상 선수로 뛸 수 없으며, 따라서 더 이상 필요하지도 않게 된" 쓰레기일 뿐이다. 이 상황에서 오직 쓰레기 하치장인 골방과 밤섬 외에는 이들에게 허락된 공간이 있을 리 만무하다. 한강에서 투신자살을 기도한 남자 김씨가 도시의 온갖 폐기물들과 마찬가지로 강물을 타고 밤섬으로 흘러들어 온 것은 고로 우연이 아닌 것이다.

### 4. 쓰레기의 역설

〈김씨표류기〉에서 카메라 전면에 등장하는 여자 김씨의 골방과 남자 김씨의 밤섬은 산더미처럼 쌓인 쓰레기의 이미지로 우리를 압도한다. 먼저 영화에서 어둠 속에서 여자 김씨가 등장한 후 차차 밝아지는 화면 속에 펼쳐지는 그녀의 골방은 온갖 쓰레기로 가득한, 그야말로 충격적인 이미지를 제공한다.

> 어느 작은 방. 대낮이지만 커튼이 쳐진 방은 어둑하기만 하다. 구겨진 사발면 용기, 먹다 남은 누런 사과, 산더미처럼 쌓인 쓰레기봉투 … 정신이 어지러울 정도로 지저분한 방(〈김씨표류기〉 대본 #29).

은둔형 외톨이로 부모를 포함하여 일체의 사람들과 접촉을 끊고 오직 인터넷을 통해 사이버 세계에만 접속하며 살아가는 여자 김씨는 실생활에서 생존에 필요한 최소한의 것들, 예컨대 우유, 생라면, 옥수수

캔 같은 것들만을 소비한다. 그렇기는 해도 여자의 소비의 흔적들은 쓰레기로 남고, 어딘가 버려질 곳이 필요하다. 그런데 여기서 주목할 것은 영화가 상영되는 내내 상품과 소비재가 여자의 방으로 들어오기만 할 뿐 쓰레기가 밖으로 배출되지는 않는다는 사실이다. 여자가 소비한 것들은 그대로 방안에 고스란히 산더미처럼 쌓여간다. 한편 남자 김씨가 거주하는 밤섬은 도시가 버린 쓰레기, "쓸데없는 것들"로 가득하다.

> 모래사장. 비닐 포대를 질질 끌며 강물에 떠내려 온 쓰레기들을 뒤지고 있는 남자. 모래 속에서 무언가를 주워든다. 세탁용 세제통이다. 흔들어 본다. 새 거다. 남자, 비닐 포대에 세제를 집어넣는다. 포대 안에는 깨진 세숫대야, 빈 PET병, 부러진 대걸레……. 죄다 쓸데없는 것들뿐이다(〈김씨표류기〉 대본 #17).

한강에서 투신자살을 시도한 남자 김씨가 떠밀려 도착한 곳은 밤섬이다. 밤섬은 그곳에 세워진 표지판이 말해주듯 철새보호 구역으로 "00법에 의거하여 … 일반인의 출입이 엄격히 통제된" 자연의 요새이다. 그런데 '자연의 요새'라는 표지판의 설명에도 불구하고 밤섬은 도시 밖의 순수한 자연도, 도시 안의 비밀의 화원도 아니다. 밤섬은 도시로부터 버림받은 소외의 장소가 아니라, 도시로부터 버림받은 것들이 몰려드는 잉여의 하치장이다. 이곳으로 매일같이 쓰레기를 날라다 주는 트럭은 한강이다. 밤섬에 없는 것이 없는 이유는 도시에서 버리지 못할 것이 아무것도 없기 때문이다. 비닐 포대, 세탁용 세제통, 깨진 세숫대야, 빈 PET병, 부러진 대걸레, 생선상자, 짜파게티, 슬리퍼, 오리배,

술병 등 온갖 도시의 폐기물들이 강물을 타고 밤섬으로 끊임없이 흘러 들어온다. 만원이 된 도시에서 도시가 도시 밖으로 버린 것들이 배출구를 찾지 못한 채 도시 안의 숨겨진 장소로 몰려드는 것이다. 쓰레기를 배출할 출구가 없어 쓰레기가 쌓여가던 여자 김씨의 골방과 분명 도시 안에 존재하는데도 보이지 않는 쓰레기하치장 밤섬은 글로벌 소비사회에서 쓰레기를 처분할 '밖'이 더 이상 존재하지 않는 가운데 '안'이 점차 '밖'이 되어가는 과정을 말없이 증언한다고 할 수 있다.

이해준 감독은 한 편의 영화를 통해 현대 소비자 사회가 "보지 않음으로써 보이지 않게, 생각하지 않음으로써 생각할 수 없도록 만든" 쓰레기 산을 과감히 보여주고 생각하게 만든다. 오늘날 지구가 만원이 된 이유는 먼저 개인 각각의 골방이 만원이 되었기 때문이고, 이어서 도시가 만원이 되었기 때문이리라. 더 이상 밖이 존재하지 않게 된 상황에서 안이 스스로 밖이 되어가는 공간이 바로 골방과 밤섬이다. 안도 밖도 아닌, 안이면서 동시에 밖인 이곳에 상품 쓰레기뿐만 아니라 인간 쓰레기가 쌓여간다. 가장 '밖'에 있어야 할 것들이 가장 '안'에 있다는 것이 골방과 밤섬의 위상학적 구조가 지닌 역설이다.

## 5. 잉여적 삶의 형태

바우만에 따르면 잉여는 "'불합격품', '불량품', '폐기물', '찌꺼기'—와 그리고 쓰레기—와 의미론상의 공간을 공유하고 있다"(『쓰레기가 되는 삶들』, 32쪽). 소비되고 난 다음 폐기된 것들이 잉여라면 이 잉여로 살아가는 삶의 독특한 방식은 잉여적 삶의 한 형태라고 할 수 있다. 그런데 일반적으로 예상할 수 있는 것과는 달리 이 영화에서 쓰레기로 내몰린 잉여의 삶들이 꾸려가는 삶의 형태는 그렇게 비극적이지만은 않다. 우리가 이 영화에서 물샐 틈 없이 견고하게 보이는 자본주의 물질문명에 작지만 의미 있는 균열을 일으킬 수 있는 어떤 지점이 있는지에 주목하는 이유가 바로 여기에 있다. 지금부터 풀어나갈 이야기는 아마도 두 김씨의 잉여적 삶의 형태에서 찾아낸 이러한 가능성에 대한 자그마한 단서들이 될 수 있다.

### 5.1. 새로운 사용

소비자 사회에서 버려진 쓰레기는 더 이상 소비될 수 없는 불필요한 잉여이다. 바우만은 현대 사회를 '유동하는' 혹은 '액체' 근대로 규정하는데, '모든 견고한 것들이 녹아버리는', 고체성 대신 액체성 또는 유동성으로 특징지어지는 이 같은 동적 (탈)근대에서는 지속 가능한 것은 존재하지 않는다. 그런데 흥미롭게도 〈김씨표류기〉에서는 한번 쓰고 버린 소모품이 지속적으로 사용되는 상황이 연출된다. 보다 정확히 말해 두 남녀 김씨는 '소비'할 수 없게 된 쓰레기를 다시 '사용'한다. 소비는 한번 쓰고 버리는 일회적인 행동이지만 사용은 두고두고 쓰는 지속적인 행위이다. 소비와 사용을 상(相)적인 기준으로 구분한다면 전자는 일회적이고 후자는 지속적이라고 할 수 있다. 영화에서 쓰레기를 사용하는 두 김씨의 방식은 일반적인 의미에서의 재활용이 아니다. 버려진 물건을 고치고 수선하여 재생시킴으로써 본래의 목적에 맞게 다시 활용하는 것이 아니라, 이것을 전혀 다른 맥락에서 완전히 다른 방식으로 사용하는 것이다. 예컨대 여자 김씨는 토스트기가 아니라 다리미로 빵을 굽는다. 남자 김씨는 떠밀려 온 오리배로 "연이자 6% … 주택 청약 적금 7년 만에 … 드디어 내 집 마련의 꿈"을 이룬다. 망가진 오리배를 고쳐서 다시 오리배로 사용하는 것이 아니라 주택으로 개조한 것이다. 또한 비닐 포대로 어망을 대신하고 세숫대야로 새덫을 대신한다. 이러한 쓰레기 사용법은 소비자 사회에서는 용인되지 않은 새로운 삶의 형태를 보여준다. 말하자면 두 남녀 김씨는 상품을 '소비'하는 것이 아니라 쓰레기로 버려진 물건들을 전혀 다른 용도로 '사용'함으로써 자신만의 고유한 세계, 다시 말해 쓰레기로 꾸며진 세계를 구축한 것이다.

앞서 살펴보았듯이 바우만의 잉여 개념은 대단히 부정적이다. 잉여로서의 삶은 버려진 삶이요, 쓰레기가 되는 삶에 지나지 않기 때문이다. 그러나 이 개념만으로 〈김씨표류기〉를 읽는다면 이 영화가 비극적인 상황을 보여주면서도 전체적으로 대단히 희극적인 톤으로 그려져 있다는 사실을 이해하기 어렵다. 부정적인 이미지로 가득한 이 영상 보고서가 전혀 다르게 읽힐 수도 있는 것은 쓰레기의 새로운 '사용'에서 볼 수 있듯이 이들의 잉여적 삶의 형태 속에 무언가 희망적인 어떤 요소가 존재하기 때문일 것이다.

### 5.2. 잉여짓

아감벤은 「세속화 예찬」에서 환속화secolarizzazione와 세속화profanazione를 구분한다. 이 두 개념 모두 어원적으로 성과 속의 대립에 뿌리를 두고 있다. 환속화란 '성'의 종교적 질서를 '속'에 그대로 적용하는 것을 가리키는 것으로, 예컨대 유럽의 절대왕정 국가는 중세의 기독교적 질서가 그대로 환속화된 경우로 이해될 수 있다. 여기서 성과 속의 구분

자체는 그대로 유지된다. 반면 세속화는 이 두 질서의 구분 자체를 문제시한다. 성화란 임의로 경계를 설정함으로써 이루어지는 종교적 의식인데, 이 경계를 위반함으로써 성화된 것을 다시 속세로 되돌리는 것이 바로 세속화이다. 다시 말해 성의 법적 질서를 속세로 이관하는 것이 아니라, 성과 속의 경계를 위반함으로써 법 자체를 유희의 대상으로 삼는다는 말이다(「세속화 예찬」, 113쪽).

이제 다시 〈김씨표류기〉의 이야기로 돌아가 보자. 직업도 소속도 없이 부모의 경제력에 철저하게 의존하는 여자 김씨는 사이버 세계에서 자신의 아바타를 아름답게 치장하고 홈피를 관리하는 잉여짓으로 소일한다. 그런데 가상세계에서 행해지는 그녀의 잉여짓은 어떤 의미에서 현실의 소비자 사회를 똑같이 흉내 내는 것에 지나지 않는다. 여자 김씨는 소비자 사회의 질서, 특히 미와 추로 상품에 대한 평가가 내려지는 현실세계의 질서를 가상의 세계에서 그대로 구현하고자 한다. 여자가 잠자는 시간을 제외하고 내내 매달려 있는 이 잉여짓 또는 '잉여질'은 이런 의미에서 아감벤이 말한 환속화에 해당한다. 그녀는 돌로레스라는 가명으로 행세하며 자신을 가상의 완벽한 소비자로 둔갑시킨다.

어느 새 번화가 한복판에 서 있는 여자. 지나쳐 가는 제각각의 사람들. 두리번거리던 여자의 눈에 누군가의 도트 무늬 구두가 들어온다. 그 순간 갑자기 스톱모션. 화면으로 난데없이 커서가 등장한다. 도트 무늬 구두 위에서 오른쪽 버튼을 실행한다. 다른 이름으로 저장하기. 스톱모션이 풀리면. 다시 움직이는 사람들. 보면, 도트 무늬 구두는 어느 새 여자의 것이 되어 있다. 구두를 내려다보며 미소 짓는 여자.

이번엔 좀 더 빠르고 능숙하게. 지나가는 사람들에게서 마르티즈 … 화사한 원피스 … 등등을 같은 방식으로 훔친다. 모든 걸 갖춘 여자, 이제 마지막으로 훔치는 건 … 화상의 상처가 없는 … 깨끗하고 예쁜 얼굴의 여자가 지나간다. 또 다시 스톱모션. 여자의 얼굴을 다른 이름으로 저장하는 커서. 이제 여자는 맘에 드는 얼굴까지 갖춘 완전히 다른 사람이 되었다. 흡족한 기분으로 자신감 있게 활보하는 그녀(〈김씨표류기〉 대본 #30).

도트 무늬 구두, 화사한 원피스, 화상의 상처가 없는 예쁜 얼굴로 여자의 변신이 마무리된다. 현실에서 추하고 무능력한 그녀가 가상에서 아름답고 유능한 소비자로 멋지게 변신한 것이다. 여자가 거주하는 가상의 사회는 현실의 소비자 사회의 질서가 완벽하게 실현된 곳이다. 여자는 이곳에서 현실에서 이룰 수 없었던 꿈을 실현하고자 한다. 하지만 이러한 환속화의 전략은 그녀의 신상이 털리면서 실패로 끝나고 만다. 환속화의 논리에 따른 여자의 잉여짓은 현실의 욕망을 그대로 가상으로 옮겨놓은 것에 불과하다는 점에서, 또한 비록 가상의 사회이지만 전적으로 소비자 사회의 미학에 근거한 '가치'를 획득하기 위한 것이라는 점에서 잉여짓의 긍정적인 힘, 다시 말해 냉소적인 유희의 공통 코드에 이르지 못한다. 현실에서의 불량 소비자인 여자가 가상의 세계에서 잠시 동안 차지했던 아름답고 능력 있는 소비자의 역할은 네티즌의 이른바 '신상 털기'와 같은 작은 충격에도 완전히 무너져내리는, 이해준 감독 스스로 이 장면에 제목으로 붙여놓은 "환타지"에 불과했던 것이다. 어쩌면 여자는 현상의 질서가 가상에서 완벽하게 구현되는 순간 현상에서 그랬던 것처럼 가상에서도 쫓겨날 위험에 항상 노출되어 있었던 것인지도 모른다.

반면 남자 김씨는 밤섬에서 도시의 질서를 그대로 구축하려고 하지 않는다. 가상의 공간에서 여자 김씨가 신상으로 자신의 모습을 완벽한 소비자로 변신시키고자 했다면 고립무원의 밤섬에 갇힌 남자 김씨는 가상 혹은 상상으로라도 소비자 되기를 멈춘다. 아니 남자가 도달한 밤섬에서는 애당초 소비자가 되는 것이 불가능하다. 그곳에서 남자에게 허락된 것은 도시가 버린 쓰레기들뿐이기 때문이다. 〈김씨표류기〉 시나리오에 적힌 그대로 "더 이상 바랄 게 없는 완벽한 심심함" 속에서 남자는 남아도는 잉여의 시간에, 잉여짓에 몰두한다.

> 청명한 하늘. 저 멀리 개미만한 비행기가 느릿하게 날고 있다. 갑자기 프레임 인하는 거대한 PET병. 비행기는 남자의 빈 PET병 속으로 천천히 들어간다. 보면, 모래사장에 누워 하늘에 대고 PET병을 들고 있는 남자. 비행기가 들어간 PET병을 입에다 털어놓고 오물오물 … 냠냠 소리까지 내며 … 나른한 오후. 나무 그늘 아래 대자로 누운 남자의 심심한 장난(〈김씨표류기〉 대본 #28).

남자의 심심한 장난은 여기서 그치지 않는다. PET병으로 샌들을 만들어 신고 선글래스 대신 폐품을 활용한 짝이 안 맞는 안경을 착용한 그는 막대기를 주워 골프 치는 시늉을 하면서 가끔 "나이스 샷"을 외치며 즐거워한다. 그런데 도시인들의 여가를 흉내 낸 이 장면은 우리가 보기에 앞서 여자 김씨가 보여준 홈피 꾸미기와는 전혀 다른 의미를 지닌다. 어째서 그러한가? 그것은 남자가 도시가 버린 쓰레기들로 꾸려가는 밤섬의 삶은 도시의 삶을 그대로 모방하는 것이 아니라, 궁극적으로 도시의 질서 자체를 패러디하며 조롱하는 웃음의 효과를 유발한다는 점에서 그러하다. 아감벤의 구분을 다시 도입하자면 여기서 남자의 행위는 환속화보다는 세속화에 가깝다. 이런 관점에서 자장면을 너무도 먹고 싶었던 남자가 면발의 재료로 사용될 곡물의 씨앗을 얻기 위해 오리배에 붙어 있는 새똥을 신용카드를 사용하여 "긁으면서" 예전에 무서워 긁지 못했던 카드를 신나게 긁는다며 좋아하는 장면이야말로 잉여짓에 담긴 냉소적인 유희의 코드를 매우 유쾌한 방식으로 명쾌하게 표현한 것이라 할 수 있겠다. 환언하자면 도시에서는 더 이상 긁을 수 없게 된 신용카드로 새똥을 긁는 행위는 능력과 무능력으로 설계된 소비자 사회의 질서 자체를 우롱하는 세속화의 한 형태인 것이다.

### 5.3. 연대

소비자 사회에서 쓰레기는 앞서 언급했듯이 "보지 않음으로써 보이지 않게, 생각하지 않음으로써 생각할 수 없도록 만듦"(『쓰레기가 되는 삶들』, 58-59쪽)으로써 처리된다. 쓰레기가 되는 삶들 역시 눈에 띄지 않는 보이지 않는 삶들이다. 〈김씨표류기〉 도입부에 등장하는 장면, 즉 무인도에 떠밀려 온 남자 김씨가 유람선을 향해 구조를 요청하지만 그를 본 관광객은 그저 손을 흔들어 화답할 뿐 김씨의 의도를 읽지 못하는 장면은 이 사회 안에 존재하지만 잊혀진, 지워지고 보이지 않는 쓰레기의 운명을 정확하게 간파한다. 유람선의 남자에게는 밤섬에 표류하는 버려진 존재의 절망적 몸짓이 전혀 의미가 없으며, 관심 밖의 보이지 않는 대상인 것이다. 영화의 주인공 여자 김씨와 남자 김씨는 바디우의 표현을 빌리자면, 오늘날 신자유주의 지구화 시대의 고삐 풀린 경쟁 시스템에서 배제된 이 땅의 수많은 잉여 혹은 루저들처럼 이 사회에서 '누군가'로 '재현'되지 않고 각자 골방과 밤섬에 단지 '아무나'로 '현시'만 하는 존재들이다. 또한 아렌트식으로 말하자면, 이들은 공적인 영역에서 배제되어 오로지 사적인 영역에만 머무는 사적인 존재들이다. 공적인 세계를 박탈당하고 사적인 존재로만 살아가는 사람은 공적 영역에서 자기를 대변할 목소리를 가질 수 없다. 아니 어쩌면 이들은 애초에 자기 목소리를 낼 의지도 없고 내야 할 이유도 모르는 것인지도 모른다. 그래봐야 아무도 잉여가 된 그들에게 관심을 보이지 않을 것이 자명하기 때문이다. 그렇다면 존재하지만 보이지 않고 말하지만 들리지 않는 이들에게 그들의 몫을 되돌리는 일은 어디에서부터 시작될 수 있을까? 우리는 〈김씨표류기〉에서 발견되는 두 잉여인간들 사이의 연대에서 쉽지 않은 이 물음에 대한 대답이 될 수 있는 작은 실마리를 찾아보고자 한다.

아무에게도 보이지 않던 남자 김씨를 처음으로 본 사람은 여자 김씨이다. 여자 김씨는 달을 관찰하던 망원경으로 밤섬에 착륙한 "외로운 외계 생명체"를 발견한다. 소비자 사회 내부에서는 전혀 보이지 않던 존재가 외부의 시선, 즉 또 다른 잉여인간의 시선에 포착된 것이다.

> 이 외로운 외계 생명체와 … 일촌을 맺을 수 있을까요? (〈김씨표류기〉 대본 #53)

카메라를 통해 모래사장 위에 새겨진 HELP라는 단어를 읽은 후부터 여자 김씨는 마치 인터넷 상에서 리플을 달듯 남자 김씨의 보이지 않은 삶에 반응하기 시작한다. 오래 전부터 그곳에 쓰여 있었지만 그 누구에게도 포착되지 않았던 HELP라는 메시지가 카메라 너머의 여자의 시선에 가닿으면서 그의 삶은 마침내 가시화된다. 하지만 스스로도 잉여이며 보이지 않는 삶을 사는 여자 김씨가 남자 김씨와 관계를 맺기 위해서는 치러야 할 대가가 있다. 화상으로 이마에 난 흉한 상처를 감추기 위해 외부세계와 단절한 채 골방에 칩거한 그녀가 "지구 밖으로 나가야" 하는 용기를 내야만 하는 것이다. 하지만 그녀의 첫 외출은 철저하게 자신을 위장하고 나서야 이루어진다. 아직까지 자신의 참모습을 드러낼 용기가 없는 여자는 여전히 보이지 않은 존재로 자신을 완벽하게 감춘 다음에야 비로소 보이지 않는 존재에게 다가갈 수 있었던 것이다. 남자 김씨는 여자 김씨의 반응에 화답한다. 둘 사이에 오고 가는 HELLO, HOW ARE YOU, FINE THANK YOU, AND YOU, I AM SORRY, CONGRATULATION 등의 메시지들은 서로가 서로에게 관심을 가지며 일종의 연대감을 느끼고 있음을 보여준다.

그러나 이들의 연대가 의미를 가지기 위해서는 한 단계 더 멀리 나가야 한다. 그것은 다름 아니라 남자 김씨가 여자 김씨에게 보낸 마지막 메시지, 즉 WHO ARE YOU?라는 질문으로 요약될 수 있는 것이다. 여자 김씨에게 던져진 "당신은 누구인가?"라는 질문은 무엇을 의미하는가? 그것은 여자에게 단지 골방에서 나올 것만을 주문하지 않으며 자신이 누구인지를 있는 그대로 드러낼 것을 요구한다. 밤섬에서 생존을 위해 홀로 몸부림치는 남자 김씨의 벌거벗은 삶 자체에 관심을 보인 여자 김씨는 이제 스스로를 노출해야 하는 상황에 직면하게 된 것이다. 영화의 마지막 장면에서 여자 김씨는 더 이상 자신의 추한 모습을 숨기지 않는다. 그녀는 당당히 상처 난 자신의 맨얼굴을 드러내고 밤섬에서 쫓겨난 남자 김씨를 찾아 거리로 뛰어나간다. 마침내 영화는 대단히 희망적인, 다소 로맨틱한 장면으로 막을 내린다.

> 땀으로 범벅이 된 여자의 얼굴은 이제껏 볼 수 없는 생기로 가득하다. 화상의 상처도 가릴 수 없는 당당한 생명력 … 그런 그녀가 그를 향해 환하게 미소 짓는다 … 그러자 눈물로 범벅이 된 채 한동안 그녀를 바라보던 남자의 얼굴에도 … 서서히 … 환한 미소가 번진다 … 훈련 종료를 알리는 싸이렌이 울리고 … 영화는 그렇게 그들의 미소가 더 환해지기 전에 … 작은 가능성만 남겨 둔 채 가차 없이 커트되며 암전된다. 매우 경쾌한 음악이 흐른다(〈김씨표류기〉 시나리오 #135).

외모로 인해 세상과 단절해 왔던 여자 김씨는 영화의 마지막 장면에서 마침내 누더기를 걸친 무능력한 신용불량자 남자 김씨 앞에 자신의 추한 모습을 가감 없이 드러낸다. 자기를 보고 환하게 웃는 여자에게 남자 김씨도 미소로 화답한다. 그들은 그렇게 잉여로서의 서로의 모습을 있는 그대로 인정한다. 동시에 그들은 비록 이 사회에서 잉여로 분류되었지만 그들 역시도 타인의 관심과 사랑을 받을 권리가 있음을 소리 없이 증언한다. 혼자일 때는 철저히 가려지고 보이지 않던 두 사람이 서로 연대함으로써 비로소 이 사회 안에서 인간으로서의 자기의 자리를, 어떤 의미를 되찾게 된 것이다. 비록 그것이 "작은 가능성"에 불과할지라도 이들의 연대에서 우리가 미와 추로, 능력과 무능력으로 재단된 소비자 사회에 당당히 맞서고자 하는 결단의 표지를 읽어내고자 하는 것은 지나친 희망일까?

### 6. 예외상태, 그 한계와 가능성

이 영화의 시나리오가 "그들의 미소가 더 환해지기 전에" "가차없이 커트되며 암전되는" 것으로 끝나버린다는 사실은 우리가 이 영화에서 간파한 희망의 몸짓에 대한 미래를 회의하게 만든다. 민용준은 영화잡지 《무비스트》에 실린 감독과의 인터뷰에서 이 영화가 이해준 감독의 전작 영화 〈천하장사 마돈나〉와 마찬가지로 "주인공의 미래가 드러나지 않는 영화"(「욕망을 통해 진화하는 이야기꾼 〈김씨표류기〉 이해준 감독」, 《무비스트》, 2009)임을 지적하고 있는데, 이에 대한 감독의 변은 다음과 같다.

> 나는 그 다음을 보여줄 엄두가 안 났다. 둘이 행복하게 살길 바라지만 앞으로 닥쳐질 삶이 마냥 행복할지, 아니면 어려울지 모른다. 아니면 마냥 행복하다는 것 자체가 말이 안 되려나. 쉽지도 만만치도 않은 앞길을 남겨두고 끝내는 것이 나에게는 최선의 책임이었다(「욕망을 통해 진화하는 이야기꾼 〈김씨표류기〉 이해준 감독」, 《무비스트》, 2009).

주인공들의 미래를 확신하지 못하는 감독에 더해 영화평론가 김지미는 《씨네 21》에 기고한 칼럼에서 이 영화의 주인공들이 "서로를 알아보고 나란히 앉는 그 장면은 우리에게 별로 위안을 주지 못한다"고 냉

철하게 선언한다. 왜냐하면 그녀의 말대로 세상은 공습경보로 잠시 멈추었지만 그것이 해제되면 다시 움직일 것이고, 세상이 다시 움직이면 그들은 또 다시 잠시 유예되었던 쓰레기가 되는 삶으로 돌아가게 될 것이기 때문이다(「그래도 동정을 구걸하지 않는다」, 《씨네 21》, 2009).

실제로 영화에서 여자 김씨가 밤섬에서 살아가는 남자 김씨를 발견한 순간은 "봄에 한 번 … 가을에 한 번 … 일 년에 두 번 찾아오는" 민방위 훈련 사이렌이 울리고 난 뒤 주어진 20분간의 유예의 순간이다. 보이지 않던 두 삶이 서로에게 보이기 시작한 것은 평상시의 일상적인 삶 속에서가 아니라 "이 세상이 아무도 없는 달과 같은" 가상의 예외상태에서이다. 마찬가지로 골방에서 나온 여자 김씨와 밤섬에서 쫓겨난 남자 김씨가 서로의 실제 모습을 마주대한 것 역시 민방위 훈련 사이렌이 울린 다음이다. 어디 그뿐인가? 하나하나 따져보자면 두 남녀 김씨가 거주한 골방과 밤섬 역시도 예외적인 공간이다. 골방은 현실도 가상도 아닌 공간이고, 밤섬은 도시도 자연도 아닌 공간이 아닌가. 예외상태의 위상학적 구조가 골방과 밤섬의 위상학적 구조와 크게 다르지 않다면, 민방위 훈련이라는 가상의 예외상태에서 이루어진 두 잉여적 삶의 접속과 연대는 아감벤이 배제적 포함으로 정의한 추방령 하에서만 유효한 것으로 여겨질 수 있다. 이런 의미에서 예외적 공간 안에서만 이루어지는 잉여적 존재들의 연대는 분명히 한계를 지닌 것으로 보이며, 앞서 영화평론가 김지미의 지적은 전적으로 타당하다.

그럼에도 우리는 힘없고 불완전한 두 존재의 연대에서 비록 장밋빛 전망은 아니지만 여전히 남아 있는 자그마한 희망의 가능성을 보지 않을 수 없다. 민방위 훈련이 종료되고 버스가 출발하려는 순간 두 남녀 김씨는 서로가 서로를 터치한다. 가상의 예외상태가 철회된 순간에 맞잡은 이들의 손은 분명한 한계 속에서도 이 영화에서 자장면으로 형상화된 희망의 메시지를 전달해 준다. 물론 날마다 수많은 사람들을 잉여로, 쓰레기로 내모는 현대 소비자 사회의 거대하고 무자비한 경쟁과 배제 시스템을 무너뜨리거나 바꿀 수 있는 힘을 가질 수는 없을 것이다. 하지만 잉여의 연대가 수백의, 수만의, 수백만의 맞잡은 손으로 확대된다면 적어도 바깥으로 내몰리고 잉여로 분류된 쓰레기가 되는 삶들의 목소리를 들리게 하고 배정받지 못했던 그들의 몫을 조금씩 되돌려 줄 수 있지 않을까? 슬프게도 아니 어쩌면 다행스럽게도 유동하는 근대에서 쓰레기가 되는 삶의 잠재적 전망 속에 살아가는 우리 모두에게 남은 최선의 선택은 바로 남은 이러한 희망을 버리지 않는 것일 테니까 말이다.

CHAPTER _ 06

# 무위의 공동체 : 〈빈집〉

## 1. 빈집에 들어가며

빈집에 들어가기 전에 먼저 빈집과 폐가를 구분해 보자. 폐가는 아무도 살지 않은 버려진 집이다. 하지만 빈집은 누군가가 살고 있는 집이다. 집주인이 잠시 집을 비우면 집은 빈집이 된다. 주인이 버린 집이 폐가이고 주인이 비운 집이 빈집이다. 빈집은 집도 폐가도 아닌 집이다. 폐가에도 빈집에도 주인이 현존하지는 않지만 빈집은 폐가가 아니다. 폐가는 집들이 끝나는 곳에 존재하고, 거주공간 밖에 위치한다. 그리고 아무도 폐가를 돌보지 않는다. 반대로 빈집은 집들 사이에 존재하고, 거주공간 안에 위치한다. 빈집은 집의 끝이 아니라 집과 집 사이에, 집과 함께 있는 것이다. 사이-공간 빈집이라고 할까. 주인이 잠시 집을 비운 사이 누군가 들어와 빈집을 돌보며 삶을 영위하는 이야기가 김기덕 감독의 〈빈집〉이다.

### 2. 공동체적 실존

김기덕 감독의 영화는 불편하고 낯설며 부담스럽다. 드러내고 싶지 않은 편견을 건드리기 때문에 불편하고, 일반적으로 받아들여지는 상식을 깨트리기 때문에 낯설며, 끊임없이 질문을 제기하게 하기 때문에 부담스럽다. 그래서 그만큼 더 매력적이다. 불편함이 다분히 윤리적인 느낌이고 낯설음이 대단히 미학적인 감정이라면, 부담은 근본적으로 해석학적인 요구로 다가온다. 김기덕 감독의 영화에는 그것이 윤리적이든 미학적이든 간에 의미에 대한 집요한 탐구가 담겨 있다. 이 집요함이 거의 완벽에 가까운 미학적 성취를 일구어낸 작품이 2004년 베니스 영화제 감독상을 수상하고 같은 해 국제비평가협회에서 그해 최고의 영화로 선정된 영화 〈빈집〉이다.

국내에서 〈빈집〉이라는 제목으로 개봉된 이 영화의 영어판 제목은 골프 채의 종류 중 하나를 가리키는 〈3-iron〉이고, 프랑스어판 제목은 하숙인을 뜻하는 'locataire'이다. 이 영화에서 '빈집'은 사건이 발생하는 공간이고, '3번 아이언'은 폭력의 수단이며, '하숙인'은 주인 몰래 빈집에 들어가 생활하는 주인공을 가리킨다. 영화의 제목이라는 것이 일반적으로 영화가 말하고자 하는 바를 시적으로 압축해 놓은 것이라면, 이 영화는 이처럼 영화가 개봉되는 나라에 따라 서로 다른 제목으로 불림으로써 도대체 무엇을 말하고자 하는가에 대한 물음을 처음부터 끊임없이 다시 제기하게 만든다. 그것은 이 영화가 지니는 치명적인 매력이요, 모호한 마력이다.

자, 그러면 먼저 한국어판 제목에서 시작하여 이 영화가 말하고자 하는 바가 무엇인지 살펴보도록 하자. 주지하다시피 한국어판 제목은 〈빈집〉이다. 앞서 우리는 빈집을 사이-공간이라 정의한 바 있다. 여기서 다음과 같은 질문들이 제기된다. 거주공간 '내'에, 집과 집 '사이'에, 집과 '함께' 빈집이 있다는 것은 무엇을 말하는가? 이때 사용된 '내' 와 '사이'와 '함께'라는 부사어구가 뜻하는 바는 무엇인가? 나아가 〈빈집〉의 '빈'이라는 형용사는 무엇을 뜻하는가?

영화의 줄거리를 따라가며 이 질문들에 대한 답을 찾아보기 전에 프랑스 철학자 장-뤽 낭시의 말을 빌려 철학적 관점에서—김기덕 감독이 궁극적으로는 영화로 철학한다는 점에서—동일한 질문들을 다시 근본에서부터 던져볼 필요가 있겠다.

> 우리는 공동 '내에', 서로가 서로와 '함께' 있다. 이 '내에'라는 것, 이 '함께'라는 것은 무엇을 말하는가? (나아가 '우리'라는 것은 무엇을 말하는가—어떻게든 모든 담화에 기입되어 있는 이 대명사는 무엇을 말하는가?)(『무위의 공동체』, 201쪽).

『무위의 공동체』*La communauté désœuvrée*에서 낭시는 공동체를 존재론적 관점에서, 존재론을 공동체적 관점에서 재정식화하고자 하는 매우 독특한 시도를 선보인다. 그런데 놀랍게도 위의 인용문이 말해주듯 낭시가 여기서 던지고 있는 질문은 우리가 앞에서 〈빈집〉이라는 한국어판 제목과 함께 제기했던 질문들과 상당히 흡사하다. '빈'과 '사이'와 '함께'에 대한 이야기를 이어가기 위해 낭시의 철학, 특히 『무위의 공동체』에 등장하는 '무위'의 '무', '공동 내에'의 '내', '서로와 함께'의 '함께', 공동체의 '우리'라는 개념을 끌어다 쓰는 것이 전혀 어색하지 않은 이유이다.

낭시에 따르면 공동체 속에 거주하면서 공동체를 구성하는 구성원들은 유한성으로 정의되는 "단수적 존재"(『무위의 공동체』, 70쪽)들이다. 데리다가 '근원적 기입'을, 들뢰즈가 순수한 차이를 말했던 바로 그 자리에서 낭시는 단수성singularité을 언급한다. 그는 포스트모던 철학의 계보학—마르크스, 니체, 바타유, 데리다—에 따라 이 단수성의 존재를 동일자가 아닌 타자로, 내재성이 아닌 외재성으로, 주체가 아닌 외존으로, 실존으로, "편위"(偏位)된 존재로 정의한다. 편위란 "동일자가 타자로, 동일자가 타자로 인해, 또는 동일자가 타자에게 향해 있거나 기울어져 있음"(『무위의 공동체』, 26쪽)을 가리킨다. 낭시의 또 다른 용어를 빌려 설명하자면 편위는 외존ex-position한다는, 밖으로 열려 있다는, 노출되어 있다는 말이다. 예컨대 존재의 무게중심이 안에, 내부에 있다면 자기 의식으로 향하는 변증법적 운동 속에서 주체의 충만함이, 내밀성이 완성될 것이다. 하지만 이 중심이 밖에, 외부에 놓여 있다면 존재는 밖으로 경도될 수밖에 없다. 밖으로 열리는 이 편위로 인해 "모든 존재론은 그 자기로의-타인으로의-존재로 환원된다"(『무위의 공동체』, 188-189쪽). 이러한 실존적 양식, 말하자면 동일화될 수 없는 편위, 즉 밖으로의 외존이 주체가 아닌 타자를, 더 나아가 타자들의 공동체를 호출한다는 점에서 서구의 형이상학을 재해석하려는 낭시의 독특한 행보가 고유한 의미를 지닌다. 그에 따르면 "공동체는 적어도 개인의 편위에서 연유"(『무위의 공동체』, 26쪽)하는 것이다.

> 아무것도 아닌 것 가운데 또는 아무것도 아닌 가운데—최고주권 가운데—존재는 '자기-밖에' 있다. 존재는 따라 잡기 불가능한 외재성 가운데 있다. 또는 존재는 이 외재성에 속해 있다고, 스스로 관계할 수 없지만 척도 없는 본질적인 관계를 맺고 있는 바깥에 속해 있다고 아마 말해야 할 것이다. 그 관계에 따라 단수적 존재는 자신의 자리를 배정받게 된다. 그렇기 때문에 바타유가 말하는 "내적 경험"은 어떠한 '내적인' 것도, 어떠한 '주관적인' 것도 갖고 있지 않으며, 오히려 척도 없는 바깥과의 관계에 대한 경험과 분리될 수 없다. 그 관계에 오직 공동체만이 공간을 내주거나 자신의 리듬을 부여한다(『무위의 공동체』, 54쪽).

존재를 "자기-밖에" 있는, "내적인 것도 어떠한 주관적인 것도 갖고 있지 않은", "외재성 가운데", "외재성에 속해" 있는 존재로 정의하려는 것은 존재론을 공동체적 관점에서 사유하고 공동체를 존재론적 관점에서 사유하려는, 하이데거의 용어를 빌리자면 '현존재'Dasein를 '공동존재'Mitsein로 규정하려는 시도에 다름 아니다. 요컨대 낭시 철학의 핵심 테마는 실존으로서의 공동체요, 공동체로서의 실존인 것이다.

낭시가 이처럼 공동체와 실존이라는 두 테마를 서로 엮게 된 것은 공동체를 "연합의 내재성과 내밀성"(『무위의 공동체』, 41쪽)으로, 본질로,

동일성으로 규정하려는 모든 형이상학적 시도들을, 말하자면 정치적·법적 폭력들을 근원적으로 차단하고 '분유'의, '소통'의, 아니 더 정확하게는 '분유의 소통'의 장소를 새롭게 마련하기 위해서이다. 낭시에 따르면 "내재성이란 만일 생겨나게 된다면 공동체를, 나아가 모든 소통 그 자체를 즉각 억압하는 그것이다"(『무위의 공동체』, 41쪽). 인류의 역사가 증언하듯 그 결과는 참혹하다.

> 그렇기 때문에 어떤 절대적 내재성의 의지에 좌우되는 정치적이거나 집단적 기획에서 진리는 죽음의 진리이다. 내재성에, 연합적 융합에 감춰져 있는 논리는 그 진리를 따르고 있는 공동체를 자멸에 이르게 하는 논리와 다른 것이 아니다. 그래서 나치 독일의 논리는 타자를, 피와 땅의 연합 밖에 있었던 열등 인간을 전멸시키자는 논리일 뿐만 아니라, 또한 잠재적으로는 '아리안족' 공동체에서 순수한 내재성의 기준들을 충족시키지 못하는 자들을 희생시켜야 한다는 논리였다는 것이다. 그에 따라—분명 그러한 기준들은 철회될 수 있었기에—그 논리를 그럴듯하게 확대 적용한 결과는 독일 민족 자체의 자멸로 나타났을 것이다. 게다가 그 민족의 정신적 현실의 몇몇 측면을 두고 본다면 실제로 그랬다고 말해도 틀리지 않는다(『무위의 공동체』, 41–42쪽).

낭시는 자신의 저작에서 '과제로서의 공동체'와 '무위의 공동체'를 구분한다. 전자는 "순수한 내재성"과 동일성에 기초한 공동체이다. 이 공동체가 추종하는 논리는 "순수한 내재성의 기준들을 충족시키지 못하는 자들을 희생시켜야 한다는 논리"이다. 이 논리는 "신화가 어떤 공동체의 내밀한 존재의 때로는 계시적이고 때로는 근본적인, 충만한 근원적인 말"이란 점에서 근본적으로 그리고 근원적으로 신화적이다. 이것은 물론 근대를 출범시킨 주체성의 신화에서 비롯된 논리다. 반면 오늘날 "붕괴되고" "와해되고" "분란 가운데 있는"(21쪽) 공동체는 후자의 공동체이다. 낭시는 이 공동체를 "문학적 공산주의"라고 부르기도 한다. 문학은 "무매개적으로"(116쪽) "스스로를 전하는"(116쪽) 것으로, 자기 충족적인 신화가 단절되는 순간에서야 비로소 들리는 목소리이다. 달리 말해 문학은 낭시가 이 단절의 목소리에 부여한 하나의 명칭에 다름 아니다. 그에 따르면 "신화를 단절시키는 것으로 여겨지는 '문학'은 ―오직 소통 자체만을, 서로가 서로로 넘어가는 이행을, 서로서로에 의한 분유만을 가동시키고 발효시키며 무위로 이끈다는 의미에서―다만 소통할 뿐이다"(『무위의 공동체』, 147쪽). 낭시의 철학에서는 이처럼 신화의 논리에 문학이, 주체의 논리에 외존이, 과제의 논리에 무위가 맞서고 있다.

'무위'의 프랑스어 표현은 'désœuvrement'이다. 이 표현에서 부정 접두사 'dés'는 데리다의 해체를 가리키는 프랑스어 표현 'déconstruction'의 접두어 'dé'와 동일한 가치를 지닌다. 해체는 흔히 생각하는 것과는 달리 기존의 의미질서를 파괴하는 데 방점이 있는 것이 아니라, 아무런 의미내용 없이 수행력만이 발휘되는 텍스트 해석의 한계를, 임계점을 드러내는 전략으로서 가치가 있다. 마찬가지로 무위는 기존의 과업을 단순히 무너뜨리는 것이 아니라, 아무런 목적 없이 수행력만이 발휘되는 역량의 공간을 드러내 보이는, 즉 무한의 차원을 여는 유한의 몸짓이다. 『무위의 공동체』 한국어판 서문에서 낭시는 이 몸짓을 "도래하는 것을 도래하게 내버려두는 것"(『무위의 공동체』, 12쪽)으로 부연설명하고 있다. 무위는 무엇인가를 도래하게 하는 것이 아니라 도래 자체의 자리를 마련하는 것으로, 그 결과 결단의 기회를, 시급한 순간을 여는 매우 적극적이고 수행적인 몸짓이다. 열림으로서의 실존만이, 편위된 존재만이, 단수적 존재의 외존만이, 한마디로 "도래하는 것을 도래하게 내버려두는" 바로 이러한 수행적인 무위만이 공동체의 소통을, 분유의 소통을 가능하게 한다.

> 다시 말해 그는 공동체의 분유를, 그리고 분유 가운데에서의 최고주권을, 또는 분유한 최고주권, 현존재들이, 주체들이 아닌 단수적 실존들이 서로 분유한 최고주권을 사유하기를 포기했다. 그들의 관계—분유 자체—는 연합에도, 대상에 대한 전유에도, 자기 인정에도, 우리가 이해하는 대로의 주체들 사이의 소통에도 있지 않다. 그 단수적 존재들은 그들 자체가 분유에 의해 구성된다. 그들은 자신들을 타자들로 만드는 분유에 의해 배치되고 자리 잡거나 차라리 공간화된다. 타자들, 말하자면 서로가 서로를 위해 있는 타자들, 분유 가운데, 즉 동일성의 감정을 갖지 않는다는 사실을 '소통하는' 분유의 탈자태 가운데 폐기되는 융합의 대주체Sujet에 대해 무한히 타자인 자들, 그 '소통의 장소들'은, 비록 거기에서 하나가 다른 하나로 서로 넘어가기는 하지만 더 이상 융합의 장소들이 아니다. 그들은 그들의 탈–장소dis–location에 따라 정의되고 노출된다. 따라서 분유의 소통은 바로 그 탈–장소 자체일 것이다(『무위의 공동체』, 66쪽).

"단수적 존재들"이, 다시 말해 "동일성의 감정을 갖지 않는다는 사실을 소통하는 분유의 탈자태 가운데 폐기되는 융합의 대주체에 대해 무한히 타자인 자들"이 구성하는 공동체는 근본적으로, 다시 말해 실존적으로 무위의 공동체일 수밖에 없다. 실존으로서의 공동체는 공동체로서의 실존의 양식인 무위의 공동체가 될 수밖에 없다는 말이다.

> 그렇기에 공동체는 이루어야 할 과제의 영역에 속할 수 없다. 우리는 공동체를 이루어낼 수 없으며, 다만 공동체를 유한성을 경험하는 것처럼 경험한다(또는 공동체의 경험이 우리를 만든다). 과제로서의 공동체 또는 성과물들에 기반한 공동체는, 공유된 존재가 그 자체로 (장소들에서, 사람들에게서, 건축들에서, 담론들에서, 기관들에서, 상징들에서, 간단히, 주체들에게서) 객관화될 수 있고 생산될 수 있다는 것을 가정할 것이다. 그러한 종류의 작용에 따라 생산된 것들은 아무리 웅장하게 될 수 있고 때때로 그렇게 된다 하더라도 마리안느의 석고 흉상과 마찬가지로 공동체적 실존을 결코 담고 있지 않다(『무위의 공동체』, 78–79쪽).

과제로서의 공동체는 "공유된 존재가 그 자체로 (장소들에서, 사람들에게서, 건축들에서, 담론들에서, 기관들에서, 상징들에서, 간단히, 주체들에게서) 객관화될 수 있고 생산될 수 있다는 것을 가정"하지만 "공동체적 실존을 결코 담고 있지 않다." "공동체적 실존"을 담아낼 수 있는 것은 "객관화될 수 있고 생산될 수 있는", "이루어야 할" 과제œuvrement가 아니라 "유한성"의 경험으로서, 한계로서, 외존으로서의 무위désœuvrement이기 때문이다. 이런 의미에서 예컨대 프랑스를 의인화한 인물로 자유, 평등, 박

애라는 프랑스적 가치를 상징한다고 여겨지는 마리안느의 석고 흉상은 예술작품으로서, "생산물"로서, "과제"로서 제시될 뿐, 이러한 "공동체적 실존을 결코 담고 있지 않으며", 절대로 분유를 소통할 수 없다. 바타유Georges Bataille를 하이데거Martin Heidegger식으로 재해석한 낭시가 재발견한 것은 결국 실존으로서의 공동체와 분유이다.

> 사실 내가 위에서 말했던 것은, 바타유에 대한 비판도, 판단 유보도 아니고, 그의 경험과 소통하려는 하나의 시도이다. 그것은 단순히 그의 지식이나 주제들로부터 뭔가를 끌어내려는 시도라기보다는 그러한 시도이다. 즉 우리의 한계인 어떤 한계를 되돌아보는 것이 관건이었다. 그 한계를, 바타유의 한계, 나의 한계, 우리 시대의 한계, 우리의 공동체의 한계를, 바타유가 주제를 설정했던 장소에, 주체의 표면에—또는 그 배면에—, 소통의 자리에, '소통을 위한 자리'에 아무것도 없지 않고 어떤 것이 있다. 우리의 한계는, 진정 이 '어떤 것' 또는 '어떤 사람'을 위한 이름을 갖고 있지 않다는 데에 있다. 이 단수적 존재를 위한 진정한 이름을 갖는 것이 문제인가? 이는 나중에만 제기될 수 있는 물음이다. 다만 지금으로서는, 그 이름이 없기 때문에 우리의 사유의 한계를 다시 흔들어 놓기 위해 단어들을 불러·모으는 것이 필요하다고 말하자. 소통의 자리에 '있는' 것, 그것은 주체도 아니고 연합의 존재도 아니며, 바로 공동체와 분유이다(『무위의 공동체』, 67쪽).

본질을 담지한 "주체"나 "연합의 존재"가 아니라 타자를 향해 기울어져 있는 외존으로서의 존재만이 분유하고, 분유를 소통할 수 있다. 거듭 말하지만 이러한 분유의 소통이 이루어지는 장소가 바로 낭시가 "사유의 한계를 다시 흔들어 놓기 위해" 이름을 붙여놓은, 공동체적 실존을 담고 있는 무위의 공동체이다.

### 3. '빔'의 시학

이제 두 번째로 〈빈집〉의 프랑스어판 제목에서부터 출발해 우리의 논의를 본격적으로 진행시켜 보자. 앞서 언급했다시피 〈빈집〉의 프랑스어판 제목은 주인집에 세 들어 사는 세입자나 하숙인을 뜻하는 'locataire'이다. 하지만 엄밀히 말해 〈빈집〉의 주인공인 태석과 선화는 사실상 프랑스어판 제목이 뜻하는 바대로 세입자나 하숙인들이 아니다. 이들은 주인이 집을 비운 빈집에 잠시 들러 기거할 뿐 정식으로 계약절차를 밟은 적도, 주인의 허가를 받은 적도 없기 때문이다. 그렇게 본다면 〈빈집〉의 프랑스어판 제목은 영화의 내용을 제대로 담아내지 못하는 다소 엉뚱하고 적절치 못한 번역이라고 할 수도 있겠다. 그러나 프랑스어로 세입자 혹은 하숙인을 뜻하는 'locataire'가 의미론적으로 볼 때 집주인/소유주를 뜻하는 'propriétaire'와 대립적 관계에 놓여 있다는 점을 상기한다면 엉뚱하게 느껴졌던 프랑스어판 제목이 작품을 해석하는 흥미로운 열쇠가 될 수도 있다는 사실을 깨닫게 될 것이다. 필요한 것은 이 엉뚱한 제목을 그 반대항의 관점에서 진지하게 검토해 보는 것이다.

소유주, 즉 주인의 논리는 소유권에 의해 정의된다. 이 논리는 신화의 논리요, "순수한 내재성"의 논리다. 바로 이 주인의 논리에 입각해서 경찰관은 빈집에 들어갔다가 거기서 그대로 그냥 나온 태석을 취조하고 심문하고 고문한다. 그가 유죄판결을 받은 것은 그의 이런 행동이 비논리적이라기보다는 그의 행동에 논리가 부재하기 때문이다. 그의 행동의 논리가 텅 비어 있다는 말이다. 요컨대 비어 있음이, 빔이 유죄선고를 받은 것이다. 일반적으로 남편은 '자기' 아내를, 집주인은 '자기' 집을 소유한다. 주인의 논리인 소유의 논리만이 일반적으로 별다른 설명 없이 모두에게 이해되고 납득될 수 있다. 예컨대 영화 속에서 '자기' 집에 들어와 '자기' 침대에서 버젓이 잠을 청하고 있는 태석과 선화를 향해 집주인은 "도둑도 아니면서 남의 집에서 뭐하는 거야?"라고 외친다. 자기 집이라는 이 당당한 의식, 즉 "자기 의식"은 낭시에 따르면 "모든 것들이 '자기'라는 신화적인 총체성에 대한 의식이 되어버린 의식"이다(『무위의 공동체』, 128쪽). 이것은 한마디로 충만하고 가득 찬 의식이다. 반면 〈빈집〉의 '빈'이란 형용사는 이와는 전혀 다른 길을 열어준다. 그 길은 바로 낭시가 말한 외존, 분유, 무위의 길이다. 그리고 이 길이 향하는 지점을 밝혀주는 것은 당연히 주인의 논리학이 아니라 소위 빔의 시학이 될 것이다.

### 3.1. 외존의 길

외존의 길은 '사이' 길이요, '함께' 있는 길이며, 밖으로 노출된 '열린' 길이다. 영화 속에서 태석이 오토바이를 타고 지나가는 길이 바로 그 길이다. 태석은 낮에 가가호호 돌아다니며 광고지를 현관문에 붙이고는 늦은 밤에 다시 돌아와 그때까지도 광고지가 그대로 붙어 있는 빈집 가운데 쓸 만한 집을 골라낸다. 만능열쇠로 빈집의 현관문을 따고 안으로 들어간 태석은 먼저 자동응답기로 주인의 부재를 확인한다. 주인의 부재가 확인된 집은 즉시 빈집이 된다. 집이 내재성과 동일성의 논리로 충만하다면 주인이 비운 빈집은 "타자로", "타자로 인해", "타자에게 향해 있거나 기울어져 있다." 빈집은 열려 있고, 노출된 집이며, 그래서 외존한다. 외존으로서의 빈집.

단지 빈집에 들어가는 것만이 아니라 태석은 이 빈집에서 마치 주인처럼, 아니 주인이 되어 생활한다. 낭시의 표현을 빌리자면 태석은 자기 자신이 아니라 "편위" 된 존재이자 외존으로, "자기로의-타인으로의-존재"이다. 그는 빈집에서 타인으로의, 외존으로의, 빈사람으로의 삶을 살아간다. 태석이 투옥되자 선화는 그와 함께 차를 마신 한옥에 들러 주인이 버젓이 있음에도 불구하고 마치 없는 듯 들어가 소파에 누워 잠을 잔다. 이때 주인은 여자가 보이지만 마치 안 보이는 것처럼, 있지만 마치 없는 것처럼 집 대신 자신을 비워 여자에게 집의 빈 공간을 내어준다. 집은 그대로 집이지만 대신 여자 자신이 빈사람이 되도록 허락한 것이다. 선화는 태석으로 인해 태석으로 향해 있거나 기울어진 편위된 존재가 된다.

〈빈집〉에서 외존의 극단적인 형상을 보여주는 것은 산 유령이 된 태석의 모습이다. 감옥에서 태석은 간수의 눈을 속이는 일을 되풀이한다. 벽면에 숨거나 천장에 올라가 간수의 눈을 피한다. 간수의 등 뒤에서 간수의 눈을 속이기도 한다. 간수는 이런 태석을 윽박지른다. "왜 자꾸 숨어? 이 세상에서 사라지고 싶어?" "인간의 눈이 180도, 나머지 180도로 숨는 거야. 그건 불가능해. 만일 그렇게 되더라도 그래서 뭐 어쩌자는 거야? 유령 같은 새끼야." 일반인의 생각과 논리로는 사람이 살아 있으면서 세상에서 사라지는 일이란 불가능하다. 하지만 태석은 반복되는 연습을 거쳐 눈에 보이지 않는 그림자, 투명한 그림자, 말하자면 유령이 되는 데 성공한다. 그럼으로써 완벽하고 철저하게 편위된 존재, 외존인 빈사람이 된 것이다. 출감한 태석은 자신이 머물렀던 빈집들을 다시 찾아간다. 이제 빈사람이 된 태석은 집이 '빈집-되기'를 기다릴 필요가 없다. 집안에 들어와 있는 그의 존재는 눈에 띄지 않을 수 있기 때문이다. 집 주인은 누군가가 집안에 함께 있는 것 같은 막연한 느낌은 갖지만 아무도 발견하지는 못한다. 다만 "이상하다, 우리 집에 누군가 있는 것 같다"란 말만 되풀이할 뿐이다. 집주인은, 말하자면 충만함으로 가득 찬 자기 의식의 주체는 텅 빔을 볼 수 없다. 태석은 있지도 없지도 않은, 있는 것 같기도 하고 없는 것 같기도 한, 빈 곳에 노출된, 외존으로서의 빈사람이 되었다. 그리고 그가 지나간 자리엔 현존의 흔적만이, 데리다의 표현을 빌리자면 '근원적인 기입' 만이 해독 불가능한 하나뿐인 차이로, 순수한 차이로, 단수성으로 남아 있을 뿐이다. 소통되지 않은 채로.

### 3.2. 분유의 길

앞서 언급했듯이 낭시에 따르면 자신을 온전히 비운 외존으로서의 존재만이 무언가를 나눌 수 있고, 분유의 길을, 다시 말해 분유를 소통하는 길을 걸어갈 수 있다. 이제 〈빈집〉의 영어판 제목인 〈3-iron〉으로 물음의 끈을 다시 이어가 보자. 영화 〈3-iron〉은 누군가 3번 아이언으로 비너스 상을 향해 골프공을 때리는 장면으로 시작한다. 고급주택의 정원에 홀로 선 비너스 상 앞에는 다행인지 불행인지 골프망이 쳐져 있다. 가장 강력한 골프채에 맞은 공은 쏜살같이 날아가지만 이 망으로 인해 비너스 상에 결코 가닿지 못한 채 무력하게 잔디밭에 떨어지고 만다.

집안에는 한 여자가 있다. 침묵을 깨고 걸려온 전화 벨소리는 곧 자동응답기에 녹음되는 남편의 목소리로 바뀐다. "왜 전화 안 받아, 너 땜에 미치겠어, 뭐가 부족해, 뭐가 불만이야, 이 정도로 사는 게 시원치 않아? 나 미쳐 날뛰는 것 보고 싶어? 나 할 말 있어. 내가 미안해. 내가 왜 이러는지 모르겠어. 생각해 보니까 내가 너무 병신 같애." 남편의 성난 말에 아내는 그저 침묵으로 일관한다. 남편은 아내를 욕망하지만 아내는 남편을 욕망하지 않는다. 마치 비너스 상에 골프공이 이르지 못하는 것처럼 남편의 강한 욕정이 아내의 몸에, 마음에 결코 가닿지 못한다. 소통의 단절이자 분유의 실패라고 할까. 남편의 물음에는 아내의 몸을 전유하고자 하는 주인의 논리가, 다시 말해 주체의 욕망이 담겨 있지만 "공동체적 실존"에 대한 모티브는 전혀 존재하지 않는다. 고급주택에 함께 살면서도 남편과 아내는 함께 나눌 수 있는 것이 아무것도 없다. 오직 남편의 고독한 폭력이 누드 모델인 아내의 몸에 멍든 자국만을 남길 뿐이다. 석고상처럼 굳은 아내는 남편의 집에 있지만 없다. 고급주택의 정원에 서 있는 비너스 상은 "마리안느 석고 흉상처럼" 분유의 실패를, 소통의 부재를, 공동체의 와해를 무덤덤하게 상징하고 있을 뿐이다.

한편 태석과 선화는 한마디 말도 주고받지 않으면서 소통한다. 이들의 언어는 침묵이다. 침묵으로 비워낸 언어. 빈말. 영화 속에서 오직 이들만이 침묵하고 다른 사람들은 모두 말을 한다. 말이 끊기면 침묵이 흐르고, 곧바로 어색해진다. 어색함에서 벗어나기 위해서는 다시 말을 이어야 한다. 침묵은 말을 부르는 말이다. 하지만 태석과 선화의 침묵은 놀랍게도 서로의 말을 부르지 않는다. 이들의 침묵은 말을 비우는 '빈' 말이다. 두 사람은 말의 '빔'을 서로 분유하며 침묵으로 소통한다. 그러나 한마디 말대꾸도 하지 않는 아내의 침묵을 남편은 도무지 견디지 못한다. 남편에게 아내의 침묵은 어떤 말대꾸나 잔소리보다 더 견디기 힘든 것이다. 어떤 시도로도 아내로부터 말을 끌어내지 못하는 남편은 아내의 침묵을 그저 폭력으로 메울 수밖에 없다. 그러나 폭력으로는, 3번 아이언으로는 비너스 상에, 이미 석고 흉상이 되어버린 아내에게 다가갈 수 없다. 빔의 논리가 소통의 논리요, 분유의 논리라면 "내재성"으로 충만한 주인의 논리는 "소통 자체를 억압할" 뿐이다.

홍미롭게도 주인이 비운 집엔 주인만이 없고 모든 것이 가득하다. 태석과 선화는 주인이 집을 비우면서 집에 남겨둔 것을 아무 거리낌 없이 나눈다. 냉장고에 남겨진 음식을 꺼내 먹고 차나 술을 마시기도 한다. 음식의 나눔. 화장실에 들어가 손으로 빨래를 하기도 한다. 물건의 나눔. 그러나 세탁기는 돌리지 않는다. 욕실에서 샤워를 하고 주인이 잠시 비운 침대에 주인이 벗어둔 잠옷을 입고 누워 잠을 잔다. 생활의 나눔. 그리고 집주인의 가족사진 곁에서 셀카를 찍기도 한다. 사진은 과거의 장면을 현재 보여준다는 점에서 지금 없는 것의 현시, 즉 부재의 현존이라고 할 수 있다. 그런데 이 사진과 함께 다시 사진을 찍는 것은 현재의 모습을 과거 속으로 기입한다는 점에서 지금 있는 것의 무화, 즉 현존의 부재라고 할 수 있다. 부재의 현존에 부대하는 현존의 부재. 사진으로 되살린 것을 사진의 사진으로 다시 되돌리는 연출에 의해 주인공들은 빈집에 남겨진 삶의 추억으로 회귀하고, 그 추억의 여백을 분유한다. 추억의 나눔. 이처럼 빈집엔 항상 무엇인가가 남아 있고 남는 것으로 모든 것이 풍족하다. 이 남는 것을 나누는 삶이 빈집에서의 삶이다. 그래서 빈집은 집의 결핍이 아니라 집의 잉여다. 집에서는 때로 아니 대개는 너무나 자주 무엇인가가 부족할 수 있지만 빈집에서는 항상 무엇인가로 충족하다. 빈집은 비어 있어 넉넉한 여백과도 같다. 집의 여백, 빈집. 주인이 소유한 집은 나눌 수 없지만 주인이 비운 빈집은 나눌 수 있다. 오직 여백만을 나눌 수 있기 때문이다. 빈말로 소통하고 빈집으로 분유하는 삶, 이것이 바로 영화에서 태석과 선화의 모습으로 형상화된 빈삶이다. 한데 낭시가 말한 문학적 공산주의는 '빔'을 나누고 분유를 소통하는 빈삶의 극단적인 형태라고 할 수 있지 않을까? 이렇게 보자면 〈빈집〉의 이데올로기는 소비 중심의 후기 자본주의가 아니라 사용으로의, 분유로의, 분유의 소통으로의 길을 열고자 하는 빔의 공산주의다.

### 3.3. 무위의 길

과제의 길이 뚜렷한 목적을 가지고 추구하면서 성과를 내야 하는, 지속적으로 생산하고 끊임없이 객관화해야 하는 길이라면 무위의 길은 이 모든 과제로부터 물러남으로써, 다시 말해 과제의 목적을 철저히 비워냄으로써 그 한계를 드러내는 방식이다.

> 본질적으로 공동체는 블랑쇼가 무위라고 명명한 것에 자리 잡는다. 과제 내에서 또는 과제 너머에서 과제로부터 빠져나오는 것, 생산과 완성을 위해 할 일이 더 이상 없으며, 다만 우연히 차단되고 분산되며 유예에 처하게 되는 것, 공동체는 단수성들의 차단 또는 단수적

> 존재들 자체가 유예되는 가운데 이루어진다. 공동체는 그들이 이루어야 할 과제가 아니고 그들 자체를 만들어낸 성과들도 소유하지 않으며, 마찬가지로 공동체는 단수적 존재들의 성과도 아니고 그들의 작용 자체도 아니다. 왜냐하면 공동체는 그들의 존재—공동체의 한계에 매달린 그들의 존재—이기 때문이다. 소통이란 사회적 · 경제적 · 기술적 · 제도적 과제에서 벗어난 무위에 처하게 되는 것이다 (『무위의 공동체』, 79쪽).

태석은 빈집에 머물며 빈집에 남겨진 것들을 나눌 뿐만 아니라 고장 난 시계나 체중계를 고치기도 한다. 그의 이런 행위는 목적이 뚜렷한, 어떤 대가를 바라는, 꼭 이루어야만 하는 과업이 아니다. 그의 행위는 아무것도 위하는 것이 없는, "과제 내에서 또는 과제 너머에서, 과제로부터 빠져나오는 것, 생산과 완성을 위해 할 일이 더 이상 없는" 어느 한계 지점에서 이루어지는 행위이다. 한마디로 무위요, 빈행위인 것이다. 빈행위는 목적이 없다. 무목적적이다. 이를 잘 보여주는 사례가 태석의 골프 연습장면이다. 태석은 골프공을 정으로 뚫어 끈으로 묶고 이 끈을 전봇대나 나무에 매단 다음 골프 연습을 한다. 골프 연습을 위해 공을 치는 것이 아니라 그냥 치는 것이다. 아무런 목적 없이. 공을 치면 빙글 돌아 항상 제자리로 되돌아온다. 빈행위는 줄에 매단 골프공을 치는 것처럼 반복적이다. 목적론적이거나 인과론적인 것이 아니라 반복적이다. 차이의 반복. 아무런 대가를 바라지 않고 고장 난 것을 고치는 행위 역시도 단지 물건을 원상태로, 즉 원래의 자리로 되돌리는 반복일 뿐인 빈행위에 지나지 않는다. 세탁기를 옆에 두고 손빨래를 하는 것은 세탁기의 과업을 무위로 돌린다. 태석이 하던 대로 손빨래를 하는 아내 선화를 보고 남편은 "세탁기가 있잖아, 왜 고생하고 그래?"라고 의아해 한다. 여기서 손빨래는 무위이다. 요컨대 빈행위는 모든 행위의 과업을 무위로 돌리는 무위의 반복이자 반복의 무위다.

그러나 이러한 빈행위가 때로는 비극을 연출하기도 한다. 태석은 어느 빈집에 들러 고장 난 장난감 총을 우연히 발견하고는 늘 하던 대로 총을 수리한다. 총알도 채워넣는다. 가족여행을 마치고 돌아온 주인이 들이닥치자 태석은 홀연히 자취를 감춘다. 여행 후유증으로 집의 바깥주인과 안주인이 말다툼을 하는 사이 아이가 장난감 총을 들고 나와 엄마를 향해 총을 겨눈다. 무심결에 엄마는 쏠 테면 쏴보라고 윽박지른다. 고장 난 장난감 총을 고친 행위와 이 총으로 엄마가 다친 사고 사이엔 어떠한 목적론적 관계나 인과론적 관계도 존재하지 않는다. 모든 것은 그저 우연일 뿐이다.

또 다른 예를 들어보자. 한번은 태석이 여느 때처럼 전봇대에 골프공을 단단히 묶고 골프 공을 치고 있는데 그만 끈이 끊겨 공이 날아가 버린다. 그리고 자동차에 타고 있던 한 여자가 이 공에 맞아 즉사하는 사고가 발생한다. 목적론으로는 태석의 골프 연습과 여인의 죽음 사이의 관계를 밝혀낼 수 없다. 인과론으로는 죽은 여자가 날아온 공에 맞아 즉사했다는 사실만을 설명할 수 있을 뿐이다. 말하자면 왜 공이 날아왔는지, 왜 하필 그 여인이 그 시간에 그 자리에서 그 자동차에 타고 있었는지를 해명하지 못한다는 말이다.

이처럼 목적론적으로는 어긋나며 인과론적으로는 충분치 못한 어느 지점, 그래서 자유의 영역에도 자연의 영역에도 속하지 않은 어느 빈

곳에서 빈행위가 반복적으로 이루어진다. 이 알 수 없는, 달리 말해 표상 불가능한 비식별역에서 빈행위에 의해 그저 우연히 사건이 발생한 것뿐이다. 그것은 단지 우연한 사건이다. 우연을 설명할 수 있는 이론은 어디에도 존재하지 않는다. 우연은 그저 그냥 일어나는 것이다. 공동체의 한계에서.

무위로서 행해지는 빈행위는 윤리적인 것도 비윤리적인 것도 아니다. 윤리가 목적과 수단에 의해 정의되는 규범적 질서에 속한 영역이라면 빈행위는 이 영역에서 이루어지지 않는다. 빈행위의 윤리는 빈윤리이다. 빈윤리는 윤리도 아니지만 그렇다고 해서 비윤리도, 반윤리도 아니다. 그런데 윤리적 관점에서는 이 빈윤리가 더욱 위험해 보인다. 윤리에 어긋난 행위는 바로 잡으면 그만이다. 하지만 바로 잡을 것이 아무것도 없는 빈행위는 뭐라 설명할 수 없는 막연한 불안을 유발한다. 독거노인 살해혐의로 체포된 태석을 심문한 주임형사가 분노를 참지 못한 이유는 그의 행위가 비윤리적이거나 반윤리적인 것이어서가 아니다. 그것은 바로 태석의 행위가 문제를 윤리적인 것도 비윤리적인 것도, 합법적인 것도 불법적인 것도 아닌 미궁으로, 이른바 비식별역으로 점점 빠져들게 하기 때문이다. 빈행위는 어떤 행위로 간주되기엔 모자라면서도 동시에 넘쳐난다. 무목적이기 때문에 모자라고 그럼에도 불구하고 사고가 발생하기 때문에 넘쳐난다. 빈행위는 행위 그 이하이며 그 이상인 것이다. 빈행위는 의도적인 것도 비의도적인 것도 아니며 단지 반복적일 뿐이다. 반복일 뿐인 빈행위는 무위에 지나지 않는다. '무–위'의 '무–의미'한 반복. 태석이 처벌받은 이유는 그의 행위가 윤리에 어긋나거나 법에 저촉되어서가 아니라 그저 '무–의미'하기 때문이며 '무–위'

이기 때문이다.

### 4. 빈집에서 나오기 전에

감옥에서 풀려난 태석은 선화의 빈집으로 돌아간다. 남편은 집에 누군가가 있다는 막연한 느낌은 갖지만 아무도 발견하지는 못한다. 남편의 눈에는 빈사람이 보이지 않는다. 하지만 태석을 따라 빈사람이 되어버린 선화의 눈에는 보인다. 남편 뒤에 서 있는 빈사람에게 선화가 사랑한다고 고백한다. 남편은 그 말을 빈말인 줄도 모르고 고맙게 받아들인다. 마침내 아내와의 모든 불화가 막을 내리고 남편은 아내의 사랑을 얻는 데 성공한 것으로 착각한다. 하지만 선화는 남편이 아니라 빈사람을 사랑한다.

빈집에서 빈삶을 살아가는 빈사람의 모습을 시적으로 가장 잘 표현한 이 영화의 백미, 즉 가장 극적인 장면은 태석과 선화가 서로 포옹하며 체중계에 올라섰을 때 체중계의 눈금이 0을 가리키는 순간이다. 그것은 바로 편위된 존재의 몸무게이다. "내적인 것도 어떠한 주관적인 것도 갖고 있지 않은" "타자로", "타자로 인해", "타자에게 향해 있거나 기울어져 있는" 편위된 존재를, 외존을, 말하자면 극단적인 빔, 아니 빔의 극단을 가리키는 숫자 0. 수 곁에 빈수가, 집 곁에 빈집이, 삶 곁에 빈삶이, 행위 곁에 빈행위가, 말 곁에 빈말이, 사람 곁에 빈사람이 함께 머문다. 무엇인가가 곁에 항상 비어 있는 것이다. 그리고 비어 있는 것만을 나눌 수 있다. 이처럼 빈 것을 나누는, 분유를 소통하는 사랑 이야기가 〈빈집〉의 이야기다.

> 그렇다면 사랑은 무위를, 따라서 공동체의 끊임없는 미완성을 드러내 보여준다. 그것은 공동체의 한계에서 드러내 보여준다(『무위의 공동체』, 92쪽).

공동체의 한계에서 공동체의 끊임없는 미완성을 드러내 보여주는 "무위"의 사랑 이야기 〈빈집〉은 확신컨대 김기덕 감독의 가장 완성도 높은 작품으로 남을 것이다.

CHAPTER _ 07

# 전쟁의 실재 : 〈고지전〉

## 1. 고지와 고지전

'고지'(高地)는 높은 곳이지만 그냥 높은 곳만은 아니다. 고지는 최종 목적지로 반드시 이르러야 할 곳이며, 마침내 모든 것이 끝나는 곳이다. "고지가 바로 저긴데 예서 말 수는 없다"는 노산 이은상 시인의 비장한 외침은 끝을 향한 절규이며, 끝을 보고야 말겠다는 간절한 기원이다. 모든 것은 끝에서 끝난다. 바로 이 끝에서 끝을 두고 벌이는 끝없는 공방전이 고지전(高地戰)이다. 말하자면 고지전은 끝을 얻음으로써 끝을 내기 위해 반드시 치러야 하는 최후의 전쟁인 것이다. 마침내 전쟁의 끝을 맞이하게 되는 고지에는 여전히 존재의 함성이 가득하다. 함성으로 우글거리는 고지에 전쟁이 조용히 그 마지막 모습을 드러낸다. 그리고 최후의 전쟁은 전쟁의 최후를 보여준다. 모든 곳의 끝에서 모든 것이 끝나는 것이 아니라 사실은 모든 것의 끝이 드러나는 것이다. 고지전이 벌어지는 고지는 시인의 외침처럼 이루어야 할 목표가 아니라 이 목표의 보이지 않은 한계일 뿐이다. 장훈 감독은 그의 세 번째 작품인 〈고지전〉에서 한 사람의 증인만이 살아남고 모두 살육당한 마지막 장면으로 마지막 전쟁의 마지막 모습을, 그 한계를 날것 그대로 보여준다. 장훈 감독은 영화개봉을 앞두고 행한 한 매체와의 인터뷰에서 전쟁 당시 실제 고지를 찍은 사진에서 "상처 입은 사람의 슬픈 얼굴"을 봤다고 했다. "반복되는 싸움으로 문드러진 고지의 모습이 마치 찢어지고 터진 상처를 입은 사람처럼 보였다"(《한겨레신문》, 2011.7.17)는 것이다. 영화의 마지막 장면은 감독의 말처럼 찢어지고 터지고 문드러진 외상의 실재를 그대로 가감 없이 드러내면서 사실 말로는 표현할 수 없는 전쟁의 원초적 장면scène primitive을 눈앞에 펼쳐놓는다. 그래서 증인은 아무런 말 없이 살아갈 수밖에 없다. 침묵으로. 침묵의 증언으로. 침묵의 함성으로.

## 2. 〈고지전〉과 한국전쟁 영화

2011년 개봉된 영화 〈고지전〉은 알다시피 휴전협상이 진행되던 1953년, 최전방 애록고지에서 벌어진 남북 간 전투에서 싸우는 이유조차 잊은 채 전쟁이 끝나기를 기다리다 죽어간 병사들의 이야기다. 영화가 개봉된 후 많은 비평가들이 한 목소리로 강조했듯이 〈고지전〉은 한국전쟁이라는 소재를 다루고 있지만 그에 접근하는 방식에서 차이를 보인다. 이에 대해 장훈 감독은 한국전쟁을 배경으로 한 저간의 영화들이 한국전쟁을 인물들의 드라마나 배경으로서 보여주었다면, 〈고지전〉은 그런 인물들의 배경으로서의 전쟁이 아니라, 전쟁상황에 있는 한국전쟁 자체를 보여주는 데 치중했다는 말로 이러한 시각의 차별성을 인정한 바 있다.

실제로 한국전쟁을 소재로 만들어진 기존의 수많은 전쟁영화와는 달리 〈고지전〉은 전우애나 형제애에 호소하지 않는다. 그렇다고 해서 애국심에도 호소하지 않는다. 두말할 필요도 없이 전쟁의 목적은 승리에 있다. 이기기 위해 싸운다는 말이다. 여기에 이의를 제기할 사람은 없을 것이다. 그렇다면 왜 이겨야 하는가? 이 질문에 대해서는 여러 가지 답변이 있을 수 있다. 그리고 각각의 답변에는 각자 다른 형태의 전쟁 이데올로기가 숨겨져 있다. 예컨대 조국을 위해, 가족을 위해, 전우를 위해 반드시 이겨야 한다는 것 따위가 그것이다. 그런데 영화 〈고지전〉에서 그려진 고지전의 목적은 오직 생존에 있다. 이기기 위해 싸우는 것이 아니라 살아남기 위해 싸운다는 말이다. 고지에서는 이기는 것이 아니라 살아남는 것이 관건이다. 이를 통해 영화 〈고지전〉은 슬그머니 관객들에게 다음과 같은 질문을 던지도록, 아니 항변하도록 유도한다. '왜 살아남으려고 하는가라고 감히 누가 물을 수 있단 말인가?' 사실 그것은 그 어느 누구도 감히 물을 수가 없는 물음이다.

〈고지전〉에서는 한국전쟁에서 가장 참혹하고 가장 비극적인 전투가 벌어진 주 무대로 애록고지가 등장하는데, 이 고지에 유명한 악어부대원들이 주둔하고 있다. 그런데 삼십 개월 동안 전선이 교착된 이 고지에서 치열하면서도 지루한, 그야말로 진절머리 나는 전투를 계속하고 있는 악어부대 대원들에게는 한 가지 잊을 수 없는 상처가 있다. 그것은 바로 애록고지로 배치되기 전 포항 전투에서 철수하면서 일어났던 끔찍한 사건이다. 사건의 전말은 이렇다. 포항 전투에서 밀려오는 적군을 피해 철수하는 방법은 배를 타고 바다로 나가는 방법밖에 없었는데, 불행히도 그 배에는 아군을 모두 태울 만큼 자리가 넉넉하지 않았다. 자칫하다가는 부대원 모두가 전멸할 위험에 처한 상황에서 먼저 배에 올라탄 대원들은 전장을 벗어나기 위해 불가피하게 적군이 아닌 아군을 향해 발포하기 시작한다. 살아남기 위한 어쩔 수 없는 선택이었지만 그 뒤 부대원들은 살기 위해 동료를 죽였다는 자책으로 몹시 괴로워하며 전쟁의 외상을 간직한 채 오직 살아남기 위해 싸우기 시작한다. 이들의 목적은 이제 이기는 것이 아니라 어떻게든 살아남는 것이다. 이들이 생지옥이나 다름없는 애록고지에서 혁혁한 공을 세울 수 있었던 것은 이들이 고지전의 목적을 너무나도 잘 알고 있었기 때문이다. 요컨대 전쟁의 목적이 승리라면 고지전의 목적은 생존이다. 여기서 혹자는 그들에게 '왜 아군에게 발포했는가?'라고 물을 수 있을 것이다. 하지만 아무도 그들에게 '왜 살아남으려고 했는가?'라고 물을 수는 없다. 이처럼 물을 수 없는 물음의 지점으로, 물음의 극단으로, 다시 말해 물음의 한계로 관객들의 시선을 끌어당기는 〈고지전〉은 그런 이유로 철저한 반전 영화이다. 살아남는 것만이 목적이 되어버린 전쟁은 더 이상 싸울 명분이 없는 전쟁에 불과하다. 이제 6·25는 동족상잔의 비극을 넘어 전쟁 자체의 참상을 고발하는 기막힌 소재가 된 셈이다. 그런데 〈고지전〉이 더욱 흥미로운 것은 소재를 다루는 방식에서의 참신함뿐만 아니라, 이 영화가 기존의 한국전쟁 영화에서는 찾아볼 수 없던 토포스에 주목하고 있다는 사실이다.

한국전쟁을 소재로 2004년 개봉된 영화 〈태극기 휘날리며〉에서 남과 북은 이데올로기적으로 고착된 결코 타협할 수 없는 각자의 위치에서 서로에게 총칼을 겨눈다. 오직 두 형제만이 남쪽과 북쪽을 오가며 동족상잔의 비극이라는 엇갈린 운명에 휩싸인다. 이 운명의 가혹한 장난으로 남과 북의 고정된 자리는 영화의 스토리가 전개됨에 따라 서서히 흔들리기 시작한다. 왜 싸워야 하는가? 이데올로기를 위해서? 아니면 국가를 위해서? 〈태극기 휘날리며〉는 이데올로기도 국가도 아닌 오로지 가족을 지키기 위해 고군분투하는 장남의 애처로운 모습을 카메라에 담아냄으로써 그동안 당연시됐던 전쟁의 확고부동한 명분에 이의를 제기한다. 그럼에도 여전히 전쟁은 전쟁이다. 비극적 영웅인 개인은 자의에 따라 때로는 남으로, 때로는 북으로 거침없이 자신의 소속을 옮길 수 있겠지만 그렇다고 해서 남과 북이 자리를 바꿀 수는 없다. 남은 남쪽에, 북은 북쪽에 항상 머물러 있어야 한다. 피가 물보다 진하지만 피보다 강한 것이 이데올로기이기 때문이다. 이 영화에서 이데올로기로 맞선 남과 북의 갈등구조는 지극히 견고하며, 이로 인해 가족의 비애는 더욱 더 극화되어 두드러지게 나타난다. 이처럼 동족상잔의 비극이라는 지극히 전통적인 테마를 할리우드식의 스케일로 담아낸 강제규 감독의 〈태극기 휘날리며〉는 한국 영화사에서 천만 명 이상의 관객을 동원한 초대형 블록버스터급 전쟁영화로 등극한다. 한편, 그 이듬해인 2005년 개봉된 또 다른 전쟁영화 〈웰컴 투 동막골〉은 남과 북이 강원도 산골 한 외딴 마을에서 하나로 뒤엉키게 되는 신비한 체험을 관객에게 보여준다. 도대체 동막골에서 무슨 일이 일어났는가? 영화 속 동막골에서는 전쟁 중인 국군, 인민군, 미군이 놀랍게도 서로에게 겨누던 총칼을 거두고 힘을 합쳐 공존의 길을 모색한다. 여기서는 모든 대립이 중화되고, 갈등이 해소되며, 화해가 이루어진다. 모든 적대적 관계가 친화적 관계로 탈바꿈하게 되는 것이다. 이런 점에서 동막골이라는 공간은 신화적인 공간이다. 〈웰컴 투 동막골〉이 이처럼 종전의 한국전쟁 영화에서는 찾아보기 어려운 어느 한 지점, 말하자면 남과 북이 하나 되는 평화적 공존의 지점을 열어보이고 있는 것은 아마도 당대의 남북정세와 무관하지는 않을 것이다. 영화가 출시된 시점이 참여정부 시대임을 감안한다면 그러한 설정은 정치적으로 충분히 가능한 것이었을 테니 말이다. 하지만 실제 한국전쟁 당시 상황을 생각해 보면 한반도에서 동막골이라는 장소는 전쟁의 실재에서는 찾아볼 수 없는 상상의 공간으로 간주될 수밖에 없다. 오히려 학도병을 소재로 전우애를 한껏 고취시킨 2010년 개봉작 〈포화 속으로〉의 극적인 스토리라인이 전쟁영화로서는 좀 더 현실적이라고 할 수 있을 것이다.

다시 〈고지전〉으로 돌아가 보자. 〈고지전〉은 그동안 우리에게 익숙해진 전쟁장면과는 전혀 다른 한국전쟁의 숨겨진 얼굴을 생생하게 카메라에 담아내는 데 성공한다. 한국전쟁에서 가장 오랜 기간 동안 가장 치열한 전투가 계속해서 벌어진 곳이 바로 이 '고지'이다. 그 고지를 소재로 한 〈고지전〉은 전쟁을 현실적으로 묘사하거나 신화적으로 포장하지 않는다. 사실 영화가 보여주는 고지에서의 전투는 도무지 현실적인 것처럼 보이지 않는다. 아니 오히려 비현실적인 모습에 가깝다. 그렇다고 해서 신화적이지도 않다. 현실적이지도 신화적이지도 않은 고지는 아마도 전쟁의 외상을 간직한 실재의 공간에 가까울 것이다. 영화 〈고지전〉은 관객을 〈웰컴투 동막골〉에서처럼 신화적 공간으로 초대하는 것이 아니라, 지젝의 표현을 빌리자면 이른바 "실재계 사막으로 초대"한다. 우리가 보기에 실재의 직접적인 경험이 이루어지는 이 삭막한 공간은 이른바 '~도 아니고 ~도 아닌'이라는 이중부정으로 정식화환 교차모순의 지점을 극명하게 드러낸다. 이곳에서는 남이 그냥 남으로, 북이 그냥 북으로 머물러 있지 않는다. 그렇다고 해서 남과 북이 화해의 길을 모색하기 위해 손을 맞잡는 것도 아니다. 여전히 국군과 인민군은 고지를 탈환하기 위해 매순간 한 치의 양보도 없이 목숨을 건 치열한 전투를 벌이고 있지 않은가. 그런데 이 싸움은 더 이상 승리를 위한 것이 아니다. 〈고지전〉의 고지는 기존의 한국전쟁 영화에서는 전혀 찾아볼 수 없었던 공간, 즉 남도 아니고 북도 아닌 상당히 문제적인 지점, 말하자면 전쟁의 실재를 펼쳐보인다. 거듭 강조하지만 〈태극기 휘날리며〉와 〈포화 속으로〉에서는 남과 북이 타협할 수 없는 각자의 위치에서 팽팽하게 맞서고, 〈웰컴 투 동막골〉에서는 대립하던 남과 북이 동막골이라는 신화적 공간에서 평화적인 공존의 길을 모색한다면, 〈고지전〉에서는 남과 북의 대립으로 이루어진 이데올로기적 기제가 전혀 다른 방식으로 작동한다. 아니 이 기제 자체가 아예 작동을 중지하게 된다는 말이 더 정확할 것이다. 〈고지전〉의 고지는 남과 북이 승리를 위해 서로 다투는 전장도 아니고, 갑자기 기적이 일어나서 둘이 하나가 되는 동화 속의 마을도 아니다. 고지는 남도 아니고 북도 아닌 극단의 지점이다. 이를 라캉의 용어를 빌려 다시 표현해 보자. 〈태극기 휘날리며〉에서처럼 남과 북이 대립하는 지점이 이데올로기적으로 작동한다는 점에서 상징적이고, 〈웰컴 투 동막골〉의 경우처럼 남과 북이 화해하는 환상을 품게 하는 지점이 지극히 상상적이라면, 〈고지전〉이 고지를 통해 형상화하고 있는 남도 아니고 북도 아닌 지점은 근본적으로 실재적이다. 장훈 감독의 〈고지전〉은 고로 한국전쟁, 아니 모든 전쟁의 실재에 다가서려고 했다는 점에서 기존의 전쟁영화들과 위상학적으로 차별화되며, 지금까지와는 전혀 다른 스타일의 전쟁영화로 간주될 수 있는 것이다.

### 3. 애록고지

이제 우리는 영화 〈고지전〉에 등장하는 애록고지, 즉 외상의 실재이자 한국전쟁의 감추어진 토포스를 경계의 공간, 비결정성의 공간, 역량의 공간이라는 세 가지 측면에서 차례로 분석함으로써 이 지점이 지닌 포스트모던 비평의 함의를 밝히고자 한다.

#### 3.1. 경계의 공간

〈고지전〉의 고지는 남쪽에 속한 땅이 아니다. 물론 북쪽에 속한 땅도 아니다. 서로가 뺏고 빼앗기기를 반복하는 고지는 남쪽 땅도 북쪽 땅도 아닌, 정확히 남과 북의 경계에 위치한다. 그런데 경계란 무엇인가? 경계란 도대체 어떤 곳인가? 대체 둘 사이의 어느 곳에 경계가 위치한다는 말인가?

두 지역을 나누고 구분하는 경계는 처음부터 주어져 있는 하나의 고정된 장소가 아니다. 경계는 사실상 둘 중 어느 한 장소에도 속하지 않는 이른바 탈장소적인 것으로, 지도 위에 표시할 수 없는 지극히 모호한 지대라고 할 수 있다. 경계 지대가 모호하다고 하는 말은 이 지대가 두 지역 안에 있으면서도 밖에 있다는 사실에서 비롯된다. 그렇기 때문에 경계는 어쩌면 한 장소에서 다른 장소로, 한 지역에서 다른 지역으로 이동할 때, 바로 그 순간에만 열리게 되는 것인지도 모른다. 이를테면 경계는 어느 한 곳에도 속하지 않은 비(非)귀속에 의해서만 정의되는 탈장소적인 수행성의 공간인 것이다. 바로 이 공간에서 경계를 이루는 두 지역 모두를 부정하는 소위 교차모순이 발생한다.

〈고지전〉은 판문점에서 한 자리에 모인 남한 대표와 북한 대표 그리고 유엔 대표가 한반도 지도를 펼쳐놓고 선 긋기를 되풀이하는 짐짓 심각하면서도 우스꽝스러운 장면으로 시작한다. 이들의 손에서 남과 북을 가르는 경계선이 아래에서 위로, 위에서 아래로 끊임없이 다시 그어진다. 그들이 지도 위에 경계선을 긋는 것은 구체적으로 어느 특정한 지역을 표시하기 위해서가 아니라, 하나의 상징적 가치를 부여함으로써 일종의 비장소를 열기 위해서이다. 이러한 작업이 되풀이되는 동안 지도 위의 경계선이 가리키는 실제의 장소에서는 끝나야 할 전쟁이 끝을 내지 못하는 비극적인 상황이 연출된다. 권력을 쥔 각국 대표들이야 지도 위에 단순히 그리고 편안하게 선을 긋는 일을 반복하는 것뿐이지만, 실제로 전장에 배치된 병사들에게는 하루하루가 죽음을 무릅쓰고 고지를 탈환해야만 하는 긴박하고 위급한 순간들의 연속이다. 지도 위에 새겨진 선은 가느다란 하나의 선일 뿐이다. 하지만 고지를 둘러싼 경계선은 일정한 굵기를 지닌 선이다. 그러나 알다시피 선의 굵기는 일차원적인 선의 이미지로는 재현이 불가능한 깊이와 넓이를 간직하고 있다. 말하자면 경계는 탈환과 재탈환이라는 수행력이 발휘되는 긴장성의 공간, 즉 지리적 긴장 속에 그 모습을 드러내는 것이다. 지도 위에 그어진 하나의 선이 가리키는 경계라는 이행의 구간은 이 선으로는 결코 완벽하게 재현될 수 없는 일종의 굵기, 즉 재현의 불가능성을 내포하고 있다. 바로 이 굵기, 이 불가능성이 선 긋기라는 상징적 작업을 끊임없이 무위로 되돌린다. 데리다식으로 말해보자면 경계를 표시하지 않은 채 지도를 제작하는 일이 불가능하다고 할 때, 역설적으로 지도제작은 재현의 불가능성을 지도제작의 가능조건으로 삼고 있다고 할 수 있다. 바로 이 불가능성의 조건이 선긋기를 되풀이하는 〈고지전〉의 첫 장면에 담겨 있는 것이다.

불행하게도 〈고지전〉의 고지에서는 수행력이 끊임없이 겉도는 일이 발생한다. 한 곳에서 다른 곳으로 단번에 넘어가는 것이 아니라 이러한 넘나듦이 되풀이되면서 오직 경계만이 존재하게 되는 상황, 이쪽으로도 저쪽으로도 건너가지 못한 채 계속 경계선 주위를 맴돌게 되는 어처구니없는 상황 말이다. 국군은 고지를 탈환하자마자 곧바로 인민군에 의해 재탈환될 것을 염두에 두고 이에 따라 행동하기 시작한다. 인민군이 고지를 탈환했을 때에도 마찬가지이다. 그럼으로써 고지는 결국 탈환과 재탈환이라는 수행력 자체에 의해서만 규정되는 남쪽 땅도 북쪽 땅도 아닌 교차모순의 공간으로 완벽하게 탈바꿈한다. 사실 한국전쟁 때 전투가 벌어진 고지 중에 애록이라는 이름을 가진 곳은 없다. 〈고지전〉의 시나리오를 쓴 박상연 작가에 따르면 애록은 코리아Korea의 영문 표기를 거꾸로 읽어 만든 이름이다. 2011년 8월 9일자 《한겨레신문》 기사에서 작가는 "남북 간 대결이 지긋지긋하게 이어진 애록고지가 지금 한국의 상황과 다를 게 없다"는 생각에서 애록이라는 이름을 사용했음을 밝히고 있다. 필경 경계라는 속성은 휴전선에만 국한된 것은 아닐 것이다. 그렇다면 작가는 애록고지라는 허구적 지명을 통해 분단 이후 경계가, 그리고 경계를 이루는 선이 애록에서 코리아에 이르기까지 계속 확장되어 왔음을 암시하려고 했던 것은 아닐까? 어쨌든 〈고지전〉은 관객에게 이처럼 묻기 거북한 물음을 묻게 한다. 그리고 거북한 사실을 들추어낸다. 고지를 소재로 한 〈고지전〉은 1951년 6월 전선교착 이후 휴전협상이 시작된 이래 2년 2개월 동안 끝나야 할 전쟁을 끝내지 못함으로써  죽어간 300만 명의 전사자들에게 헌정된다. 한국전쟁에서 목숨을 잃은 사람들의 수가 400만 명임을 감안할 때 고지전을 빼놓고 한국전쟁을 논한다는 것은 불가능할 것이다. 물론 이제부터는 장훈 감독의 〈고지전〉을 빼놓고 한국전쟁 영화를 논할 수도 없을 것이다.

### 3.2. 비결정성의 공간

고지는 경계의 공간이다. 경계는 이행과정 중에 자연스럽게 형성되는 한시적인 구간으로 오직 이러한 수행성에 의해서만 정의된다. 또한 고지는 비결정성의 공간이기도 하다. 경계의 공간이 화용론적이라고 할 때 비결정성의 공간은 의미론적이라고 할 수 있다. 말하자면 고지는 의미론적으로 비결정적이다. 그래서 이곳에서 마시는 술맛이 밋밋한 물맛인지도 모른다. 물맛이 무색, 무취, 무미라는 말로 표현될 수 있다면, 고지에서 부대원들끼리 물로 술판을 벌이는 영화의 이색적인 장면은 이곳에서의 삶이 무색, 무취, 무미함을, 다시 말해 의미론적으로 불투명함을 잘 보여준다. 요컨대 이곳에서는 아군과 적군, 삶과 죽음, 승리와 패배가 구별 불가능한 비식별역으로 계속 빠져 들어간다.

국군과 인민군이 탈환과 재탈환을 반복하는 지루한 고지전에 마침내 종지부를 찍기 위한 소임을 가지고 마치 개선장군처럼 당당하게 애록고지의 악어부대에 새로 부임한 유재호 중대장은 도착하자마자 예기치 못한 장면을 목격하고 당황해한다. 고지전으로 명성이 자자한 악어부대의 군기가 생각과 달리 형편없을 뿐만 아니라 황당하게도 한 병사가 인민군복을 입고 있는 것이다. 당황한 장교에게 그 병사는 천연덕스럽게 추워서 그냥 옷을 껴입은 것뿐이라고 변명 아닌 변명을 늘어놓는다. 주지하다시피 군복은 군인의 신분을 나타내줄 뿐만 아니라, 전장에서는 적군과 아군을 식별해주는 중요한 수단이기도 하다. 그런데 이 수단이 원래의 목적이 아니라 전혀 다른 목적을 위해 사용된 것이다. 이로 인해 잠시 국군인지 인민군인지 식별할 수 없는 모호한 순간이 열리게 된다. 고지에는 이처럼 도처에 비식별역이 펼쳐져 있다. 이 어처구니없는 장면을 통해 관객은 군복이라는 장치에 의해 포획된 추위에 떨고 있는 하나의 신체를 상상하게 된다. 말하자면 군복이라는 상징기호 속에는 신체뿐인 '벌거벗은' 삶의 실질substance이 감추어져 있는 것이다.

고지에서의 삶은 사실 신체뿐인 삶이다. 달리 말하자면 이 삶은 항상 죽음 앞에 노출되어 있는 삶이다. 〈고지전〉에서 '2초'라고 불리는 인민군 저격수 차태경의 존재는 이러한 노출을 한층 더 극화하는 데 일조하는 일종의 서사적 장치이다. 2초라는 별명은 다름 아니라 사람이 먼저 쓰러지고 그 뒤에 하나 두울 세고 나면, 그러니까 2초 뒤에 총소리가 들린다고 해서 붙여진 별명이다. 그러니까 총에 맞아 죽는 것이 아니라 죽고 나서야 총에 맞았는지를 알게 되는 것이 고지에서의 덧없는 삶이다. 죽음이 항상 한발 먼저 찾아오는 곳, 그곳이 바로 고지인 것이다. 죽음의 땅에서, 아니 죽음보다 못한 땅에서 죽음은 일상으로 간주된다. 이곳에서는 오히려 삶이 예외적인 것이다. '2초'를 잡고자 특수작전을 펴는 과정에서 남성식 이등병이 '2초'에 의해 저격당하고 만다. 남성식 이등병은 부대 막내로서 그동안 부대원들의 총애를 입었을 뿐만 아니라, 인민군도 그가 적어 보낸 노랫말에 깊은 감동을 받기도 했다. 그런데 이상하게도 부대원들 모두가 그의 죽음을 애도하기는커녕 너무나도 태연하게 받아들인다. 악어부대를 조사하기 위해 파견된 방첩대 강은표 중위는 전우애도 인간애도 찾아볼 수 없는 부대원들의 이러한 처사에 강한 불만을 품고 항변한다. 그러자 그의 친구인 김수혁 중위는 오히려 답답한 듯 "그놈의 남성식은 어제도 죽고 그제도 죽었어"라고 뇌까린다. 그러면서 쓸쓸히 덧붙인다. "사람? 그래 사람은 다 죽었어! 사람이니까! 3년 동안 그 지랄을 했는데, 사람이, 사람인데, 사람이 어떻게 살아남아?" "사람…… 다 죽었어! 사람 같지 않은 개새끼들만 다 살아서! 이 전쟁을 하고 있는 거야……"라고. 그런데 사람답지 못한 삶이라고 해서 이러한 삶을 죽음이라고 말할 수는 없다. 영화의 후반부에서 2초의 총에 맞은 김수혁 중위는 죽음을 앞두고 강은표 중위에게 애록고지에서의 삶을 지옥보다 못한 삶이라고 술회한다. 살아 있으되 죽음보다 못한 삶, 그것이 바로 고지에서의 삶이다. 고지에서는 적군과 아군이 식별 불가능할 뿐만 아니라 살아 있으되 살았는지 죽었는지가 구별 불가능하다.

난 아주 오래 전에 죽었다는 생각.

…

나도 너도 … 우리 악어중대 모두 … 그리고 이초 저 새끼도 … 오래 전에 죽었던 거야. 낙동강일수도 있구 … 현리전투일수도 있구 … 아니면 여기 애록고지일 수도 있고…….

…

그렇게 많이 죽여 댔으니까 … 당연히 지옥에 가야되는데 … 여기보다 더한 지옥이 없어서 … 그냥 여기 있는 게 아닐까 … 계속 서로 죽이면서 …

…

오늘 죽어야, 비로소…….(눈물이 흐른다)(〈고지전〉 대본 #76)

이곳에서도 삶의 목적이라는 것이 존재하기는 한다. 그것은 이러한 삶을 끝내는 것이다. 이는 다시 한 번 강조하건대 고지전의 목적이 승리에 있지 않다는 말이다. 이기는 것이 하나의 목적이 되기 위해서는 싸우는 이유를 분명히 알고 있어야 한다. 그런데 그 이유가 점점 더 불분명해져 가고 있는 것이다. 인민군 대대장 현정윤은 전쟁 초기에 포로로 잡혀온 강은표와 김수혁에게 "너희들이 이 전쟁에서 지는 이유는 싸우는 이유를 모르기 때문"이라고 자신 있게 말한 바 있다. 그런데 애록고지에 부임한 이후 2년여의 세월이 흐르고 난 뒤 그는 그만 과거의 자신감을 망각하고 만다. 〈고지전〉의 마지막 장면에서 그는 왜 싸우는가라는 강은표의 질문에 "내래 확실히 알고 있었어. 근데 너무 오래 되서 잊어버렸어"라고 허탈하게 대답한다. 고지전의 목적은 고지를 탈환하는 데 있는 것이 아니라 고지전을 끝내는 데 있는 것이다. 휴전협상이 타결되었다는 소식이 알려지고 나서 국군과 인민군이 우연히 계곡에서

만나 멋쩍게 서로에게 인사를 나누는 인상적인 장면은 고지전의 진정한 목적이 어디에 있는가를 잘 보여준다. 그래서 김수혁 중위는 "난 매일 기도해. 누구든 모두 죽게 해달라고. 그래야 이 지긋지긋한 전쟁이 끝날 수 있잖아"라고 고백한 것이다. "전쟁과 싸우는" 고지전에서는 "살아남는 게 이기는" 것이다. 승자도 패자도 없는 전쟁이 고지전이다.

〈고지전〉의 고지에서는 전통적인 한국전쟁 영화인 〈태극기 휘날리며〉나 〈포화 속으로〉에서처럼 남과 북이 대치한 가운데 구별된 각자의 자리를 지키고 있는 것이 아니다. 〈웰컴투 동막골〉에서처럼 남과 북이 한 마을에 모여 하나로 뭉쳐서 남과 북의 구별이 사라지는 것도 아니다. 고지에서는 국군과 인민군, 삶과 죽음, 승리와 패배라는 대립항들이 서로 구별 자체가 불가능한 비식별역으로 빠져 들어간다. 그러면서 고지는 점차 의미론적으로 비결정적인 공간으로 변모된다. 형처럼 의지하던 김수혁 중위가 죽자 평소 하던 대로 모르핀을 맞으며 슬픔을 애써 감추려는 신일영 대위에게 강은표 중위는 "아프면 아픈 대로 그냥 울어요"라고 말해보지만 허사다. 모든 것이 의미론적으로 불투명하고 비결정적인 고지에서는 통증조차 느낄 수 없는 것이다.

### 3.3 역량의 공간

고지는 화용론적으로는 경계의 공간이고 의미론적으로는 비결정성의 공간이다. 그리고 미학적으로는 역량의 공간이다. 〈고지전〉에서 고지 중의 고지인 비밀의 회합장소, 즉 14벙커는 이 공간을 잘 형상화한 곳이다. 왜 이곳이 미학적인가? 왜 미학적인 곳이 역량을 지닌 공간인가?

칸트의 『판단력 비판』에서 개진된 미학 이론에 기대어 랑시에르는 감성학으로서 그리고 취미판단으로서의 미학이 적용되는 고유한 영역의 위상학적 구조를 이중부정의 형식으로 특징지은 바 있다. 말하자면 미학적인 것은 지성적인 것도 아니고 감성적인 것도 아닌 곳에 자리를 잡는다. 그리고 바로 이 자리에서 미학의 공간이 열린다. 미학의 공간은 지성의 범주가 더 이상 규정적인 효력을 발휘하지 못하고, 감성이 욕망의 대상을 좇는 이해관심으로부터 벗어나는 순간에 자신을 드러낸다. 랑시에르에 따르면 이 미학적 공간에서 지성으로부터도 감성으로부터도 자유로운 일종의 놀이가 벌어지는데, 이 놀이 덕분에 새로운 역량에 대한 실험이 이루어질 수 있다는 것이다. 이곳은 다름 아닌 교차모순의 공간이다.

우리가 보기에 〈고지전〉에 등장하는 14벙커는 이러한 미학적 실험이 행해지는 놀이의 장소로서 간주되기에 손색이 없다. 영화 속에서 남과 북의 병사들이 고지를 뺏고 빼앗기는 과정에서 만들어놓은 공동의 보물창고 14벙커는 양측의 직접적인 대면은 없지만 일종의 만남의 장소로서의 역할을 하고 있다. 남과 북의 병사들이 술도 나눠 마시고 담배도 나눠 피는 이 비밀의 회합장소는 이데올로기적 장치에서 풀려난 임의의 장소라는 점에서 지성의 권력으로부터도 자유롭고, 오직 살고자 하는 감각적인 충동에서도 벗어난 일종의 중립지대라는 점에서 생의 욕망으로부터도 자유롭다. 이곳은 자유로운 놀이의 장소로서, 바로 이곳에서 삶의 새로운 가능성이 비로소 기지개를 펴는 것이다. 그런데 무엇보다도 이 가능성이 이데올로기적 기제의 작동 자체를 중지시킴으로써 열리게 된다는 점에 주목하자. 그래서 역량의 공간으로서 고지는 교차모순의 지점인 것이다.

이를 좀 더 상세히 풀어가며 얘기해 보자. 상술한 바와 같이 고지 중의 고지에 위치한 14벙커는 남과 북이라는 이데올로기적 결정 시스템에 의해 포획되지 않은 순수한 놀이의 공간이다. 이곳에서는 폭탄 대신에 똥이 전달된다. 그리고 편지와 선물이 교환된다. 방첩대는 이러한 교환의 흔적을 적과의 내통으로 규정하고 수사에 착수하기 시작한다. 방첩대 강은표 중위가 상부의 지시를 받고 악어부대에 온 이유가 바로 그것이었다. 일반적인 관점에서 보자면 교전 중에 있는 국군이 인민군의 편지를 전달한 것은 어떤 혐의를 지닌 의심스러운 행동이기 이전에 도무지 이해할 수 없는 이상한 일이 아닐 수 없다. 그런데 여기서 고지 밖에 있는 방첩대가 놓친, 아니 도저히 알 수 없는 사실이 있다. 고지는 내통의 장소가 아니다. 내통이란 국군이 인민군이 되거나 인민군이 국군이 되거나 하는 것을 전제로 하는데, 생사를 다투는 고지에서 그러한 전제는 생각조차 할 수 없는 것이기 때문이다. 강은표 중위는 시간이 흐르면서 이 사실을 깨닫는다. 그리고 기꺼이 그 놀이에 참가하는 일원이 된다. 비밀의 회합장소는 대결이 아닌 교환의 장소이다. 좀 더 정확히 말하자면 이곳은 교환이라는 놀이의 장소이다. 먼저 인민군이 회합의 장소에 술이 담긴 술병을 갖다놓는다. 처음에는 술에 독을 탄 것이 아닐까 하고 의심하지만 곧바로 술의 유혹에 넘어가고, 국군은 처음으로 전장의 한 복판에서 술맛 나는 진짜 술을 맛보게 된다. 그런데 술은 뇌물이었다. 고향에 편지를 전달해달라는 부탁이 담긴 쪽지를 읽고 나서야 이를 깨달은 국군은 잠시 혼란에 빠지지만 결국 부탁을 들어주기로 결정한다. 그 뒤 국군과 인민군 사이에 편지와 선물교환이 지속적으로 이루어진다. 잠시나마 이곳에서 국군은 국군임을, 인민군은 인민군임을 잊고 전쟁의 시름을 덜 수 있게 된 것이다. 비밀의 회합 장소는 남과 북이 내통하는 의심스러운 자리도 아니고, 남과 북이 하나로 뭉치는 신화적 공간도 아니다. 이곳은 놀이터에서 공을 주고받으며 놀듯이 편지와 선물을 주고받으며 노는 곳이다. 고지 중의 고지에 군인들의 놀이터가 생긴 것이다. 국군이든 인민군이든 일단 고지를 점령하고 나면 제일 먼저 하는 일이 상대방이 보낸 편지와 선물을 확인하는 것이다. 승리를 쟁취하기 위한 이데올로기적인 목적에서도 벗어나고, 생존을 위한 본능적인 욕망에서도 해방된 이러한 교환의 놀이는 고지전이 한창인 고지에 전혀 새로운 공간, 즉 미학적 공간을 열어놓는다. 여기서 술은 진짜 술맛이 나고, 선글래스는 멋지게 폼이 나며, 사진 속의 아름다운 여자는 남자들의 시선을 끈다. 요컨대 물이 술로 변하는 곳, 인민군 저격수 2초가 차태경의 아름다운 누이로 마음을 설레게 하는 곳이 바로 역량의 공간으로서 고지인 것이다.

## 4. 애록의 진실

지금까지 살펴본 바와 같이 '애록'이라는 한국전쟁의 토포스는 지도 위에 그려진 하나의 선으로는 표상 불가능한 다층적이고 다면적인 하나의 깊이와 너비를 간직하고 있는데, 이는 화용론적이고, 의미론적이며, 미학적이다. 탈환과 재탈환이라는 수행력에 의해 열리는 경계라는 점에서 화용론적이고, 모든 의미가 함열되는 비결정성의 지점이라는 점에서 의미론적이며, 이데올로기적 기제로부터 그리고 생존의 욕망으로부터 벗어난 일종의 놀이터, 즉 역량의 공간이라는 점에서 미학적이다. 이 토포스는 군복에 의해 가려진 병사들의 벌거벗은 삶의 진실을 담고 있다. 기존의 한국전쟁 영화가 남북대결 또는 남북화합이라는 테마에 국한되었던 것과는 달리 〈고지전〉은 이 생소한 토포스에 주목함으로써 남과 북이라는 이데올로기적 시스템 자체를 문제로 삼는다. 남도 아니고 북도 아니라는 교차모순의 토포스는 새로운 역량을 실험하는 놀이터가 될 것이다. 이 공간을 여는 교차모순의 운동은 힘든 일인지도 모른다. 그런데 이를 감수하지 않는다면, 두 눈을 똑바로 뜨고 이를 직시하지 않는다면 우리는 어쩌면 애록의 진실 앞에 또 다시 서야 할지도 모르는 일이다. 이를 경고하듯 〈고지전〉의 마지막 장면은 전쟁의 마지막 모습이 과연 어떤 모습인지를 미학적으로 완벽하게 형상화해낸다. 여기서 미학은 더 이상 놀이의 미학이 아니다. 애록의 진실은 말로 표현할 수 없는 진실이다. 이 불편한 진실에 카메라의 눈을 맞춘 〈고지전〉은 숭고의 미학을 보여준 보기 드문 반전영화이다.

CHAPTER _ 08

# 종말의 시학 :『더 로드』

## 1. 세계의 종말, 그 이후

칸트는『판단력 비판』제2부「목적론적 비판」에서 인간이 존재하지 않는 세상을 장엄한 어조로 다음과 같이 비판한다.

> 가장 평범한 지성이라도 세계 내의 사물들의 현존과 세계 자신의 실존을 숙고할 때 벗어날 수 없는 하나의 판단이 있다. 곧 온갖 다양한 피조물들이 제아무리 위대한 기예적 설비를 갖추고 있고, 제아무리 합목적으로 서로 관계 지어진 다양한 연관성을 가지고 있다고 하더라도 온갖 다양한 피조물들은, 그리고 이 피조물들의 그토록 많은 체

계들—이것들을 우리는 세계들이라고 잘못 부르고 있는바—의 전체 조차도, 만약 그것들 가운데 인간(이성적 존재자들 일반)이 없다면 아무런 것도 위하는 것 없이 현존하는 것이겠다. 다시 말해 인간이 없으면 전체 창조(삼라만상)는 한낱 황야로서, 쓸데없고 궁극목적이 없는 것이겠다(『판단력 비판』, 519–520쪽).

이 세상은 무엇을 위해 존재하는 것일까? 이 세상이 제아무리 "위대한 기예적 설비"를 갖춘 신의 창조물이요, 작품이라고 하더라도 인간이 존재하지 않는다면 그것은 그저 "황야"일 뿐이라는 것이, 다시 말해 "아무런 것도 위하는 것이 없는" 한낱 현존일 뿐이라는 것이 위대한 철학자의 답변이다. 창조의 "궁극목적"으로서 인간만이 이 세상의 존재 이유를 해명해 줄 수 있다는 말이다.

흥미롭게도 미국 현대 문학의 4대 작가 중 한 명으로 꼽히는 코맥 매카시Cormac McCarthy는 2007년 미국 퓰리처상 수상작 『더 로드』에서 칸트와는 정반대의 가정을 내세운다. 만일 이 세상에 오직 인간만이 존재하게 된다면? 이 극단적인 가정으로 작가는 세계의 끝을, 그 끝의 너머를 담담한 어조로 그리고 있다. 인간만이 남고 모든 것이 지워져 가는 세상.

남자는 깜깜한 숲에서 잠을 깼다. 밤의 한기를 느끼자 손을 뻗어 옆에서 자는 아이를 더듬었다. 밤은 어둠 이상으로 어두웠고, 낮도 하루가 다르게 잿빛이 짙어졌다. 차가운 녹내장이 시작되어 세상을 침침하게 지워가는 것 같았다(『더 로드』, 7쪽).

『더 로드』는 잿빛으로 시작해 잿빛으로 끝나는 끔찍하게 아름다운 소설이다. 이 소설이 끔찍한 이유는 "어둠 이상으로 어두운" 밤과 "잿빛으로 짙어가는" 낮과 "침침하게 지워져 가는" 세상을 절제된 톤으로 무덤덤하게 그리고 있기 때문이고, 그럼에도 불구하고 아름다운 이유는 "신조차 없는 이 땅에"(8쪽) 그래도 남자와 아이가 여전히 존재하기 때문이다. 지금부터 이 모순어법이 함유하고 있는 소설의 미학적 구조를, 너무나 비관적인 그래서 너무나 인간적인 종말의 시학을 함께 들여다 보자.

## 2. 종말의 시학

지구에 덮친 대재앙 이후의 삶을 그리고 있는 『더 로드』는 뭐라고 형언하기 어려운, 그러나 인간이 상상할 수 있는 가장 참혹하고 끔찍한 이야기이다.

끔찍한 이유, 하나.

"모든 것이 재와 먼지로 덮여 있었다"(17쪽). 여기서 모든 것이란 정말 세상의 모든 것이다. 예를 들어보자. "잿빛 뱀 같은 강"(10쪽), "잿빛의 어스름"(12쪽), "잿빛의 새벽"(12쪽), "잿빛으로 서 있는 도시의 형체"(13쪽), "잿빛 눈송이"(.2쪽1), "그의 심장 같은 잿빛"(34쪽), "햇빛이라고 생각하고 싶지 않을 정도로 인색한 빛"(80쪽). 요컨대 "재 때문에 이미 모두 회색"이었고"(89쪽), "재 속에서 모든 것이 잿빛"(105쪽)인 바로 이 세상, 이 종말 이후의 세상에 대한 완벽한 표상은 그야말로 끔찍함 그 이상을 증언한다. 흑백 필름 같은 잿빛의 세상 속에 남은 것이란 이제 아무것도 남지 않게 될 것이란 확실한 증언뿐이다. 길을 떠난 남자와 소년이 이 길의 끝에서 목도한 "잿빛 해변"은 그들이 지나온 길 위에서 수없이 마주쳤던 바로 그대로의 세상일 뿐이다. 그들은 이미 다 보았던 것이다.

> 다 아껴 먹었다. 남은 게 거의 없었다. 소년은 지도를 쥐고 길에 서 있었다. 귀를 기울였지만 아무 소리도 들리지 않았다. 그럼에도 동쪽으로 넓게 트인 땅이 보였고 공기도 달랐다. 그러다 길이 굽은 곳에 이르렀다. 그들은 발을 멈추었다. 짠 바람이 그들의 머리카락을 날렸다. 그들은 외투의 모자를 내리고 귀를 기울였다. 저 멀리 잿빛 해변이 보였다. 둔한 납빛 물결이 느릿느릿 밀려왔다. 멀리서 소리도 들렸다. 이름도 들어보지 못한 세계의 해변에서 부서지는 어떤 이질적인 바다처럼 황량했다. 저 바깥 갯벌에는 반쯤 기울어진 유조선이 있었다. 그 너머 바다는 광대하고 차가웠다. 광석 찌꺼기가 든 큰 통이 천천히 들썩이듯이 무겁게 움직이는 바다. 그리고 재가 그리는 잿빛의 스콜 선. 남자는 소년을 보았다. 실망하는 기색이 역력했다. 파란색이 아니어서 미안하구나. 남자가 말했다. 괜찮아요. 소년이 말했다(『더 로드』, 244–245쪽).

그야말로 생사를 넘나드는 오랜 사투 끝에 남자와 소년이 도착한 동쪽으로 넓게 트인 땅에서 이들을 기다린 것은 갯벌 위에 방치된 반쯤 기울어진 유조선과 광석 찌꺼기가 든 큰 통이 천천히 들썩이듯이 무겁게 움직이는 바다뿐이다. 이 풍경이 그리고 있는 것은 죽음의 세상이 아니라 세상의 죽음이다. 인간이 죽은 것이 아니라 바로 세상이 죽은 것이다. 그들이 도달한 "이름도 들어보지 못한 세계의 해변"은 행여나 하는 독자의 기대가 무색하게도 "파란색"이 아니라 온통 "잿빛"이다. 이곳은 아무것도 존재하지 않는 빈터라기보다는 이제 아무것도 존재할 수 없게 된, 더 이상 아무것도 생산할 수 없게 된 저주받은 땅, 말하자면 에덴의 동쪽 그 끝인 것이다. 이 끝은, 이 끝의 너머는 소망의 상실이라기보다, 그래서 미안할 정도로 실망스럽다기보다 상실할 소망 자체의 부재, 절망의 부재, 이른바 절대적 부재를 암시한다. 그래서 어쩌면 소년의 말대로 어쩔 수 없이 괜찮은 것인지도 모른다. 비록 파란색이 아니라 하더라도. 이 땅은 죽음조차 할 일이 없는 땅이지 않은가?

끔찍한 이유, 둘.

"남자의 가장 큰 걱정은 신발이었다. 그리고 먹을 것. 늘 먹을 것이 문제였다"(23쪽). 신발이 걱정거리인 이유는 길을 떠나야 하기 때문이고, 길을 떠나야 하는 이유는 먹을 것을 찾아야 하기 때문이다. 요컨대 "늘 먹을 것이 문제"인 것이다. 이 저주받은 땅이 끔찍한 또 다른 이유는 피하고 싶지만 피할 수 없는 다음의 질문, 인간의 생존과 직결된 본질적인 질문을 강요하기 때문이다. 오직 인간만이 살아 남은 이 세상에서 과연 무엇을 먹을 것인가?

반쯤 산 제물로 바쳐져 옷에서 연기를 피우며 새벽 보도에 앉아 있는 사람들. 자살에 실패한 종파처럼. 다른 사람들이 그들을 도우러 오겠지. 일 년이 지나지 않아 산마루에 불이 붙었으며 제 정신이 아닌 사람들이 성가를 읊조렸다. 살해당하는 사람들의 비명. 낮이면 길을 따라 말뚝에 박혀 죽은 자들. 이들이 무슨 짓을 했을까? 세상의 역사에는 죄보다 벌이 더 많았을지도 모른다는 생각이 들었지만 남자는 거기에서 약간의 위로를 받았다(『더 로드』, 40쪽).

인간이란 자들이 과연 무슨 짓을 한 것일까? 산마루에선 "살해당하는 사람들의 비명" 소리가 들린다. 살기 위해 먹을 것을 찾아 길을 떠나는 길 위의 삶은 이처럼 항상 "살해"의 위험에 노출되어 있다. 산 사람을 위해 제물로 바쳐질 위험. 이러한 삶은 살아 있으되 살아 있다고 할 수 없는 삶의 부정으로서의 삶이다. 이 비(非)-삶의 이야기 가운데 가장 끔찍한 장면은 "벌거벗은" 생명의 처참한 운명을 다루고 있는 다음의 부분이다.

남자는 삐걱대는 나무층계를 내려가기 시작했다. 고개를 숙이고 라이터를 켠 다음 제물을 바치듯이 어둠 위로 불을 들어올렸다. 냉기와 습기. 사악한 악취. 소년은 남자의 외투를 꽉 움켜쥐었다. 돌벽의 일부가 보였다. 진흙 바닥. 시커멓게 더렵혀진 낡은 매트리스. 남자는 몸을 웅크리고 다시 밑으로 내려가 불을 앞으로 뻗었다. 뒷벽에 웅크리고 있는 것은 벌거벗은 사람들이었다. 남자 여자 할 것 없이 모두 두 손으로 얼굴을 가리고 숨으려 했다. 매트리스에는 두 다리가 허벅

지까지 다 잘린 남자가 누워 있었다. 뭉툭하게 남은 부분은 시커멓게 그을려 있었다. 냄새가 끔찍했다(『더 로드』, 127쪽).

지하창고에 비축된 "벌거벗은 사람들"은 살아 있다기보다 단지 죽지 않았을 뿐인, 비(非)-죽음의 상태로 살아 있는 이들이다. 이 벌거벗은 생명들은 '비-삶'과 '비-죽음'의 경계에 속한 유령으로 떠돈다. 이 끔찍한 장면, 유령의 삶의 현장을 목격한 남자와 소년은 비-죽음의 생명들을 뒤로한 채 서둘러 그 자리를 떠난다. "밤에 집에서 무시무시한 비명"이 들리고 "남자는 소년의 귀를 자신의 손으로 막는다"(132쪽). 『더 로드』의 세계에는 선한 사마리아인이 존재하지 않는다. 모두 다 강도 만난 자들의 인생이기 때문이다. 남자는 소년에게 말한다. "가야 돼"(133쪽). 여기서 또 다시 가야 하는 이유는 먹기 위해서가 아니라 먹히지 않기 위해서이다. 길 위의 삶을 살아간다는 것은 먹을 것을 찾아 떠나는 삶인 동시에 먹히지 않기 위해서, 살해의 위험으로부터 벗어나기 위해서 가야만 하는 끔찍한 삶이다. 생명뿐인 삶. 『더 로드』에서 남자와 아이가 가야 하는 길에는 출발지나 종착지가 존재하지 않는다. 이 길은 그저 계속 가야만 하는 길, 떠남의 필연성만이 강제하는 길이다. "그만 갈까?"란 남자의 물음에 소년은 "늘 그만 가고 싶어요"(108쪽)라고 대답한다. 하지만 그 길은 가고 싶지 않다고 해도 가야만 하는 길이다. 비-삶과 비-죽음의 경계를 끊임없이 가로지르는 이 길은 종말 이후 벌거벗은 생명으로서 살아가야 하는 인간 현존재의 끔찍한 실존적 양식이기 때문이다.

끔찍한 이유, 셋.

『더 로드』의 작가는 처절하게 그리고 철저하게 이 세상을 허기로, 핍절로, 무로 괄호 묶은 후 이곳에서 살아가야 하는 한 남자와 한 아이의 불안한 실존을, 그들이 마주치는 "절대적 진실"을 날것 그대로 드러낸다.

> 그는 회색 빛 속으로 걸어나가 우뚝 서서 순간적으로 세상의 절대적 진실을 보았다. 유언 없는 지구의 차갑고 무자비한 회전. 사정없는 어둠. 눈먼 개들처럼 달려가는 태양. 모든 것을 빨아들여 소멸시키는 시커먼 우주. 그리고 쫓겨 다니며 몸을 숨긴 여우들처럼 어딘가에서 떨고 있는 두 짐승. 빌려온 시간과 빌려온 세계 그리고 그것을 애달파하는 빌려온 눈(目)(『더 로드』, 149쪽).

현상학적 환원이 의식만 남고 사물이 사라지는 작용이라면 소설 『더 로드』는 사물만 남고 의식이 사라진, 말하자면 전도된 현상학적 환원이 완벽하게 이루어진 세계를 묘사한다. 아무런 "유언도 없이" 돌고 도는 "지구"와 방향이나 목적 없이 그저 "달려가는 태양", 그리고 "모든 것을 빨아들여 소멸시키는 시커먼 우주" 속에서 밝히 드러난 "절대적 진실"은 존재의 무의미성을, 무목적성을 그대로 드러낸다. 이 진실은 "차갑고 무자비한 회전"과 "눈먼 개들처럼 달려가기만" 하는 우주의 기계적 진실이다. "빌려온 눈"이 "빌려온 시간" 속에서 애달파하는 것은 필경 "빌려온 세계"가 지녔을 또 다른 진실이 아닐까? 달리 말해 그것은 어떤 의미를 담은 세계의 진실이 아니었을까? 그러나 이제 더 이상 의미는 존재하지 않는다.

> 의미 없는. 아무런 의미 없는(『더 로드』, 252쪽).

동쪽 끝 이름 모를 해변에서 남자와 소년은 "해안선을 따라 흩어지거나 파도 속에서 회전하는 까맣게 타버린 의미 없는 물건들"(250쪽)을 바라본다. 세상이 지워짐과 동시에 의미는 곧바로 사라진다. "어떤 사물의 마지막 예(例)가 사라지면 그와 더불어 그 범주도 사라지기"(35쪽) 때문이다. 의미론적 범주가 사라진 인간의 언어는 통사론으로 환원되고, 세계는 "앙상한 문법적 뼈대로 쪼그라든"다. 말하자면 더 이상 할 말이 없는, 지시할 대상이 없는 끔찍한 세상이 된 것이다. 의미가 사라진 이 세상은 기호가 아닌 기계일 뿐이다.

> 그들은 불길에 두 손을 뻗은 채 말없이 앉아 있었다. 남자는 뭔가 할 말을 생각해 보려 했지만 마땅히 떠오르는 말이 없었다. 전에도 이런 느낌이 든 적이 있었다. 마비 상태나 무지근한 절망마저 넘어선 어떤 느낌. 세상이 날것 그대로의 핵심으로, 앙상한 문법적 뼈대로 쪼그라든 느낌. 망각으로 빠져든 사물들을 천천히 뒤따르는 그 사물의 이름. 색깔들. 새들의 이름. 먹을 것들. 마침내 진실이라고 믿었던 것들의 이름마저. 미처 생각하지 못했을 만큼 덧없었다. 이미 사라진 것들이 얼마나 많을까? 지시대상을, 따라서 그 실체를 빼앗긴 신성한 관용구. 모든 것이 열을 보존하려고 애쓰는 어떤 것처럼 스러져가고

있었다. 시간이 지나면 깜빡 하고 영원히 꺼져버리는 어떤 것처럼(『더 로드』, 102–103쪽).

이름만이 남아 있고 이 이름이 지시해야 하는 지시대상이 모두 사라져 버린 세상에서 남자는 "할 말을 생각해 보려 해도 마땅히 떠오르는 말이 없는" 마음의 공허한 상태를 느낀다. 이 "느낌은 절망마저 넘어선 어떤 느낌"으로 다가온다. 앞서 칸트는 이 세상이 무엇을 위해 존재하는지, 그 존재의 의미가 무엇인지를 알려줄 이 세상의 궁극목적이 바로 인간이라고 말한 바 있다. 하지만 세상의 궁극목적으로서의 인간만이 존재하고 정작 이 세상이 존재하지 않는다면 그것은 어떤 모습일까? 과연 이 비(非)–세상은 어떤 세상일까? "세상이 날것 그대로의 핵심으로, 앙상한 문법적 뼈대로 쪼그라든 느낌"은 의미의 내용은 없고 그 선험적 형식만이 존재함을 말해준다. 그런데 만일 이 형식의 담지자인 인간마저 이 세상에서 자취를 감추게 된다면? 길에서 우연히 만난 노인과의 대화 속에서 이 가정의 논리적 귀결에 대한 끔찍한 답변이 제시된다. 노인에게 친절을 베푼 아이가 대견스러워 남자는 노인에게 다음과 같이 반문한다.

저 아이가 신이라고 하면 어쩔 겁니까?
노인은 고개를 저었다. 난 이제 그런 건 다 넘어섰소. 오래 있었거든. 인간이 살 수 없는 곳에서는 신도 살 수가 없소. 당신도 알게 될 거요. 혼자인 게 낫소. 그래서 당신이 한 말이 사실이 아니기를 바라오. 마지막 신과 함께 길을 떠돈다는 건 끔찍한 일일 테니까. 그래서 그게 사실이 아니기를 바라는 거요. 모두가 사라지면 좀 나아지겠지.

사라질까요?

틀림없이 사라질 거요.

그럼 누구에게 나아진다는 겁니까?

모두에게.

모두에게.

그럼. 우리 모두가 나아질 거요. 모두 더 편하게 숨을 쉬겠지.

그걸 알게 되니 좋군요.

그렇고 말고. 마침내 우리가 모두 사라지면 여기에는 죽음 말고는 아무도 없을 거고. 죽음도 얼마 가지는 못할 거요. 죽음이 길에 나서도 할 일이 없겠지. 어떻게 해볼 사람이 아무도 없으니까. 죽음은 이럴 거요. 다들 어디로 갔지? 그렇게 될 거요. 그게 뭐가 문제요? (『더 로드』, 196–197쪽)

핍절로 이 세상이 괄호 묶이고 인간마저 죽음으로 사라지고 난 뒤 죽음마저 할 일이 없어진다면? 이 가정은 세상을 무화시키는 것이 아니라 생명 없는 기계로 표상한다. 이러한 기계성, 사물성의 적나라한 표상이 지구의 종말을, 그날 이후를 묘사한다. 이 무화의 과정을 마지막 남은 인간으로서 목격한다는 것은 끔찍한 일이다.

『더 로드』는 이처럼 끔찍한 이야기이지만 한편 남자와 소년이, 아버지와 아들이 길을 떠나며 대화를 나누는 아름다운 이야기이기도 하다.

아름다운 이유, 하나.

인간만이 남겨진 이 세상에선 "서로가 세상의 전부"(10쪽)일 수밖에 없다. 그때 비로소 인간은 상대의 소중함을, 작지만 소중한 행복의 의미를 깨달을 수 있는 것이 아닐까? "남자는 자신이 오래 살면 세상이 마침내 완전히 사라질 것이라고 생각"(24쪽)하면서도 삶을 끝내 포기하지 않는다. 남자에겐 "슬픔과 재 속에서 태어난"(64쪽) 소년이 있기 때문이다. "거의 매일 밤 어둠 속에 누워 죽은 자들을 부러워하는"(260쪽), 오직 죽음만이 희망인 이 남자에게 삶에의 끈을 놓지 못하게 하는 소년은 과연 어떤 존재이고 어떤 의미일까?

> 남자가 아는 것이라고는 아이가 자신의 근거라는 것뿐이었다. 남자가 말했다. 저 아이가 신의 말씀이 아니라면 신은 한 번도 말을 한 적이 없는 거야(『더 로드』, 9쪽).

펍절로 괄호 묶인 이 세상에 홀로 남은 남자에겐 소년이 곁에 있다. 남자는 소년의 말을 "신의 말씀"이라고 생각한다. 남자와 소년이 길을 가며 대화하는 이야기인 『더 로드』는 어쩌면 남자와 신 사이의 대화로 이루어진 드라마일 수도 있다. 비록 "신조차 없는 땅"(8쪽)이라 하더라도 적어도 남자에겐 신의 말씀의 현현인 소년이 함께 하고 있는 것이다. 종말 이후의 참혹한 세상에서 웬만한 일에는 놀라지도 관심을 보이지도 않는, 감정이 메말라 버린 남자의 양심을 끊임없이 일깨우는 건 소년의 목소리이다. 번개 맞아 죽게 된 사람을 뒤에 두고 계속 걸어가는 아빠에게 소년은 애절한 목소리로 소곤거린다.

> 아빠? 소년이 소곤거렸다. 저 사람 왜 저래요?
>
> 번개에 맞았어.
>
> 우리가 도와줄 수 없나요, 아빠?
>
> 못해. 못 도와줘.
>
> 소년은 계속 남자의 외투를 잡아끌었다. 아빠?
>
> 그만 해라.
>
> 우리가 도와줄 수 없나요, 아빠?
>
> 못해. 우린 못 도와줘. 우리가 할 수 있는 건 없어(『더 로드』, 59–60쪽).

두 사람이 처한 상황이 남을 도와줄 수 없는 상황인 것은 너무나도 자명한 일이지만 그래도 "도와줄 수 없나요?"라는 소년의 반문은 분명 신의 목소리이자 양심의 호소임에 분명하다. 남자는 끝내 이 목소리를 외면하긴 하지만 완전히 잠재우지는 못한다. 생명과도 같은 카트를 훔쳐 달아난 도둑을 잡고 나서 옷을 다 벗긴 다음 냉혹하게 돌아선 남자에게 소년은 "아 아빠"라고 울먹인다. 길에서 한 노인을 만난 소년은 남자에게 노인에게 먹을 것을 주고 저녁도 같이 할 것을 간청한다. 결국 남자는 이 청을 거절하지 못한다. 양심의 호소라고 할 수 있는 소년의 목소리는 이 이야기의 진정한 발신자가 아닐까? 함께 하룻밤을 보내고 다시 길을 떠나면서 남자는 노인과 이 진정한 발신자가 누구인가에 대해 토론을 벌인다.

아침에 그들은 길에 서 있었다. 남자와 소년은 노인에게 무엇을 줄 것인가를 놓고 말다툼을 했다. 결국 노인이 얻은 건 별로 없었다. 야채와 과일 통조림 몇 개. 마침내 소년은 길 가장자리로 가 재에 주저앉았다. 노인은 통조림을 배낭에 넣고 끈을 묶었다. 저 아이한테 감사해야 합니다. 나라면 아무것도 안 드렸을 테니까요.

감사해야 할 수도 있고 아닐 수도 있겠지.

어째서 안 한다는 거죠?

나 같으면 저 아이한테 내 걸 안 줬을 거요.

저 애가 상처를 받아도 상관없다는 겁니까?

저 아이가 상처를 받을까?

아니오. 그 말을 들으려고 준 건 아니니까요.

그럼 왜 준 거요?

남자는 소년을 건너보더니 다시 노인을 보았다. 어르신은 이해 못할 겁니다. 사실 나도 잘 모르겠습니다.

어쩌면 신을 믿는지도 모르지.

저애가 뭘 믿는지 나도 모르겠습니다.

결국에는 달라질 거요.

아니 안 달라질 겁니다(『더 로드』, 197–198쪽).

남자와 노인은 아이의 행동을 두고 의견 차이를 보인다. 이러한 차이는 어디에서 비롯되었을까? 그 차이는 바로 남자에게는 소년이 있지만 노인에게는 소년이 없다는 단순한 사실이다. 남자와 노인은 둘 다 지극히 현실적인 사람이고 아무것도 믿지 않는다. 사실 그들의 삶이 처해 있는 세상에서 무언가를 믿기란 쉬운 일이 아니다. 하지만 남자에게는 양심의 목소리로서, 신의 말씀으로서, "뭘 믿는지는 모르지만" 그래도 무엇인가를 믿는 소년의 믿음이 곁에 있는 것이다. 그가 삶을 포기할 수 없는 이유가 바로 여기에 있다. 자기 스스로 믿음은 없지만 그래도 곁에서 소년의 믿음을 지켜주고 싶다는 것, 이것이야말로 남자가 스스로에게 부여한 거룩한 소명이 아니었을까?

> "내 일은 널 지키는 거야. 하느님이 나한테 시킨 일이야"(『더 로드』, 90쪽).

남자는 소년에게서 "이제는 어떤 식으로든 도저히 생각할 방법이 없는" 아름다움과 선의 이미지를 발견한다.

> 남자는 이제 마침내 죽음이 다가왔다고, 남들 눈에 띄지 않고 숨을 수 있는 곳을 찾아야 한다고 생각하기 시작했다. 남자는 소년이 자는 모습을 지켜보고 있다가 건잡을 수 없이 흐느끼곤 했다. 하지만 죽음 때문이 아니었다. 남자는 무엇 때문인지 잘 몰랐지만 아마 아름다움이나 선(善) 때문일 거라고 생각했다. 이제는 어떤 식으로든 도저히 생각할 방법이 없는 것들. 그들은 황량한 숲에 쭈그리고 앉아 천으로 걸러낸 도랑물을 마셨다. 남자는 꿈에서 소년이 관 바닥에 누워 있는 것을 보고 공포에 사로잡혀 잠을 깼다. 깨어 있는 세계에서는 견딜 수 있는 것도 밤에는 견딜 수가 없었다. 남자는 다시 꿈이 찾아올까 두려워 잠을 자지 않고 앉아 있었다(『더 로드』, 148-149쪽).

사실 남자에게 길 위의 삶은 단순히 먹을 것을 찾거나 먹히지 않기 위해 고군분투하는 유랑의 삶만은 아니다. 길 위의 삶은 소년을 지키는 삶이다. 아름다움이나 선의 표상으로서 소년은 믿음의 내용을 규정한다기보다 믿음의 순수한 형식으로 존재한다. 소년의 믿음은 단순히 믿는 것이 아니라 "믿어야 하는"(210쪽) 것이기 때문이다. 모든 것이 믿을 만해서, 저절로 믿겨지는 것을 믿는 것은 믿음이 아니다. 진짜 믿음은 믿겨지지 않아도, 믿음이 불가능한 상황 속에서도 믿어야 하는 당위로서 존재하는 순수한 어떤 것이어야 한다. '~해야 함', 즉 당위가 이런 저런 믿음에 앞서 선험적으로 요청되는 것이다. 이러한 순전한 요청 앞에서 순응하는 남자와 소년의 이야기는 그래서 아름답다.

아름다운 이유, 둘.

이 세상의 궁극 목적으로서의 인간만이 이 세상에 남겨진 유일한 생명이라고 한다면 인간은 자신의 생명을 보존하기 위해 어떤 결정을 내려야 할까? 이 끔찍한 가정을 다루고 있는 매카시의 소설 『더 로드』에는 나쁜 사람과 착한 사람이 등장한다. 나쁜 사람은 살기 위해 다른 사람을 먹는 사람이고 착한 사람은 살기 위해 다른 사람을 먹지 않는 사람이다. 여기서 제기되고 있는 문제, 그러니까 나쁜 사람이냐 좋은 사람이냐 혹은 살기 위해 먹을 것이냐 먹지 않을 것이냐 하는 문제는 사실 윤리적인 판단 이전에 사람다운 삶이란 무엇인가를 묻는, 인간의 삶의 양식에 대한 보다 근원적인 존재론적 물음이다. 소년은 남자에게 바로 이 물음을 던진다.

그들은 길가에 앉아 마지막 남은 사과를 먹었다.

왜 그래? 남자가 물었다.

아무것도 아니에요.

먹을 걸 찾을 거야. 언제나 찾았잖아.

소년은 대답하지 않았다. 남자가 소년을 지켜보았다.

그것 때문이 아니구나, 그렇지?

됐어요.

말해봐.

소년은 눈길을 돌려 길 아래쪽을 보았다.

말해봐. 괜찮아.

날 봐. 남자가 말했다.

소년은 고개를 돌려 남자를 보았다. 운 것 같았다.

말해보라니까.

우린 아무도 안 잡아먹을 거죠? 그죠?

그래. 당연히 안 잡아먹지.

지금 굶고 있잖아.

안 굶는다고 했잖아요.

안 죽는다고 했지. 안 굶는다고는 하지 않았어.

어쨌든 안 잡아먹을 거죠.

그래. 안 잡아먹어.

무슨 일이 있어도요.

그래. 무슨 일이 있어도.

우리는 좋은 사람들이니까요.

그래.

그리고 우리는 불을 운반하니까요.

우리는 불을 운반하니까. 맞아.

알았어요(『더 로드』, 147–148쪽).

비록 배가 고파서 굶어죽을망정 사람을 안 잡아먹는 것은 이 세상의 궁극목적으로서 인간이 인간답게 살아가기 위한 유일한 길이다. 『더 로드』에서 불은 이 궁극목적을 형상화하는 이미지다. 죽음을 목전에 둔 남자는 소년에게 길을 계속 가야 한다고 말하면서 그 이유가 "불을 운반하는"(314쪽) 것이라고 역설한다. 주저하고 두려워하는 소년에게 남자는 그 불이 "네 안에 있어. 늘 거기 있었어. 내 눈에는 보이는데"(314쪽)라고 일러준다. 이들이 죽음을 무릅쓰고라도 운반해야 하는 마음의 "불"은 여기서 어떤 의미를 지니는 것일까? 이것은 인간이 인간의 길을 가도록 엄히 명령하는 인간 존재의 순수한 선험적 형식으로, 달리 말하자면 칸트의 도덕법칙으로 존재하는 것이 아닐까? 남자는 죽음에 앞서 자신의 양심을 끊임없이 일깨워 준 소년의 목소리가 이 불에 다름 아님을 소년에게 일러주고자 한 것이다.

아름다운 이유, 셋.

남자에게 소년이 신의 말씀이었다면 소년에게 아버지는 내면의 목소리이다. 아버지를 잃은 소년은 길에서 다시 한 남자를 만난다. 이 남자에겐 소년과 소녀가 있다. 이들과의 대화 속에서 소년은 자기 안에 아버지의 목소리가 존재함을 고백한다.

> 여자는 소년을 보자 두 팔로 끌어안았다. 아, 정말 반갑구나. 여자는 가끔 신에 관해 말하곤 했다. 소년은 신과 말을 하려 했으나 가장 좋은 건 아버지와 말을 하는 것이었다. 소년은 실제로 아버지와 말을 했으며 잊지도 않았다. 여자는 그것으로 됐다고 했다. 신의 숨이 그의 숨이고 그 숨은 세세토록 사람에게 사람에게로 건네진다고(『더 로드』, 323쪽).

소년은 아빠가 죽었지만 "아빠와 매일 이야기"(323쪽)한다. 여자가 신에게 말을 건넨다면 소년은 아빠에게 말을 건넨다. 아버지가 소년에게 마지막으로 부탁한 것은 바로 "불을 운반해야"(314쪽) 한다는, 그러니까 계속해서 길을 가야 한다는 당위이다. 사물성에 대한 이 당위의 우위는 칸트가 역설한 궁극목적으로서의 인간이 짊어지고 가야 하는 아버지의 명령이라고 할 수 있다. 이 세상에 아무것도 존재하지 않고 오직 인간만이 존재한다면 남은 것은 오로지 이 당위뿐이다. 그런데 이 당위는 무엇을 일깨우고 있는가?

이 소설은 남자와 소년의 관계를 아버지와 아들의 관계로 설정하면서도 흥미롭게도 이를 직접적으로 명명하지 않는다. 남자의 아내가 아들을 낳고 난 뒤 바로 이어지는 다음의 문구는 소년이 남자의 친아들이 아닐 가능성을 슬그머니 내비친다.

> 친구는 있었니?

네. 있었어요.

많았어?

네.

기억나?

네. 기억나요.

어떻게 됐니?

죽었어요.

전부?

네. 전부요.

보고 싶니?

네. 보고 싶어요.

어디로 갈까?

남쪽으로 가요.

좋아(『더 로드』, 70–71쪽).

하지만 남자와 소년이 친부와 자식이 아닐 수 있다는 가능성보다도 더 흥미로운 것은 이 소설이 그럼에도 불구하고 남자와 소년을 다름 아닌 아버지와 아들의 관계로 설정하고 있다는 사실이다. 더 이상 끔찍할 수 없는 이 이야기가 아름다울 수 있는 이유는 소년의 곁에 남자가 아닌 아버지가 있기 때문이다. 어머니와 아들이 종족 보존의 관계라면 아버지와 아들은 개체 보존의 관계이다. 아버지는 아들에게 재산을 물려줌으로써 개체 보존의 의무를 이행하고, 아들은 아버지의 유산을 물려받음으로써 세계 안에 삶의 터전을 마련한다. 요컨대 아버지와 아들의 관계는 상속의 관계인 것이다. 그런데 이 소설에서는 과연 아버지와 아들이 무엇을 물려주고 무엇을 물려받을 수 있을까? 사물이 모두 사라진 이 세상에서 말이다. 아버지는 아들에게 파란색이 아니어서 미안하다고 자책하고, 아들은 괜찮다고 아버지를 위로한다. 이 세상에서 아버지가 아들에게 물려줄 수 있는 것은 아무것도 없다. 아니 어쩌면 아버지는 더 이상 물려줄 것이 없는 세상을 아들에게 물려준 것이다. 『더 로드』는 다시는 바로잡을 수 없는 것을 그린 지도에 대한 우화로 끔찍하면서도 아름다운, 슬프고도 감동적인 이야기의 막을 내린다.

> 한때 산의 냇물에 송어가 있었다. 송어가 호박빛 물속에 서 있는 것도 볼 수 있었다. 지느러미의 하얀 가장자리가 흐르는 물에 부드럽게 잔물결을 일으켰다. 손에 잡으면 이끼 냄새가 났다. 근육질에 윤기가 흘렀고 비트는 힘이 엄청났다. 등에는 벌레 먹은 자국 같은 문양이 있었다. 생성되어 가는 세계의 지도와 미로. 되돌릴 수 없는 것. 다시는 바로잡을 수 없는 것을 그린 지도. 송어가 사는 깊은 골짜기에는 모든 것이 인간보다 오래되었으며, 그들은 콧노래로 신비를 흥얼거렸다(『더 로드』, 323쪽).

이처럼 소설 『더 로드』는 "되돌릴 수 없는 것", "다시는 바로잡을 수 없는 것"에 대한 책임을 강조하는 것으로 아버지와 아들의 아름다운 이야기를 끝맺는다. 이것은 달리 말해 자식에게, 후손에게 무엇을 물려줄 것인가라는 책임을 요청하는 질문이다. 하나의 선으로 표상된 "생성되어가는 세계의 지도와 미로"는 이 세상에서 행위하는 인간에게 자신의 행위를 돌아볼 것을 요구한다.

### 3. 인간의 조건

칸트는 궁극목적으로서 인간이 부재하는 세계가 한낱 황야일 뿐이라고 역설한다. 반면 매카시는 『더 로드』에서 이와 정반대의 가정, 즉 세계가 사라지고 오직 인간만이 남게 된 종말 그 이후의 삶에 대해 질문을 던지고 이를 문학적으로 형상화한다. 이제 이러한 종말 이후의 참혹한 형상을 철학적으로 정식화해 보자. 아렌트는 『인간의 조건』*Condition de l'homme moderne*에서 인간이 태어나고 죽는 장소로서의 세계의 소멸을 다음과 같이 묘사한다.

> 자연과 모든 살아 있는 사람들이 강제적으로 떠밀려 들어가는 자연의 주기적 운동은 우리가 이해하는 의미에서의 탄생도 죽음도 알지 못한다. 인간 존재의 탄생과 죽음은 단순히 자연적 사건이 아니라 세계와 관련되어 있다. 고유하고 대체불가능하며, 복제 불가능한 실재인 유일한 개인들이 이 세계에 왔다가 이 세계를 떠난다. 탄생과 죽음은, 부단한 운동 속에 있지 않지만 그것의 지속성과 상대적 영속성 때문에 나타남과 사라짐을 가능하게 하는 세계를 전제로 한다. 이 세계는 여기에 출현한 어떤 개인보다 앞서 존재하고 있었으며, 그가 마지막에 떠난 후에도 남아 있다. 인간이 태어나는 장소로서 세계, 죽을 때 떠나는 세계가 없다면 불변의 영원회귀 외에 어떤 것도 존재하지 않을 것이다. 즉 모든 다른 동물종과 마찬가지로 인간의 죽음 없

> 는 지속성만이 존재할 따름이다. 니체처럼 모든 존재의 최고원리인 '영원회귀'의 긍정에 도달하지 못하는 삶의 철학은 자신이 무엇을 이야기하는가도 알지 못한다(『인간의 조건』, 152쪽).

아렌트에 따르면 인간은 무엇보다도 조건지어진 존재이다. 인간은 실존적으로 삶과 죽음에 의해, 즉 탄생성과 사멸성에 의해 조건지어져 있다. 바로 이런 실존적 조건 속에서 인간은 노동하고, 작업하고, 행위하는 존재로 묘사된다. 이 세 가지가 인간의 "활동하는 삶" vita activa 을 규정하며, 이 세 가지 활동하는 삶이 인간의 조건을 구성한다. 노동은 삶의 생물학적 과정을 보존하게 하며, 작업은 자연과는 다른 세계의 사물들을 만들어낸다. 전자의 산물이 소비의 대상이라면 후자의 산물은 사용의 대상이다. 한편 행위한다는 것은 공론의 장 속에서 칸트적 의미에서 자유롭게 행위함을 뜻한다. 요컨대 노동이 자연적 삶을 영위하기 위한 것이고 작업이 세계를 구축하기 위한 것이라면 행위는 타인과 더불어 살기 위한 것이다. 바로 이 행위를 통해 인간은 비로소 정치적 인간이 된다.

소설 『더 로드』는 극단적인 상황 속에 처한 인간의 실존적 조건에 대해 근본적인 물음을 제기한다. 사실 단순히 길 위를 걷는 활동은 노동하는 것도 작업하는 것도 아니다. 그것은 쓰레기 속에서 노동의 산물인 먹을 것이나 작업의 산물이 신발을 찾는 것에 지나지 않는다. 하지만 길을 걸으며 불을 운반하는 활동은 어떠한가? 단지 길을 걷는 것이 아니라 불을 운반하기 위해 길을 걷는 것은 어쩌면 아렌트적 의미에서 행위하는 것에 해당하는 것이 아닐까? 논의를 조금 더 진전시켜 보자. 조에의 생명으로서의 인간은 자연에 살지만 비오스의 생명으로서의 인간은 세계에 거주한다. 바로 이 세계에서 인간의 탄생과 죽음은 의미를 지닌다. 그런데 『더 로드』에서 인간은 계속 길을 떠나는 삶을 살아간다. 살기 위해 걷고 죽지 않기 위해 걸으며, 먹기 위해 걷고 또한 먹히지 않기 위해 걸어간다. 걷고 또 걷는 것이다. 우리가 보기에 바로 이 걸음이 인간의 조건을 구성한다. 앞서 살펴보았듯이 『더 로드』는 탄생과 죽음의 반복으로 구성되는 이 세계와 이 세계의 사물들이 모두 사라져 버리고 난 후 "절대적 진실", 말하자면 "모든 존재의 최고 원리인" 니체의 영원회귀만이 남겨진 길 위의 삶을 시적으로 형상화한 작품이다. 무세계적인 길 위의 삶. 이처럼 무세계적인 길 위를 끊임없이 걸어가는 남자와 소년은 비오스의 생명이 조에의 생명으로 계속해서 쪼그라드는 험난한 노정에 내몰리게 된다. 하지만 이들은 끝내 인간으로서의 삶을, 인간의 조건을 내버리지 않는다. 아렌트의 주장에 따르면 "행위만이 오로지 타인의 지속적인 현존을 자신의 전제조건으로 삼는다"(74쪽). 그런데 『더 로드』에서는 끊임없이 타인의 삶에 대해 염려하는 신의 말씀으로서 소년의 목소리가 생생하게 들린다. 어쩌면 이 목소리는 노동할 수도 작업할 수도 없는 상황에 내몰린 인간이 끝내 포기하지 않고 붙들고자 하는 가녀린 끈, 즉 행위하고자 하는, 행위해야만 하는 인간의 마지막 남은 조건을 강변하고 있다고 할 수 있겠다. 죽음을 무릅쓰고라도 운반해야 할 불의 형상은 이런 점에서 행위의 조건으로서 타인의 존재에 대해 갖게 되는 끊임없는 관심을 상징한다. 너무도 끔찍한 이 이야기가 그래도 아름다울 수 있는 것은 바로 사방이 잿빛인 참혹한 현실 속에서도 희미하게나마 꺼지지 않고 전달되는 행위하는 인간의 불이 있기 때문일 것이다.

# 에필로그

이렇게 하여 우리는 노랑 신호등이라는 하나의 토포스로 형상화되는 이른바 교차모순의 지점을 중심으로 길다면 길고 짧다면 짧은 여정을 마쳤다. 그 과정에서 우리는 교차모순의 변증법적 논리가 무엇보다 '이것도 아니고 저것도 아닌'이라는 이중부정의 형식으로 규정된다는 사실에 착안해 이를 방법론적으로 파리학파의 기호학에서 사용하는 기호 사각형 모델을 통해 풀이하고자 하였다. 그리하여 기호학적으로 볼 때 의미의 기본 구조를 구성하는 기호 사각형 모델에서 지금까지 가장 주목받지 못했던 지점, 그러니까 A항 또는 B항의 반대 또는 모순관계가 아닌, –A항과 –B항의 복합항에서 기존의 체계, 예컨대 A항과 B항 사이의 대립을 뒤흔들고 체계의 체계성 자체를 무화시킬 수 있는 강력한 잠재적 역량을 발견하고 이를 다양한 포스트모던 비평 담론에 적용하여 소기의 성과를 달성할 수 있었다. 사실 이는 주로 문학 텍스트 분석에 적용되었던 기호학적 분석방법론을 철학 텍스트에 적용하는 새로운 시도였다는 점에서 기호학의 적용 영역을 넓히는 한편, 기호학이 지니는 방법론적 도구로서의 위력을 다시 한 번 느낄 수 있는 기회이기도 했다.

물론 우리의 목적이 단지 기호학적 도구의 기술적인 유용성을 증명하는 데 있는 것은 아니었다. 오히려 우리는 기호 사각형이라는 모델 자체에 대한 비판적 고찰을 통해 이 모델의 한계를 드러내고, 이 한계의 위상학적 구조가 오늘날 주목받고 있는 이른바 포스트모던 비평의 여러 지점들을 하나의 토포스로 엮을 수 있음을 밝히고자 하였다. 하지만 교차모순이라는 하나의 토포스로 다양한 여러 철학자들의 담론들과 영화, 문학 텍스트를 동시에 아우르는 작업은 움베르토 에코Umberto Eco의 말을 빌리자면 지나친 확대해석overinterpretation으로 비춰질 수도 있는 일이다. 혹자는 랑시에르가 제시하는 감성의 분할 또는 재분할보다 수용소로 형상화된 아감벤의 예외상태 개념이 정치적 불화를 넘어서서 혁명에 호소한다는 점에서 훨씬 더 급진적이라고 지적할 수도 있다. 혹자는 보드리야르의 함열이 일어나는 지점과 데리다의 해체가 발생하는 지점을 동일한 토포스로 묶는 것은 지나친 단순화에 지나지 않는다고 반박할 수도 있다. 혹자는 라캉의 실재 개념이 포스트모던하다기보다 '지나치게' 모던하다고 주장할 수도 있다. 또한 혹자는 소쉬르의 차이 개념에서 들뢰즈의 차이를 읽는 작업은 상당히 모험적이라고 말할 수도 있다.

하지만 이 모든 비판의 가능성에도 불구하고, 아니 그러한 비판을 겸허히 수용할 의사가 있음에도 불구하고 우리는 이들이 각기 다른 방식이기는 하지만 위상학적으로 동일한 지점에 대해 말하고 있다는 사실에 대해서는 변함없는 확신을 가지고 있다. 이들이 주장하는 바를 동일한 테마로 묶을 수는 없어도 동일한 토포스로 엮을 수는 있다는 말이다. 기존의 분할체제가 재분할되는 지점, 법적이지도 사실적이지도 않은 예외상태의 지점, 양 극단이 무너져내리는 시뮬라시옹의 지점, 모든 결정이 통과해야 하는 결정 불가능성의 지점, 상징화에 끊임없이 저항하는 실재의 지점, 순수한 강도적 차이들이 유희하는 지점, 이 모든 지점들은 말하자면 어떤 끝을 증언한다. 이 끝은 재현의 끝일 수도 있고, 질서의 끝일 수도 있고, 체계의 끝일 수도 있다. 이 끝의 이름이 있다면 그것은 아마 불가능일 것이다. 우리는 교차모순이라는 개념으로 무엇보다 이 불가능을 사유하고자 하였고, 이 불가능의 지점을 드러내 보이고자 하였다.

『민주주의는 죽었는가?』라는 당혹스러운 어느 책의 제목이 말해주듯 오늘날의 위기는 단순히 경제적인 것이나 정치적인 것이나 사회적인 것이 아니라, 어쩌면 이 모든 것을 떠받치고 있는 모던이라고 하는 체계 자체의 위기일지 모른다. 혹자는 우리에게 이 위기를 극복하기 위한 어떤 대안이 있는지를 물을 수도 있겠다. 또는 이 위기에 대한 대안이나 해결책 마련의 전망이 없는 문제제기는 사변에 그칠 뿐이라고 말할 수도 있겠다.

불행하게도 이 책은 그러한 대안을 마련하기 위한 고민을 담고 있지 않다. 그것은 또한 우리의 역량을 넘어서는 일이기도 하다. 다만 우리는 이 위기를 어떻게 극복할 것인가를 논의하기에 앞서 이 위기가 근본적인 것임을 깨닫는 일이 무엇보다 중요하다는 사실을 말하고자 하였다. 우리가 사유하고자 한 불가능의 지점은 어쩌면 극복할 수 있는 것이 아닌지도, 그래서 더욱 근본적인 것인지도 모른다. 우리는 이 책에서 오늘의 위기에 대한 어떤 성급한 처방보다도 포스트모던이라는 문제제기적인 지점에서 어떤 근본적인 물음을 제기하고자 하였다. 어쩌면 답이 아닌 물음을 공유할 때 비로소 위기에 대한 진지한 논의가 가능한 것인지도 모르기 때문이다. 이 책이 물음의 공간을 여는 작은 몸짓이길 바란다.

## 참고문헌


김기덕. 〈빈집〉 시나리오.

김성도. 1999. 『로고스에서 뮈토스까지』. 한길사.

김수환. 2011. 『사유하는 구조』. 문학과 지성사.

김지미. 「그래도 욕망을 구걸하지 않는다」. 《씨네 21》(2009.6.4).

마셜 맥루언 지음. 김성기·이한우 옮김. 2007. 『미디어의 이해』. 민음사.

민용준. 「욕망을 통해 진화하는 이야기꾼 〈김씨표류기〉 이해준 감독」, 《무비스트》(2009.5.28).

박상연. 〈고지전〉 시나리오.

발터 벤야민 지음. 최성만 옮김. 2008. 『역사의 개념에 대하여. 폭력비판을 위하여. 초현실주의 외』. 길.

백소영, 2011. 「잠재성을 잉여라 부르는 세상」. 『잉여의 시선으로 본 공공성의 인문학』. 이파르.

성기현. 2011. 「미학의 정치에 있어 유희의 역할」. 『탈경계 인문학』 4권 3호 10집. 11. 이화여자대학교 이화인문과학원.

슬라보예 지젝 지음. 김종주 옮김. 2003. 『실재계 사막으로의 환대』. 인간사랑.

박정수 옮김. 2007. 『HOW TO READ 라캉』. 웅진지식하우스.

알랭 바디우 지음. 이종영 옮김, 2006. 『조건들』, 새물결.

앙트완 베르만 지음. 윤성우·이향 옮김. 2011. 『번역과 문자 : 먼 것의 거처』, 철학과 현실사.

유리 로트만 지음. 김수환 옮김. 2008. 『기호계』. 문학과 지성사.

이탈로 칼비노 지음. 이현경 옮김. 2007. 『보이지 않는 도시들』. 민음사.

이현우. 2011. 『로쟈와 함께 읽는 지젝』. 자음과 모음.

이해준. 〈김씨표류기〉 시나리오.

임마누엘 칸트 지음. 백종현 옮김. 2009. 『판단력 비판』. 아카넷.

자크 데리다 지음. 진태원 옮김. 2004. 『법의 힘』. 문학과 지성사.

자크 랑시에르 지음. 유재홍 옮김. 2009. 『문학의 정치』. 인간사랑.

자크 랑시에르 지음. 오윤성 옮김. 2008. 『감성의 분할』. 도서출판b.

자크 랑시에르 지음. 주형일 옮김. 2008. 『미학 안의 불편함』. 인간사랑.

장 보드리야르 지음. 하태환 옮김. 2001. 『시뮬라시옹』. 민음사.

장-뤽 낭시 지음. 박준상 옮김. 『무위의 공동체』. 인간사랑.
조르조 아감벤 지음. 김항 옮김. 2009. 『예외상태』. 새물결.
조르조 아감벤 지음. 박건우 옮김. 2008. 『호모 사케르』. 새물결.
조르조 아감벤 지음. 김상운 옮김. 2005. 『세속화 예찬』. 난장.
조르조 아감벤 지음. 양창렬 옮김. 2005. 『장치란 무엇인가?』. 난장.
조르조 아감벤 외 지음. 홍철기 · 김상운 · 양창렬 옮김. 2010. 『민주주의는 죽었는가』. 난장.
존 스타인벡 지음. 김승욱 옮김. 2008. 『분노의 포도』. 민음사.
지그문트 바우만 지음. 정일준 옮김. 2008. 『쓰레기가 되는 삶들』. 새물결.
지그문트 바우만 지음. 이수영 옮김. 2004. 『새로운 빈곤』. 천지인.
지그문트 바우만 지음. 이일준 옮김. 2000. 『액체근대』. 강.
질 들뢰즈 지음. 김상환 옮김. 2004. 『차이와 반복』. 민음사.
질 들뢰즈 지음. 서동욱 옮김. 2006. 『칸트의 비판철학』. 민음사.
코맥 매카시 지음. 정영목 옮김. 2008. 『더 로드』. 문학동네.
페르디낭 드 소쉬르 지음. 최승언 옮김. 1990. 『일반언어학 강의』. 민음사.
한나 아렌트 지음. 이진우 · 태정호 옮김. 2009. 『인간의 조건』. 한길사.

Fontanille J. 2003. *Sémiotique du discours.* Paris : PULM.
Hjelmslev L. 1971. *Essais linguistiques.* Paris : Les Editions de Minuit.
Jakobson R. 1963. *Essais de linguistique générale.* Paris : Les Editions de Minuit.
Jakobson R. 1973. *Essais de linguistique généale 2.* Paris : Les Editions de Minuit.
Lacan J. 1994. *Le Séminaire IV : La relation d'objet.* Paris : Seuil.
Lacan J. 1978. *Le Séminaire II : Le moi dans la théorie de Freud.* Paris : Seuil.
Lacan J. 1975. *Le Séminaire I : Les écrits techniques de Freud.* Paris : Seuil.
Lacan J. 1973. *Le Séminaire XI : Les quatres concepts fondamentaux de la psychanalyse.* Paris : Seuil.
Saussure F. de. 1916. *Cours de linguistique générale.* Paris : Payot.

## 노랑 신호등 포스트모던 비평의 지점

**발행일** 1쇄 2012년 7월 30일

**지은이** 최용호/신정아 **펴낸이** 여국동

**펴낸곳** 도서출판 인간사랑

**출판등록** 1983. 1. 26. 제일-3호

**주소** 경기도 고양시 일산동구 백석동 1178-1번지 2층

**전화** 031)901-8144(대표) | 977-3073(영업부) | 031)907-2003(편집부)

**팩스** 031)905-5815

**전자우편** igsr@naver.com | igsr@yahoo.co.kr

**인쇄** 인성인쇄 **출력** 현대미디어 **종이** 세원지업사

**값** 17,000원

**ISBN** 978-89-7418-061-4 93100